小さき民へのまなざし

渋沢敬三

川島秀一編

やまかわうみ
Yama Kawa Umi
別冊
アーツアンドクラフツ

やまかわうみ
Yama Kawa Umi
別冊
アーツアンドクラフツ

装丁／坂田政則
カバー図版／渋沢敬三のスケッチ「アイゴ」
（神奈川大学日本常民文化研究所所蔵）

渋沢敬三の学問——生き方と重なる研究方法

＊川島秀一

はじめに

煩瑣に書き込まれた履歴書を披露するようで恥ずかしいのだが、私は東日本大震災後の一年間だけ、神奈川大学の日本常民文化研究所に特任教授として在籍していたことがある。月一度の所員会議の席には、何度か渋沢敬三（一八九六〜一九六三）の肖像写真が立てかけられていた。当研究所の創設者である渋沢敬三の著作を、そのとき、私はどのくらい読んでいたのかと思い浮かべると、オコゼに関する二つの論文（『日本魚名の研究』）と、石垣島の追い込み漁を活写した「南島見聞録」（『祭魚洞雑録』）など、拾い読みにさえ至らない、わずかな読書状況であった。

　今回、渋沢敬三の抄録集の編集に当たり、平凡社の『澁澤敬三著作集』（一九九二〜九三）を毎朝決まった時間に、読み続けてみた。読書時間を毎日午前六時半から八時半までに限ったのは訳がある。実はこの時間帯は、第一銀行の財界人でもあった渋沢が昭和十二年（一九三七）の元旦から『魚名集覧』という大冊をものするための研究時間であったからである。[注1]それに私は、二〇一八年の春から、福島県の新地町へ移り住み、原発事故後の試験操業の船にときどき乗せられていたので、朝の活動には強くなっていた。要するに、船に乗らない朝には、渋沢の著作集を読んでいた毎日であった。また、操業の現場で見聞きした様子や魚名が、あるときは渋沢の著書のなかで重なって活きることもあった。

　そのような読書体験のなかで、渋沢の著書の抄録をしなければならなかったが、当初は読めば読むほど、あたかも山中の森で径を失ったような戸惑いが先立って、方針が定まらなかった。それでも、おおよそ三本の径を見出して編集までにこぎつけた。それは、「非文字資料の発見——民具と絵巻物」、「水産史と魚名誌」、「旅と交流」という三つのキーワードを柱としたものであり、そのまま渋沢敬三の学問の特徴でもあった。ここでは、そのキーワードに沿って渋沢の著書を紹介しながら、「渋沢学」の一端を紹介することに留めておきたい。

非文字資料の発見——民具と絵巻物

渋沢敬三が自身の半生を語っている点で価値がある文章の一つに、「還暦祝賀記念論文執筆者招待会席上座談話集」（以下「座談話集」と表記）がある。渋沢は、そのなかで「もともと私は実は動物学者になりたかった男なんで、私の祖父（筆者注：渋沢栄一）と長い間喧嘩をしておりまして、ついに説得されまして経済方面にいってしまったのです(注2)」と述べている。おそらく、生物学者を夢見ていた渋沢敬三が、実業界へ足を踏み入れざるを得なかったという、この一つの屈折こそが、渋沢の学問の特質を決定的にしたものと思われる。

　渋沢が生まれた、東京の深川の邸内には、「潮入りの池」という汽水池があり、彼は幼いころからこの池に生息する生物と親しんでいた。その生物とは何かというと、東京高等師範学校附属中学の学生時代から「蛭四種について」や「金魚の音に関する知覚の一観察」などの小論文を書いているように、小さな生物を対象とすることが多かった。また、「蟻の社会性」の論文など、生物の社会性にも、目を広げているようである。「小動物が何故生きているのか、生きる意味は何なのか(注3)」という根本的な疑問が、やがてヒトの生活の観察にも行き渡る研究姿勢となった。渋沢の弟子でもあった宮本常一は、このような師の研究方法を「生態学的な研究方法(注4)」と呼んでいる。

　「座談話集」によると、東京帝国大学を出たころから、友人たちとアチックミューゼアムソサエティという研究会を組織して、動植物や化石類も収集し始めたという。そのソサエティを抜き、アチックミューゼアム（以下「アチック」と表記）に改称したころから、自然科学の「標本」だけでなく、郷土玩具を収集し始め、それが拡大して「土俗品」になり、「民俗品」に変わり、やがて「民具」という概念に定着するようになるわけである。アチックの『蒐集物目安』には、その収集方針として「庶民生活ヲ中心とする文化史ノ研究」とあるが、渋沢の視点は、あくまで「郷土玩具」などの物理的に小さな物から、「庶民」という一般的には小さな（実は大きな存在）に目配りを始めている。それは、ヒルやアリなどの小動物を、愛着を傾けて観察し、収集していた姿勢から一貫していたものと思われる。

　目の前にある小さな物から収集するという姿勢は、次のような「座談話集」の言葉からも窺われる。「つい学問というものが、悪くすると卑近なものから外れていって、何か高尚がかってしまう癖が多すぎる。そうでなしに、私はもっと物に即したような学問の仕方が、日本の学問自体にあるパーセンテージをとってしかるべきだという感じがするのであります(注5)」。渋沢から、列島各地の民俗を見聞し、調査を依頼されていた宮本に要求したのも「学者以前の仕事(注6)」であり、物に即して全体を見るという方法であった。

『蒐集物目安』では、「庶民」という言葉を用いたが、戦時下の昭和十七年（一九四三）に、敵性言語であったアチックミューゼアムを改称しなければならなくなり、渋沢は「日本常民文化研究所」と、「庶民」ではなく「常民」という言葉を採用した。その意味は、コモンピープルの訳語として宛てたわけであって、柳田国男が日本民俗学という学問の確立のために多少意識して用いている「常民」とは、少しニュアンスが異なっていたように思われる。また、戦時下にあっても「国民」という言葉を用いることを嫌い、あえて「世界中の民衆に通用する言葉」(注7)を用いたのも、当時の状況としては稀有なことであった。それは、戦前の昭和九年（一九三四）にエスノロジーとしての「日本民族学会」を発足させた同じ考えかたによるものであった。

さて、そのアチックの初期のころ、民具の収集だけでなく研究活動も試みたが、その対象は「足半」と呼ばれる履物であった。この足半の研究には、日本各地の実物を収集することから始められたが、分析には、そのレントゲン写真も用いられている。つまり、ここでも小さな生物を顕微鏡で観察するような姿勢がとられたのである。

また、その過程で上野の西郷隆盛銅像の足半や、中世からの絵巻物に描かれている足半までも、研究の資料とした。つまり、「常民」の研究資料は、文献を収集しただけでは捉えることが不可能であり、かといって聞き書き資料だけでは不十分で、渋沢によって、ここで初めて「物に即した」民具や、絵巻物という、目で確認できる資料（史料）が発見されたといってよい。この絵巻物や写真を方法的に意識し続けられ、やがて渋沢によって戦後の昭和三十年（一九五五）に「日本広告史小考」という特異な講演にも花開くことになる。

絵巻物の研究会のほうは、昭和十五年（一九四〇）から始められ、渋沢の死後、『絵巻物による日本常民絵引』が昭和四十年（一九六五）から三年にわたって全五巻が発刊されることになる。「絵引」とは字引にたいする渋沢の造語で、絵によって引く事典という意味である。絵巻物などを含めた広範な歴史資料に対して、収集や分析に留まらず、それを組織化して、いつ誰にでも研究しやすい体制にしておくこと、それが渋沢の目標であり、後の博物館構想へもつながる、学会への最大の功績であった。渋沢は『豆州内浦漁民史料』のなかで「論文を書くのではない。資料を学会に提供するのである」(注8)とも述べている。もちろん、その研究の方向性は、渋沢が第一銀行副総裁などの重職を務めるなかにあって、研究そのものに没頭できないという、研究に充てる時間の物理的な短さから由来するものでもあったと思われる。

渋沢が創成した「日本常民文化研究所」は、やがて一九八二年には神奈川大学に付置されることになったが、この研究所に関わる同学大学院には「歴史民俗資料学研究科」があり、あえて「資料」の言葉が挿入されているのも、「渋沢学」を引き継ぐものである。また、二〇〇八年に同研究所に「非文字資料研究センター」が発足されるが、この「非文字資料」も民具などのマテリアルな資料や絵巻物などの絵画資料、写真などを含めている。さらに、同大学に共同研究拠点として文部科学省から認定された「国際常民文化研究機構」は、まさしく渋沢の「常民」概念に沿うものであり、確実に渋沢の学問を継承していると思われる。

しかし、渋沢が古文書などの文献資料に対して目配りがなかったというと、そうではなかった。次に、この文献資料の取り扱いかたにも触れてみる。

水産史と魚名誌

渋沢敬三が祖父栄一の死後、その葬儀と継承の業務の過労で倒れ、伊豆の内浦に療養生活をおくっていたのは、昭和七年（一九三二）のことであった。そこで出会った大川四郎左衛門によって、当家所蔵の永正十五年（一五一八）から明治初頭の約四百年にわたる膨大な地方文書を通覧し、常民資料としての古文書の価値を発見することになる。

この文書の発見を機縁にアチックに新設された「漁業史研究室」で解読して、三冊の資料集に編集したときの書名は『豆州内浦漁民史料』であった。「漁民史料」という言葉にうかがわれるように、あくまで「庶民文書資料」であった。当時は「古文書」と言えば、慶長元和以前の中世文書を指していたというが、個人の事績に関わるものではなく、内浦という漁村と、そこに生活してきた人々の歴史を知る上で価値のある資料として「漁民史料」が命名されたものと思われる。[注9] それは、近世文書のなかからも常民の生き生きとした姿を見出していく方法と視点とを見出したといってもよいだろう。

また、渋沢の研究者としての代表作は『魚名集覧』であり、第一部の和学名、第二部の索引、第三部の「魚名に関する若干の考察」に分かれる大冊であるが、第三部は後に独立させて『日本魚名の研究』として出版された。生物学者として身を立てたかった渋沢が、魚そのものではなく魚名を選んだわけだが、「魚名」を「人と魚との交渉の結果成立した社会的所産」[注10]という前提で捉えている。しかも、収集資料は方言集などの文献だけでなく、各地へ手紙を出して問い合わせも行なっている。この「通信調査」の方法は、アチックでよく用いられていたもので、とくに民具を扱う人々の心意との関連を重視していた。渋沢はこの方法を、民具ではなく魚類にも応用したわけである。

とくに、渋沢の魚名の分類方法（同書の「魚名の分類」）が自然科学的な発想の分類法であり、そのオリジナル性は目を見張るものがある。渋沢は宮本常一に、魚名研究を続けてきた理由として、「魚名のような誰もみおとしたものを自分がやるのならば、他の人と競争しなくてすむ。人と競争しないようなところで、自分は自分の学問を体系化したい(注11)」と述べたという。『日本魚名の研究』に見られる、「一次的魚名」と「二次的魚名」、「優勢魚名」と「劣勢魚名」、「成長段階名」、「実名敬遠性魚名」、「格付魚名」など、渋沢のテクニカル・タームは魅力的であるが、そのオリジナル性のために、逆に研究の継承が行なわれにくい面もあった。渋沢は「オコゼについて」のなかで、「広くこの問題を考究するは筆者の能うところではなく、民俗学専門家の手に委ねらるべきである(注12)」と述べたように、その魚名研究も、資料として遺すことにウェイトがかかっていたようである。

伊豆の内浦で古文書を発見した渋沢ではあったが、農村と比べて漁村には文献資料が少ないことも認識していた。宮本に語った渋沢によると、「漁民の多くが読み書きしなかったこと」、そのために「魚名には漢語の混入が少なく、ことばとしては古い日本語がそこに残存しているのではないか(注13)」と考えたという。渋沢の魚名の研究は、彼の「延喜式」の研究にも通底していくが、魚名を通して、日本文化の海洋性を対象化しようとしたことは明らかであったように思われる。

旅と交流

渋沢敬三について、最後に触れておきたいことは、フィールド・ワーカーの先達としての一面である。『澁澤敬三著作集』の第四巻には、明治四十二年（一九〇九）から昭和三十五年（一九六〇）までの約半世紀にわたる「旅譜」が写真入りで掲載されている(注14)。宮本常一によると「渋沢先生は話をきく人であった。相手の話をきくことによって相手を成長させていった。ただ聞くのではなく、聞くことの中に指導があった(注15)」という。調査旅行から渋沢邸に帰宅した宮本を、一刻も放さずに旅中の出来事に耳を澄ます渋沢の様子が分かるが、彼自身が旅するときも「聞き上手」であったことは想像できる。そして、渋沢の旅の文章は、情緒を抑え、目の前の事実だけを描いていて的確である。

また、渋沢が宮本の土産話を一通り聞いた後、話に出てきた人物に心打たれたとき、「その人に逢いたいね」と必ず言ったという(注16)。渋沢自身が旅先で出会って感銘を受けた人物のなかで、男鹿半島の農民の吉田三郎と瀬戸内海の漁民の進藤松司には、それぞれ日録や手記を書くことを勧めている。それが後に『男鹿寒風山麓農民日録』となり、『安芸三津漁民手記』となってアチックから出版された。「信頼するに足る資料はその地域社会に長く生活して、その生活体験に基づく知識であること(注17)」を実践させた成果の一つであった。

とくに漁師に関しては、次のように述べているところがある。「漁師その他の専門家は我々の想像以上に魚類の生態観察は詳しいのであって、長年の経験と訓練とは、よく魚類の移動、隠顕、またその種類を的確に知っている。魚名を見ても彼らが並々ならぬ観察者であることがよく知れる(注18)。また、前述した「座談話集」では、「われわれはいつも魚を横から見ているので、背中の上から見るということはなかなかないわけで、上から見て魚がわかるというふうになるには相当魚を知らなければならん(注19)」と述べているが、渋沢にこのことを教示したのは、伊豆内浦の漁師、菊地伝治郎であった(注20)。

渋沢は多くの研究者との交流があり、その組織化も、あたかも生物や魚類の分類を組するように的確に行なったが、旅先や保養先で出会った人々とも、生涯大切な付き合いを重ねた。「決して学問が書斎の中の学問ではなく、たえずこれを生活に結びつけること(注21)」を目ざした人でもあったからである。

さて私は先に、福島県新地町で試験操業の漁船に乗せられていることを述べたが、広島県の三津の進藤松司とは逆の人生をたどりながら、どのような世界が見えてきて、どのような記録を表現できるかを自身で試している。渋沢敬三だったら、どんなご教示を与えてくれるだろうか。今でも船に乗らない朝には渋沢の著作集を読みながら考えている。

宮本常一は昭和四十年(一九六五)に、渋沢敬三に対して、「これだけの業績がなお多くの人々に理解できないで今日に至っていることを、私は残念に思う(注22)」と述べているが、本書がその思いを少しでも和らげ、渋沢敬三を広く理解せしめることができたとしたならば幸いである。

注

(注1) 渋沢敬三「『日本魚名集覧』再版序」『魚名集覧』(『澁澤敬三著作集 第三巻』平凡社、一九九二) 四〇三頁
(注2) 渋沢敬三「還暦祝賀記念論文執筆者招待会席上座談話集」『犬歩当棒録―祭魚洞雑録第三』注1と同じ。四八五頁
(注3) 宮本常一「回想談による少年時代」『渋沢敬三(宮本常一著作集50)』(未来社、二〇〇八) 二一六頁
(注4) 宮本常一「アチックミューゼアムの歩み」注3と同じ。三五九頁
(注5) 注2と同じ。四九四頁
(注6) 注3と同じ。二二二頁
(注7) 注4と同じ。三七一頁
(注8) 渋沢敬三「『豆州内浦漁民史料』序―本書成立の由来」『祭魚洞襍考 第一部日本水産史研究』(『澁澤敬三著作集 第一巻』平凡社、一九九二) 五七七頁
(注9) 宮本常一「渋沢敬三先生と地方史研究」注3と同じ。三〇五頁
(注10) 渋沢敬三「魚名の特徴」『日本魚名の研究』(『澁澤敬三著作集 第二巻』平凡社、一九九二) 一一頁
(注11) 注4と同じ。三七〇頁
(注12) 渋沢敬三「オコゼについて」注10と同じ。一五七頁
(注13) 宮本常一「離島振興の先達 渋沢敬三先生」注3と同じ。四一一頁
(注14) 渋沢敬三「旅譜と片影」『澁澤敬三著作集 第四巻』(平

凡社、一九九三）二四九〜四六〇頁。なお、この旅譜は、還暦を記念して作成した「旅行記録」が元になっていることを、渋沢は「座談話集」（注2）の中で語っている。

（注15）宮本常一「渋沢敬三—下積みへの温かい目—」注3と同じ。三七八頁

（注16）宮本常一「渋沢敬三の思想と学問」注3と同じ。二三一頁

（注17）注16と同じ。二四四頁

（注18）渋沢敬三「成長段階名」注10と同じ。二五三頁

（注19）注2と同じ。四九一頁

（注20）神野善治「伊豆内浦と渋沢敬三」横浜市歴史博物館編『屋根裏の博物館』（横浜市歴史博物館、二〇〇二）五〇頁

（注21）注4と同じ。三七三頁

（注22）注4と同じ。三七五頁

（かわしま・しゅういち／東北大学シニア研究員）

渋沢敬三の視座——「同定」へのこだわり

安室　知*

はじめに

研究者としての渋沢敬三は正当に評価されているとはいえない。それは渋沢の魚名研究に対する評価に端的に表れる。渋沢の場合、優れた研究者や技術伝承者を資金的にバックアップしたりハーモニアス・デヴェロップメントを推進するなど、研究のオルガナイザーとしての名声に比べると、彼自身がおこなった研究に関する学会の論評はあまりに貧弱である。

渋沢は研究対象としてそれまで顧みられることのなかった民具や漁業史料といった常民の生活資料の学術的価値に着目するなど、すぐれた先見性は認められるものの、研究者としての評価は第一次資料の発掘者であり、その提供者といった地位に留まるものであった。また、同時期に民俗学を近代学問として体系化した柳田国男と比べると、彼自身の研究はあくまで柳田民俗学を補完するものという位置づけしかなされていない。それは、渋沢にとってもっとも精力を傾けたといってよい魚名研究が、きちんと民俗学・歴史学分野で評価されていないからにほかならない。

渋沢敬三およびアチックミューゼアムによる魚名研究は、柳田により『蝸牛考』が書かれた五年後の一九三五年頃から約十年をかけておこなわれたものである。その集大成として、一九四二年から四四年の三ヵ年にわたり『日本魚名集覧』全三部が刊行されている。そして、それは柳田により『蝸牛考』が改訂されたときと重なる。渋沢個人の関心事から出発するも、アチック同人のほぼすべてが関わりチームワークで成し遂げた、昭和戦前期における渋沢にとってもっとも大きな仕事といってよい。

「同定」という視座

東京で旧制中学校を卒業した渋沢は、進路の選択にあたり動物学を志し旧制高校は二高（現東北大学）へ進学している。その後、結果的には、渋沢財閥を継承するため東京帝国大学に進み経済学を修めることになったが、若き日の自然科学的指向はその後、渋沢の研究者としての姿勢に大きな影響を与えている。

渋沢は柳田民俗学への疑問を以下のように指摘する。「自分等が特殊の敬愛と愛情とを持つ民俗学に、今まで生物学的とでも云いたいような実証的研究法があまり用いられておらぬことをいささか不満に思っていた。」（渋沢　一九三三）。そして、彼が主導した魚名研究においては、「方言学者の手に成る大部分の研究資料は魚種の認定が困難なる場合多く、殆んど全部割愛してしまった」と述べている（渋沢　一九四二）。

そうした渋沢による魚名研究に関して一つキーワードを挙げるとすれば、それは「同定（identification）」をおいてない。それはまさに生物学的な実証研究には不可欠な概念であり、実際『日本魚名集覧』の中でその重要性が繰り返し述べられている。

渋沢は「魚名に関する若干の考察」と副題をつけた『日本魚名集覧　第三部』の冒頭において以下のようにいう（渋沢　一九四三）。

「生物の一つである魚類の存在は自然現象である。之に反し魚名は人と魚との交渉の結果成立した社会的所産である。名の実体たる魚類を基準として魚名を研究する時、自然的所産である魚類はコンスタントであるに反し、社会的所産である魚名は時と所と人により多くの場合複雑なる変化を示す。」（傍点、筆者）

こうした言に、渋沢の魚名研究に臨む基本姿勢が読み取れる。つまり、「社会的所産」であるため複雑な変化を示すことになる魚名の歴史を明らかにするうえで、生物としての魚をできる限り「コンスタント」なものとして扱う必要があるというのである。生物としての魚を確定することで、魚名という変数を解析しようとする意図はしごくもっともである。その「コンスタント」な状態とするための基礎作業が魚類の「同定」である。

この「同定」こそ、渋沢の魚名研究をもっとも特徴づけるものであり、重要な研究プロセスとなっている。この点こそ、渋沢が不満として指摘する、「蝸牛考」など柳田はじめ民俗学者による動物名彙の研究に欠けている部分であるといってよい。

「同定」へのこだわり

魚名研究において、渋沢の「同定」へのこだわりは徹底している（安室　二〇一六）。まず、渋沢が研究を開始するにあたって、いわば参考書として用いたのがD・S・ジョルダン、田中茂穂、J・O・スナイダー編の『日本産魚類目録』（一九一三）であった（渋沢　一九四二）。それは学名を基礎におく魚類の分類目録である。そして、『日本魚名集覧』の編纂に当たっては、「引用書は大部分魚類学者水産学者の手になるもの」（渋沢　一九四二）としていた。また、古文献資料などに登場する魚名を扱う時には、実際の同定は困難であるため、種を生物学的に推測可能なものに限り「参考魚名」として研究対象化した。さらに渋沢は魚名研究のために「魚類の実物標本」の収集もおこなっている（渋沢　一九四二）。

また、民俗学者の聞き取り資料を用いる時には、必ず調査時点において魚の同定にあたらせた。たとえば、アチックの同人で主たる魚名研究の担い手であった宮本常一や辛川正部は、渋沢の指定した魚類図鑑（内田清之助編『日本動物図鑑（第三版）』の中の一部「魚類」〈田中　一九二九〉）を調査地に持参した（田村　二〇一一）。そして、現地から渋沢のもとへ調査報告を送る時には、魚名には必ず魚類図鑑の図版番号を記して、魚種が特定できるようにしている。おそらく調査時において漁師など話者に魚類図鑑を見せて魚種を特定したのであろう。また、調査では実際に多くの魚を目にすることができる魚市場を訪ねたり、ある程度学識を持つ漁業会幹部や教員、地元の博物学者へも聞き取りしている。つまり聞き取りが主となる民俗学者の調査には、意識して魚種を同定するプロセスをもうけている。

さらには、同定にむけて調査の仕方にも工夫が及ぶ。その一つが流通段階への注目である。宮本にしろ辛川にしろ、調査先として漁業会や魚市場が積極的に選択されているが、その折そうした組織が作成する取扱魚の統計資料を収集して、そこに記されている魚名を資料としている。こうした流通段階における魚名は、その魚が商品となるため、ある程度の地域的広がりをもって共有されており実体とのずれが生じづらいこと、またたとえ名称が異なっていても実体との調整が可能なことが、調査上の利点として挙げられる。

また、魚名の整理作業には渋沢自身で整理票（日本列島の輪郭が記されたB４判の白地図）を作成して臨んでいるが、そこには必ずラテン語で学名が記され、標準和名が併記されている。その上で、魚の地方名が地名とともに列記されている。また、一枚の整理票には、おそらく一魚種だけでは余白が多く無駄になってしまうためであろうが、たいていは複数の魚が記載されている。このとき、一枚の整理票の中に記される魚は属を同じくするものが組み合わされていることが多い。こうしたことからも渋沢は魚名の分類整理の段階において、生物分類の体系（目—科—属—種）を重視していたことが理解される。

さらに、興味深い点として、整理票のいくつかには、次頁に掲げたような魚の図（スケッチ）が添えられている。渋沢自身が色鉛筆を用いて描いたものである。魚類図鑑の図を模写したものに混じって、実際に魚市場等で観察した魚のスケッチもある。それを見ると、渋沢が魚類を同定するうえで、鰭棘（魚類の鰭の支柱部）と体色（模様）を重視していたこと

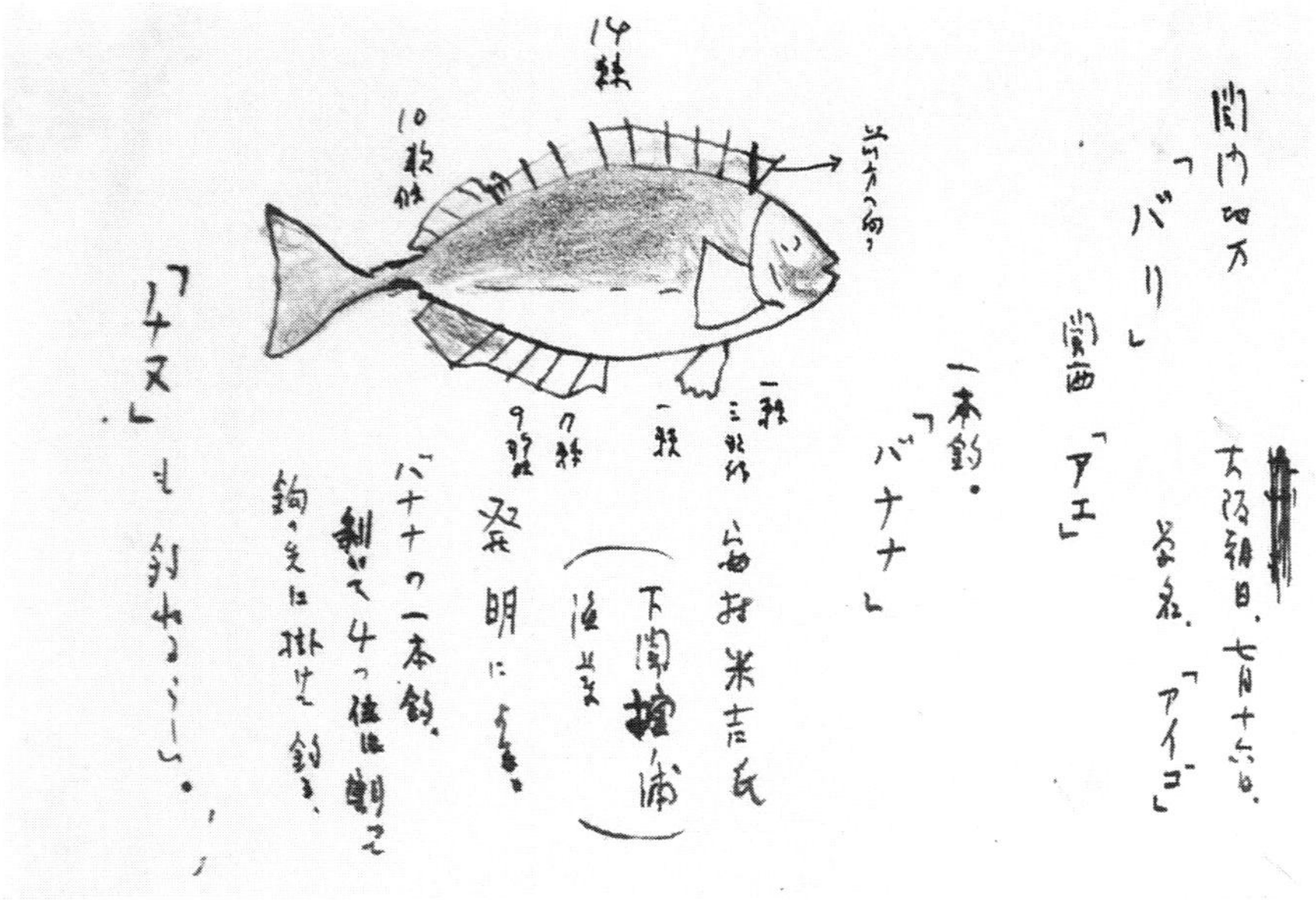

魚名整理票に描かれた渋沢敬三のスケッチ「アイゴ」（日本常民文化研究所所蔵「魚名整理票」より）

が分かる。図には鰭棘の形と数が記入されており、体色を示すためにわざわざ色鉛筆での描写にこだわっている。当時参考にしていた魚類図鑑では基本的に図は単色であるため、渋沢は現物を見て魚のスケッチをしている可能性が高く、同定へのこだわりの強さが理解される。

周圏論への懐疑
——魚名研究が黎明期の民俗学に与えた影響

渋沢の魚名研究が一九三五年頃から一九四五年の間におこなわれたことは、民俗学にとって大きな意味がある。その時代は民俗学が近代学問として打ち立てられようとしている時期と重なるからである。この時期まさに柳田国男は近代学問としての体裁を整えようと、民俗学独自の方法論を提示しようとしていた。その代表が周圏論である。

渋沢による周圏論への直接的な言及はない。一方で、渋沢は「文化の中心に必しも全部の魚が集まるものでもない。魚に関する限り中央の知識は夫々の地方に比し却而貧弱であったと見る方が妥当である」（渋沢　一九四三）といっており、中央に発した文化が地方へ波及するとする周圏論には否定的である。もっとも身近なところで渋沢の魚名研究を支えてきた宮本常一も、渋沢の見解として「魚名には方言周圏論はきわめて成立しにくい」としている（宮本　一九七八）。

渋沢の魚名研究やアチックミューゼアムの研究動向は、『蝸牛考』に示された柳田の研究手法および民俗学の一般理論化を志向した周圏論への暗黙の批判となっていた。『日本魚名集覧　第三部』第八章「魚名分布に見られる一傾向」の中に「沿岸特殊魚名表」と題する魚名分布図が掲載されている。そして、その解説として、以下に示すように、日本列島全体を見渡したとき魚名分布には六つの傾向性があることが示される。

①同一種属に属する魚類の一次的魚名は地域的に見て相当多様性を示して居る。②その多様性たる同根語よりの発展変化と見るよりも各自が独自性を有すると見られるべきものが多い。③上記の地域的多様性は、その地域が大別して南北日本、或は太平洋沿岸と日本海沿岸とに於て対蹠的に変化するものを相当認める。④但同一沿岸線に於ては近隣地域に或る程度の喰い合せを見せる場合が多い。而もその或るものは沿岸交通系統の影響を認め得る。⑤上記多様性現象は一種類の魚に限らず若干の種類に於て夫々相併行するを見る。⑥或る種の魚名に於ては地域的多様性を見ず全国的普遍性を示し、又あるものは遠隔なる地域に同一魚名が対蹠的に顕はれる場合もある。

そこには、「遠隔なる地域に同一魚名が対蹠的に顕はれる」こと、すなわち「遠方の一致」は六つある傾向性のうちの一つにすぎず、しかもそれは周圏構造をとるとは限らないことが示されている。さらに言えば、柳田が『蝸牛考』の中で強く批判する言語学の方言区画（方言区域）説も、渋沢は魚名分布の一つの傾向性として挙げている。

また、渋沢は柳田が理念型として唱えた周圏構造も婉曲的ではあるが否定する。同一地方において同一魚種に対し異なる魚名が併存する事実に注目し、そうした分布は「他地方の魚方言の伝播等とは無関係」にできあがったものだとする。そして、併存現象を解釈するには、「単に平面的のみでなく時間的に垂直変化をする場合を考慮」すべきと主張する（渋沢一九四三）。文化の中心で採用された名称（優勢魚名）が地方に受け入れられた時、そこに元からあった在来の名称（劣勢魚名）とは併称されることが多いことからの発想である。実は、柳田も、一般理論化を目指した理念としての周圏論ではなく、地域ごとの蝸牛方言の分布状況を解釈する時には同様の事例があることを認め、渋沢と同様の視点から論じている（柳田一九二七）。

柳田国男の対応

柳田の周圏論は、分布の地域差を時代差に読み替える手法である。中央で新たな文化が生み出され、それが地方に波及する。生み出される文化が幾度にもわたるとき、それは中心からの伝播距離に応じて、同心円状に複数の波紋として表出する。その波紋の広がりが大きいほど古い文化が分布するという考え方である。

『人類学雑誌』の一九二七年四月から七月にかけて四号にわたって連載された論文「蝸牛考」において、柳田は仮説として周圏論を提示する。そして、それをより確かなものにすべく、同年六月に蝸牛など動植物名と挨拶文に関して三十二項目を問う質問紙を作成し全国約一千ヵ所へ送付し方言の調査をおこなっている。そして、その結果を基に一九三〇年に『蝸牛考』を執筆し、周圏論を民俗学の基本的方法論の一つとして提示する。

しかし、柳田の質問紙調査は「蝸牛」といった文字によりその呼称を問うものであったため、余程の知識階級でなくてはその文字がどのような生物を示すものであるかを理解することは難しく、調査法としては極めて不備なものであった。

渋沢は、「蝸牛考」に直接言及することは無かったものの、魚名研究において、「方言学者の手に成る大部分の研究資料は魚種の認定が困難なる場合多く、殆んど全部割愛してしまった」ということで、『蝸牛考』およびそこに提示された周圏論に対して暗黙の批判をおこなったのである。当時、柳田は『蝸牛考』を方言研究の成果ともいっている(柳田　一九四二)ことを考えると、渋沢の言は痛烈な批判とも読みとることができよう。

結果として、柳田は『蝸牛考』を一九四三年に改訂するにあたって、周圏図の元となった「蝸牛異称分布図」(初版に掲載された図)を非掲載とした。それは、柳田が周圏論を民俗学における基本的方法論と位置づけることを諦めたことを意味している(安室　二〇一六)。

おわりに

昭和戦前期、一九三〇年代から四〇年代にかけておこなわれた渋沢の魚名研究は、生物分類の基礎たる同定(identification)に出発するもので、成長段階名への注目など新たな発想に富むものであった。そして、そうした同定への強いこだわりは同時期にやはり始動する民具研究にも当てはまることであった(磯貝　一九三七)。そうした研究に対する渋沢の基本姿勢は、民俗学の主流たる柳田国男の語彙主義への暗黙の批判となっていた。さらには、一九三〇年代、近代学問への黎明期にあった民俗学にとって、研究対象だけでなく、周圏論のような方法論についても再考を強く迫るものとなっていた。事実、渋沢にとって魚名研究の集大成といってよい『日本魚名集覧』が刊行されると、柳田は『蝸牛考』を改訂しそれまで民俗学において推し進めてきた周圏論の一般理論化を諦めている。

このことは、渋沢の研究が単に一次資料を発掘し記録するだけのものではなく、また柳田民俗学を補完するだけの存在ではなかったことを如実に物語っている。

（やすむろ・さとる／神奈川大学日本常民文化研究所）

［引用参考文献］

D・S・ジョルダン、田中茂穂、J・O・スナイダー『日本産魚類目録』一九一三年、東京帝国大学

磯貝 勇「民具の属名」『アチックマンスリー』二一号、一九三七年

渋沢敬三「アチックの成長」『祭魚洞雑録』一九三三年、郷土研究社（『澁澤敬三著作集 第一巻』、一九九二年、平凡社、所収）

渋沢敬三『日本魚名集覧 第一部』一九四二年（アチックミューゼアム彙報52）

渋沢敬三『日本魚名集覧 第三部―魚名に関する若干の考察―』一九四三年（日本常民文化研究所彙報59）

渋沢敬三『日本魚名集覧 第二部』一九四四年（日本常民文化研究所彙報58）生活社

田中茂穂「魚類」内田清之助編『日本動物図鑑（第三版）』一九二九年、北隆社

田村善次郎「はじめに」『宮本常一 農漁村採訪録Ⅶ―淡路沼島調査ノート』二〇一一年、周防大島文化交流センター

宮本常一『日本魚名の研究』『日本民俗文化大系三』一九七八年、講談社（『宮本常一著作集50巻』、二〇〇八年、未来社、所収）

安室 知「蝸牛と魚―周圏論の図化をめぐって、柳田国男と渋沢敬三―」『日本民俗学』二八八号、二〇一六年

柳田国男「蝸牛考」『人類学雑誌』昭和二年四・五・六・七月号、一九二七年

柳田国男『蝸牛考』一九三〇年、刀江書院

柳田国男『方言覚書』一九四二年、創元社

柳田国男『蝸牛考』一九四三年、創元社

渋沢敬三と日本民族学協会

飯田　卓*

あたらしい学会と渋沢敬三

アチックミューゼアムといえば、渋沢敬三の学問的な業績を知らない人でも、渋沢の民族学を育んだ母体としてすぐに思いうかぶにちがいない。しかし、日本民族学会（一九三四年～二〇〇四年、ただし一九四二年～一九六四年の二二年間は日本民族学協会、以下、それぞれを適宜「学会」「協会」と略記）と渋沢との関係は、学会に属していた人たちでさえ、すぐには気づかないようである。渋沢賞を受賞したある研究者は、アチックミューゼアムという名称で、じつは日本民族学会の附属民族学博物館のことを語っていた。少なくとも、記録にはそのように残っている（西東京市・高橋文太郎の軌跡を学ぶ会　二〇一〇：七）。たんなる言いまちがいだとは思うが、うがった見かたをするなら、学会と渋沢との微妙な関係が、そうした表現を不自然なものに思わせなかったとも受けとれる。いずれにせよ、学会と渋沢との関係は誤解されてきたし、それに反して渋沢は、間近で活動を見つめつづけたアチックミューゼアムに劣らぬほど、学会に肩入れしていた（中根　一九九二）。

日本民族学会は、一九三四年に設立された学術団体である。渋沢敬三は、一九三四年一一月一〇日に開催された発起人会で理事に選ばれ、以後、二年ごとにおこなわれる理事交代のたびに理事としてとどまり続けた。[註1] 学会草創期において渋沢が理事としておこなった貢献のひとつに、附属民族学博物館と附属民族学研究所の運営がある。渋沢は、アチックミューゼアムの同人たちとともに集めた物質文化資料を一九三七年に寄附し、それらの資料を展示したり保管したりするための建物を建てるため、保谷村（現・西東京市）の広大な敷地をも提供した。制度的には、附属民族学博物館（以下「保谷民博」と表記）ならびに附属民族学研究所（以下「保谷研」と表記）は、一九三七年に発足したことになっている。これらの機関で働く職員や研究員の人件費は、すべて渋沢が賄った。学会事務所も、東京市芝区三田綱町（現・東京都港区三田）から保谷村に移された。保谷民博の展示は、一九三九年五月二一日以降に一般公開された。

渋沢が学会に関わった理由のひとつは、アチックミューゼアムの活動で集まった資料を、広範に共有するためであったろう。渋沢は、集まった資料を国立博物館で保管し、物質文化研究の基礎としようとしていた。たとえば渋沢は、他の研究仲間とともに「足半《あしなか》」と呼ばれるかかと部分のない履物について研究をおこない、研究の過程で集まった現物資料に標本番号をつけて、後からの検証を可能にした（アチックミューゼアム　一九三五、一九三六）。渋沢はそのことに加えて、資料の散逸を防ぐために国立博物館を設立し、検証期間を半永久的にしようとしたのである。じっさいにそれが実現するのは、渋沢の着想からじつに四〇年ののち、国立民族学博物館が設立される一九七四年であるが（近藤　二〇〇一、飯田　二〇一七）、そこに至るまでの暫定措置として、渋沢は学会の博物館を利用したのである。

しかし、博物館運営のための経費は、実質的に渋沢個人の寄附に頼っていた。そうであれば、資料を渋沢個人で管理しようが学会が管理しようが、大きな違いがないことになる。渋沢が学会に関わるようになった理由もまた、別のところに求めなければならない。

渋沢が学会に関わったもうひとつの理由としてわたしが重視するのは、岡正雄との関係である（菊地・準備中）。岡は一八九八年生まれで、一八九六年生まれの渋沢の二歳年下だが、仙台の第二高等学校を卒業した点で共通している。そして二人とも、東京帝国大学に進学する。当時、東大生の大多数は第一高等学校を卒業していたはずだから、高校と大学を同じくする二人が知りあってからは、互いに急接近したとしてもおかしくない。

大学に入った岡は、須田昭義や宮内悦蔵といった形質人類学者（Anthropologists）や、八幡一郎や甲野勇、赤堀栄三、江上波夫といった先史学者（Prehistorians）、小山栄三や古野清人といった民族学者（Ethnologists）らとともに「ＡＰＥの会」を開いた。また、柳田国男の指導のもと、石田幹之助、田辺寿利、有賀喜左衛門、奥平武彦らとともに雑誌『民族』を編集した（岡　一九九四）。一九二九年から一九三五年までの六年間、オーストリアに留学して見分を広げるとともに、民族学の研究に邁進するが、渡航の費用は渋沢が出した（岡ほか　一九八二）。

日本民族学会ができたのは岡の帰国より前であるため、岡は、学会発起人として名を連ねていない。しかし、渡航前から交流していた友人の一部や、岡書店を経営した実兄の岡茂雄らは、発起人に名を連ねている。一九三五年帰国してから一九三八年に再度オーストリアに渡航するまでの三年間、岡は学会運営に参加したり新刊紹介をおこなったりした。一九三六年四月五日刊行の学会誌『民族学研究』には、理事会で岡が評議員に推薦されたと記されている。二度めの渡航から帰国する一九四〇年以降は、文部省の直轄機関として民族研究所を設立することに奔走し、一九四三年にそれを実現した（中生　二〇一六）。

　渋沢は、国内外に広くネットワークを築きながら野心をかなえていく岡の力量に、資料の将来を託したのではなかろうか。渋沢自身、海外にも広い人脈を築いてきてはいたが、主として財界人としての人脈であり、研究者としては岡に一目を置いていた。日本民族学会に預けた資料とともに岡を育て、最終的な行き場を探してもらおうと考えたのではなかろうか。日本民族学会は、設立の時点で三〇〇名の会員を擁する、当時としては大きな学会である（学会誌発行部数からの推測、編集部　一九六四）。この学会を母体として、岡は、陰の立役者として国立の研究所を創設するのに成功した。後は、博物館を創るだけだった。しかし運命は思わぬ経過をたどり、渋沢と岡の関係も戦後に持ちこされてゆく。

日本民族学協会と渋沢敬三

　文部省が管轄する民族研究所の設立が決まった一九四二年、日本民族学会は、民族研究所の補佐を目的とする外郭団体に再編され、日本民族学協会と改称された（民族研究所の設立は翌一九四三年）。会長には京都帝国大学名誉教授の新村出が、副会長には渋沢が就任した（編集部　一九六四）。学会事務所は、保谷市内から民族研究所のある東京市赤坂区霊南坂（現・東京都港区赤坂）に移され、保谷研は廃止された。保谷民博は、改組された協会の附属機関となったが、学会員からはほとんど顧みられなかった（飯田　二〇一七）。そして、日本はまもなく戦争に敗北し、連合国軍の共同統治を受けることになった。

　日本が敗戦を迎えた一九四五年、日本陸軍と密接な関係をもっていた民族研究所は、一五年戦争に加担していたものと目され、一九四五年一〇月に廃止を余儀なくされた[註2]。いっぽう協会は、民族研究所の補佐という二次的な役割でなく、みずから研究活動と学術振興活動の両面を担うという大きな役割を期待されるようになった。こうした新事業計画にともなっておこなった役員改選で、渋沢が協会の会長兼理事長を務めることになった。一九四六年九月には、協会が学会からひき継いだ『民族学研究』の第三巻一号が刊行されている。この雑誌は、協会が民族研究所の補佐としての活動を始めた一九四三年の巻を新第一巻としており、一九四四年に新第二巻が刊行されたが、一九四五年には紙の配給を得られず休刊していた。二年近い休刊ののちの復刊も、あるいは渋沢の功績かもしれない。

　渋沢は一九四五年九月二八日に内務省顧問となり、一〇月九日には戦後処理の大蔵大臣をひき受ける（渋沢敬三記念事業実行委員会　二〇一五）。渋沢が協会の会長兼理事長をひき受けるのは、そうした国政への関与が求められるようになった後だった。それでも渋沢はこの大役をひき受け、一九四六年八月八日に公職追放の指定を受けたことで、ようやく協会に関わる余裕ができた。とはいえ、『民族学研究』に論文を発表したわけではない。一九四四年頃に閉鎖された保谷民博の再開の準備など[註3]、多様化していく協会の事業も、他の会員に任せる傾向にあった。渋沢は、これらの動きを見守る第三者に徹しており、協会会長兼理事長として目立った動きをしていない。渋沢の活動は、協会内部に向けてでなく、協会を中心とした学会連合の組織において顕著である。

協会会員の宮本馨太郎が、戦前の日本民族学会時代におこなわれたような日本人類学会との連合大会について持ちかけたところ、渋沢がより広範な人文社会科学の連合を提案したというのも（宮本ほか　一九六四）、その一環と理解できる。この結果、一九四七年六月七日から八日までの二日間、上記二学会のほかに日本社会学会、民間伝承の会（後の日本民俗学会）、日本考古学会、日本言語学会の会員が集まって、六学会連合の大会が開催された。渋沢は、このとき会長として挨拶をした。この連合大会はその後も毎年開催され、一九五〇年に日本地理学会と日本宗教学会が加わって八学会連合になり、一九五一年に日本心理学会が加わって九学会連合となった。その後、東洋音楽学会の加入などがあったが、名称としては「九学会連合」が使われた。

渋沢がこうしたリーダーシップを発揮したのは、フィールド系人文社会科学諸学会の経営基盤をみずから建てなおそうとしたためではなかろうか。産業界から資金をひき出すことのむずかしいこの分野では、諸学会が力を合わせて社会的影響力をつけていく必要がある。協会は、一九四九年頃に文部省から民間学術機関として指定を受け、助成金を受けられるようになるが（堀江　二〇〇三：一四一）、渋沢はそれだけに満足せず、協会の実績を起爆剤として、広く関連諸学会に効果を及ぼそうとしたのではないか。

そのように推測するのも、戦後になると、渋沢による研究支援のありかたが大きく変わるためである。連合国軍の経済政策を推し進めた結果、渋沢はみずからの資産を物納というかたちで政府に供出し、研究者に回す資金は底をついた。宮本常一の言葉を借りれば、「みずからのポケットマネーで研究所を復活することはほとんど不可能であることを自覚した。研究所を復活するには定収入が必要であり、またインフレーションが終焉しなければならないことを感じた。研究所経営でもっとも大きな隘路になるのは人件費の膨張であった。［渋沢の関心事は］人件費を伴わない方法を考えること、同時に戦後の虚脱状態から多くの人びとができるだけ早く立ち直ることであった」（宮本　二〇〇八：二七六）。岡正雄の留学時のような自由な研究活動を支援するために、国の多大な支援が必要であることを意識して、渋沢は協会の会長兼理事長という大役をひき受けたのではなかろうか。

渋沢は、一九四九年八月に協会の会長の座を退き、理事長の座を岡正雄に譲る。この結果、会長は不在となった。一九五一年八月二四日に公職追放を解かれてから再び多忙となるが、一一月二五日に再び協会会長となっている。理事長は、ひき続き盟友の岡正雄である。この人事がどのような背景のもとで決められたのか、今後検討が必要だが、岡も同じ頃に公職追放を解除され、東京都立大学に招かれて多忙になったことと関係しているのかもしれない。渋沢を会長とし岡を理事長とする二頭体制は、一九五八年頃まで続くようだが（無署名　一九七〇）、渋沢は、逝去する一九六三年一〇月二五日まで会長の任に就いた。

アンガージュマンとしての学会活動

アチックミューゼアムとの関わりにおいて、渋沢は、学術活動のコンダクターとして描かれることが多い（宮本　二〇〇八：二二九）。また、個々の研究者との関わりにおいては、学術のパトロンという渋沢像も定着している（中根　一九九二、伊谷一九九一：五二）。いずれの場合も、渋沢は、統率力なり経済力なりを駆使して多くの人たちをまとめている。しかし、学会や協会と渋沢との関わりをみていると、渋沢の行動はむしろ控えめで、岡正雄をはじめとする強烈な個性に学会の牽引を委ねている感じがする。

渋沢は、学問に対しては徹底したリベラリストだった。若い研究者に先行投資をしたといっても、自分の意思を託す相手は、アチックミューゼアムに関わる一部の研究者にかぎられていた。ひょっとすると、古野清人や西村朝日太郎など、アチックミューゼアムに関わらなかった保谷研の所員にも、渋沢は意思を託そうとしたかもしれない。しかし、強烈な個性を相手に、それは通用しなかった。渋沢とともに保谷の土地を寄附したアチックミューゼアムの高橋文太郎が、他の学会員といさかいを起こし、寄附をとり下げたことはよく知られている（宮本　二〇〇一：飯田　二〇一五）。渋沢は、学会に対しては自分の意思を託すことに限界を感じたのではなかろうか。

それだけに、国難ともいえる状況下で協会の会長兼理事長をひき受け、なおかつ複数の学会の活動を束ねた渋沢の決意には、鬼気迫るものがある。渋沢は、みずからの研究の発信においては協会に頼らず、それでいて、協会をはじめとする諸学会の経営のたて直しに尽くそうとした。厳しい状況に身を委ねるのではなく、積極的にひき受けてあらたな状況をきり拓こうとする態度は、戦後の渋沢にこそきわ立っているように思える。

註

（註1）筆者はかつて、「一九三四年一〇月一〇日に発表された日

本民族学会発起人のリストには、じつに六二名もの学者が名を連ねている。（中略）ただ、渋沢自身の名がない」と述べたが（飯田　二〇一五：二六二）、これは誤りである。筆者が依拠した財団法人日本民族学振興会（一九八四）には、理事職に就かなかった発起人の名まえだけが列挙されており、理事に就いた六名（桑田芳蔵、関屋貞三郎、渋沢敬三、新村出、白鳥倉吉《ママ》、移川子之蔵）の名が落とされている。これらの名は、一〇月一〇日に発表された日本民族学会設立趣意書において、理事職にない他の発起人から区別して明記されている（学会誌『民族学研究』創刊号で確認）。前者はあくまで候補者であり、一一月一〇日の発起人会であらためて理事として承認されたのだろう。発起人の数は、理事候補者を合わせれば六八名となる。なお、発起人会の参加者は二二名だった。

一九三四年一一月一〇日に理事となった渋沢が、日本民族学協会発足の一九四二年まで、切れ目なく理事を務めたのかどうか、正確なところはわからない。しかし『民族学研究』の記事を読むと、一九三六年一一月二五日の理事会記事および、一九三九年九月末、一九四〇年三月末、一九四一年三月末と九月末、一九四二年三月末と九月末の決算報告において、「渋沢理事」という表現が登場する。このことから、切れ目なく渋沢が理事を務めたと読むほうが自然である。なお渋沢は、上記のすべての会計半期に一、〇〇〇円を寄附している。この金額は、他の会員からの会費収入の合計額にほぼ等しい。

（註2）廃止の時期は、編集部（一九六四）および中生（二〇一六）の記述に従った。ただし、財団法人日本民族学振興会（一九八四）は、民族研究所の廃止は一九四五年九月だったと述べている。

（註3）保谷民博の再開を中心的に担ったのは宮本馨太郎である。一九四九年から一九五〇年にかけての学会誌『民族学研究』の「資料と通信」欄には、六回連載で「保谷だより」というコラムが設けられ、博物館の施設や資料が紹介されている。また、一九四九年から一九五一年にかけては、『民族学博物館彙報　第一号　財団法人日本民族学協会附属民族学博物館　概要』という謄写版印刷の冊子が複数バージョン印刷されて配布された。一九四九年のバージョンは成城大学の柳田国男文庫に、一九五一年のバージョンは奈良国立文化財研究所に保管されている。

刊行物以外の活動としては、一九五〇年、アイヌの伝統的民家が保谷民博の敷地に移築されたことをあげられる（齋藤・準備中）。こうしたあたらしい野外展示物を得て、保谷民博は、博物館法が施行された一九五二年に、公的登録を受けた博物館として再開にこぎつけた。

［文献］

アチックミューゼアム（編）一九三五「所謂足半《あしなか》に就いて（予報一）」『民族学研究』1（4）：710-768.

アチックミューゼアム（編）一九三六「所謂足半《あしなか》に就いて（予報二）」『民族学研究』2（1）：115-245.

飯田卓　二〇一五「昭和初期の公共視覚メディア――渋沢民具学における映画と博物館」神奈川大学国際常民文化研究機構（編）『国際常民文化研究叢書10　アチックフィルム・写真にみるモノ・身体・表象［論文編］』二四五―二六七頁、神奈川大学国際常民文化研究機構。

飯田卓　二〇一七「本書の成立と保谷民博資料の来歴について」飯田卓・朝倉敏夫（編）『日本民族学協会附属民族学博物館（保谷民博）旧蔵資料の研究』三―一三頁、国立民族学博物館。

伊谷純一郎　一九九一『サル・ヒト・アフリカ――私の履歴書』日本経済新聞社。

岡正雄　一九九四「二十五年の後に」大林太良（編）『岡正雄論文集　異人その他 他十二篇』二一八―二四八頁、岩波書店。

岡正雄・桜田勝徳・山口和雄・高木一夫・河岡武春　一九八一「岡正雄氏談話」渋沢敬三伝記編纂刊行会（編）『渋沢敬三　下』六六四―六八九頁、渋沢敬三伝記編纂刊行会。

菊地暁　準備中「岡正雄」飯田卓（編）『財団法人日本民族学協会附属民族学博物館（保谷民博）関係人名の研究』国立民族学博物館。

近藤雅樹（編）二〇〇一『図説 大正昭和くらしの博物誌――民族学の父・渋沢敬三とアチック・ミューゼアム』河出書房新社。

財団法人日本民族学振興会　一九八四『財団法人　日本民族学振興会　五十年の歩み』財団法人　日本民族学振興会。

齋藤玲子　準備中「金田一京助」飯田卓（編）『財団法人日本民族学協会附属民族学博物館（保谷民博）関係人名の研究』国立民族学博物館。

渋沢敬三記念事業実行委員会　二〇一五「渋沢敬三年譜」（https://shibusawakeizo.jp/history/、最終更新日二〇一五年三月一四日、最終閲覧日二〇一八年一一月一五日）

中生勝美　二〇一六『近代日本の人類学史――帝国と植民地の記憶』風響社。

中根千枝　一九九二「民族学の育ての親、渋沢敬三氏」『渋沢敬三著作集月報』２（澁澤敬三著作集第二巻附録）：4-8（https://shibusawakeizo.jp/writing/geppo_04.html、最終閲覧日二〇一八年一一月一五日）

西東京市・高橋文太郎の軌跡を学ぶ会（編）二〇一〇『渋沢敬三・高橋文太郎と民族学博物館――保谷にあった日本初の野外展示物をもつ民族学博物館』西東京市・高橋文太郎の軌跡を学ぶ会。

編集部　一九六四「日本民族学会の成立」『民族学研究』29（1）：58-65.

堀江朋子　二〇〇三『白き薔薇よ――若林つやの生涯』エービスシステムズ。

宮本馨太郎ほか九名　一九六四「故渋沢会長と九学会連合」『人類科学』16：158-168.

宮本常一　二〇〇八『宮本常一著作集50　渋沢敬三』未来社。

宮本瑞夫　二〇〇一「渋沢敬三先生のアチック・ミューゼアムと宮本馨太郎――宮本馨太郎日記抄（二）」『立正女学院短期大学紀要』36：75-84.

無署名　一九七〇「岡正雄教授略歴」論文集刊行委員会（編）『岡正雄教授古稀記念論文集　民族学からみた日本』河出書房新社。

（いいだ・たく／国立民族学博物館）

渋沢敬三影響下の地方民間博物館——「声のレコード」をめぐって

山田嚴子*

はじめに

地方においては、今日においても「民俗学」は必ずしも「自明の学問」ではない。「日常」の「当たり前」を問う行為は、「まなざされる」当事者たちにとっては時に不快な、うさんくさい行為でもある。その一方で、「地元」の「郷土史家」の仕事は、意義のある行為として受容されてきた歴史がある[1]。

本稿では一九六一年に青森県に設立された地方民間博物館である小川原湖民俗博物館の旧蔵資料の中から、十和田科学博物館関連資料を取りあげ、渋沢敬三の博物館構想と地方の郷土人との関係、時代との交錯を考えてみたい。

一 小川原湖民俗博物館の解体と旧蔵資料の移管

一九一四年に静岡県に生まれた杉本行雄は、渋沢栄一、敬三に仕えた。戦後、渋沢農場の伐採と製材事業のために青森県に移住した後、実業家に転じた。一九五八年に十和田湖湖畔に十和田科学博物館を、一九六一年に小川原湖の東岸にある三沢市に小川原湖民俗博物館を、いずれもホテルの付属施設として設立した。

小川原湖民俗博物館は、長く中央の研究者と郷土人を結ぶ結節点であった。しかし、二〇〇四年に経営が破綻し、博物館は閉館に追い込まれた。二〇一五年四月に老朽化が原因で建物が取り壊されることになり、民具などの資料群は、市民ボランティアの手で仮置き場に移された。その後、民具の多くは三沢市や、近隣の博物館、資料館に移管されたが、一部は仮置き場に残された。

弘前大学民俗学研究室では、資料の一部を「寄託」の形で引き受け、現所有者と書類を交わして、研究教育に活用する許可を得た。この資料群は学生たちと整理し、二〇一七年に報告書としてまとめた[2]。同年には、仮置き場に残されていた民具は三沢市の六川目団体活動センターに移管された。また受け入れの体制が整ったことから、二〇一八年七月には、弘前大学に寄託されていた民具と生薬の標本、軸物の絵画と書、パネル等を、三沢市に移管した。三沢市教育委員会では、二〇一五年度から旧蔵資料の民具を一定期間公開し、市民の関心も高まっている。

二　渋沢敬三の声のレコード

資料移設作業の際に、博物館には、穀物・生薬の標本、動物の剝製等があることが分かった。剝製はボランティアたちの移設作業が及ばなかった。また、穀物には黴が生じており、廃棄せざるを得なかった。生薬は弘前大学に寄託後に整理し、報告書に記載した。この資料群の意味は後に検討したい。

本稿でまず検討したいのは、寄託された資料の中にあったレコードについてである。LP盤が四枚、SP盤が一枚残されていた。LP盤は中心に「声の郵便」と印刷され、「十和田科学博物館／9月25日／

渋沢の声のレコード

No.1／渋沢敬三氏挨拶」と万年筆で書かれている。番号は両面にNo.1からNo.6まで記され、SP盤は片面に、No.7と記されていた。レコードは劣化が進んでいたが、一定程度、修復・復元することができた。

修復した結果、レコードの中身は、一九五三年八月二十七日の十和田科学博物館開館式の渋沢敬三と杉本行雄の挨拶であることが分かった。

三　十和田科学博物館の構想

十和田科学博物館設立前の青森県の地方紙『東奥日報』には十和田湖の観光に関する記事が頻出する。一九五三年七月三十一日には、「十和田湖を食う？　観光客は秋田口へ　高い〝不親切〟に無為無策」という記事が掲載されている。当時の青森県では、観光の戦略が大きな課題であったことがうかがえる。そのような中で、宿泊施設と博物館設立は時宜にかなったものであったといえよう。

ここに、渋沢敬三の挨拶を、筆者が翻字したものを紹介したい[3]。資料により、人名は適宜補い、注として（　）内に示した。また、後に考察することと関係のある部分には傍線を付した。紙幅の関係から一部を省略する。

杉本君は八年前に、青森県にご厄介になりまして以来、青森県から多大のご厚意、相当の丁重を賜り、何かご当地にお返ししたいということを常々念願され、その考えがだんだんと凝り固まりまして、ここにその中心としての博物館をつくり、それに付随して、極めて簡素な、上品な宿泊の設備、並びにその設備を附属したいというのがこの博物館の出来上がった最初の動機で（略）。

十和田湖畔に博物館を設ける、まことに結構でありますが、ここにあらゆる部門を網羅した博物館をつくるということは、必ずしも適当でない。何かいい考えはないかということから、（略）非常に、カルデラ湖を持った地理学的に見て興味のある要因をもった国立公園であるところから、この一部門として、カルデラを中心につくったらどうか。さらに、この地帯は森林関係で非常に大切なところで、この観点で、というのが最初の考えでした。（略）また、植物の、ことに森林の面から申しますと、我々は日々、林を漠然と見ております。その林の中に植物の実態その他を見極めるためには、やはりこういった博物館という手だてを経て物を見ることが我々一般の人には理解がしやすいので、伺いますと、十和田湖は観光地として年々、少なくとも五十万人以上の方がこの地方、あるいは、遠くから多数参るので、ただ景色を見て、お弁当を食べて、そして湖水のそばに腰を下ろしてそして帰ってしまうというのではまことに物足りない。

この地の休憩に何か十和田並びに八甲田山を含めたこの地方のことが皆さんいらした方々の脳裏に深く刻まれ、しかも、それがただ印象的でなしに、学問としての理解を深めてはっきり十和田湖を認識して帰られましたならば、これは大変ないいことであろうということに思い当たったので、以来、どなたか中心になってこの博物館を統率してく

現在残る十和田科学博物館の建物（2018年9月撮影）

ださる方はないかということで、石黒（忠篤）先生などといろいろご相談をしました。ご迷惑とは存じましたが、河田（杰《まさる》）先生、この方は、ご当県には非常に長らく青森の営林局長をされておられました。博識であり、しかも、単に植物のみならず、あらゆる面に広い視野と見識を持っておられる方でございますので、河田先生にご依頼をいたしまして、館長となっていただいた次第であります。

なお、今日、学者側を代表してご祝辞を賜るようになっております鈴木（醇）先生、北大の理学部の岩石学の権威であり、特に、青森県の地質全体に対しての点からご研究をされ、終戦後、徹底的にお調べになった方でありますが、この方は私どもと（仙台）二高からずっと、（つきあいがあり）そんな関係で、前からいろいろお話をしてあって、顧問になっていただいています。（略）世界にも博物館は多数ございますが、研究室を附属したものはございますが、宿泊設備まで持っている博物館は、あるいは今回が初めてかもしれません。これがもし上手に、かつ極めて有効に使われるということになりますと、日本国中の国立公園も、あるいは、右にならえといったようなことになる一つのようすがになるかもしれないということも楽しみに感じておるのであります。（略）

なお、人文科学も興味がある問題が多々あるのでありますが、なにせこういった視聴者が一時的にちょっと足を止めるという特殊な博物館であります。いわゆる民俗博物館的なものを常設してここに陳列するということは、必ずしも適当かどうかということを疑わしく思います。そこで考え出しましたのは、むしろ、そうではなく、県におきましては、県下、あるいは秋田県、あるいは岩手県、あるいは東北六県でもよろしいんでありますが、そこでお願いをいたしまして、あるいは、時期を限り、あるいは、一期間拝借いたしまして、その方のご収集をお借りいたしまして、今までのご努力を皆さんに見ていただき、また、お集めになった品物の本当のよさも十分に見ていただくことがいいのではないかということに思い至ったのであります。

したがって、カルデラの中心でありますが、それに十和田湖並びに八甲田山を加えての、森林を主体とした展示と、それから、これは何も必ずしもこの地方に限らず、いろいろな意味で収集をされた方をむしろ顕彰する。だんだんと、代わる代わるいろんな方にお願いをしようと思いましたけれども、ずっと前から小井川潤次郎君に非常にお親しく願っておりましたので、青森県の小井川さんからご寄附を今年は願った次第であります。皆さんの中には、こういうものを見るということをする機会が多いと思います。「こういうのはどうだ」といったようなお気づきがございましたならば、どうかこの博物館のほうへお知らせを願いましたならば、よく検討いたしまして、博物館として拝借をしたいと考えておるのであります。また、二階がまことに広くできておりますす。それもその時々に、もしできましたならば、あるいは、青森県下の所蔵展をやってもいいだろうし、あるいは、十和田を中心とした国立公園の写真の成果を示してもよかろうし、あるいは、ある小学校なり中学校の生徒の作品の展示会をしてもよかろう。（略）

今、十和田湖の美に憧れて来られました方が、この美を堪能した後のわずかな時間をさらに、十和田湖とは何ぞやということがはっきり知識を素直に吸収されて帰られましたならば、この旅行が、物見遊山にお出かけになったときの旅行よりは、はるかに豊かになってお帰りになられるだろうと思うのであります。（略）今、展開されておりますものだけで、決して我々は満足するものではありません。これから一年、二年、三年と年を経るに従いまして、物も変わってまいりますのが、同時に豊富になって、そして、さらにいい博物館に皆さんのお力で仕上げていきましたならば、幸いだと思うのであります。（略）

私は、このご当地に参りましたのは、最初に参りましたのは大正五年であります。[注4]ご一緒に参りましたのは、我々と同級でありますす中山（正則）君、まだ高等学校の生徒の時代でありましたが三本木（現十和田市）からここまで、その時分はまだバスもありませんので、たしか馬を拝借して、馬の背で三本木からここまで参りました。それからあと、鉛山（現秋田県鹿角郡）、小坂へ歩いて抜けたことを思い起こすのであります。そのときはたしか子ノ口（十和田湖畔）で一泊したと思います。つまらないことでありますが、そのとき初めて子ノ口の旅館で、桂の木でつくりました大きな風呂桶に入りまして、非常に珍しい思いをしたことを思い起こすのであります。（略）

はなはだ簡単でございますが、杉本君の喜びに代えまして、私が関係しました経過につきまして、一言ご挨拶を申し上げた次第であります。

渋沢が「極めて簡素な、上品な宿泊の設備」「宿泊設備まで持っている博物館」と、博物館に宿泊施設が付随していると強調するのには理由がある。『朝日新聞』青森版一九五三年七月二十三日には、「県教育庁で難色示す　十和田湖学生会館」という記事が見える。記事では、県庁では学生会館設立に反対し、会館が「待合い」に転用される危惧が語られている。渋沢は疑念を払拭する挨拶をしたと考えられる。

この挨拶では、住民が「育ててゆく」博物館であることが示されている。まず「環境」としての「地形」を見せ、「森林」を見せ、「長年、郷土研究と関わった人」を顕彰した後に、それらの人々を通してその収集品を見せる、という構想が示されている。民具はその一例であり、「郷土人」の研究蓄積を顕彰しつつ展示に活かすことが構想されている。

小川原湖民俗博物館の旧蔵資料「資料収集関係書綴」には、一九七三年当時の十和田科学博物館館長石川俊夫（火山学北海道大学名誉教授）が記した、科学博物館の設立時の組織が示されている。「運営・議長」には渋沢敬三が記載され、「運営委員」としては、鈴木醇（火山学・岩石学）、藤永元作（水産学）、中山正則（元石川島重工業筆頭常務）、杉本行雄の四名の名が挙がっている。「専門学術委員」には、久野久（火山学）、西條八束（陸水学）、大町文衛（昆虫学）、村井三郎（植物学）、和田千蔵（生物学）、小井川潤次郎（民俗学）の六名の名がある。

渋沢の友人である鈴木醇、中山正則の他に、十和田湖を愛した文人、大町桂月の子息にあたる大町文衛、青森師範学校教諭から戦後に弘前大学教授となった和田千蔵、青森師範学校卒で郷土史家の小井川潤次郎等、青森県ゆかりの人物の名が見える。また、岩手県の在野の植物研究家・村井三郎の名も挙がっている。渋沢の人脈と、「郷土人」、郷土にゆかりの人々が渋沢の博物館構想を支えていたことが読み取れよう。

四　十和田科学博物館と小川原湖民俗博物館

最後に小川原湖民俗博物館の方に目を向けたい。『小川原湖民俗博物館と祭魚洞公園』(注5)を読むと、設立当初から民俗博物館として構想されていたと読める。しかし、旧蔵資料の中に小川原湖民俗博物館編『小川原湖博物館』創刊号（一九八一年）という小冊子が残されていた。そこには「博物館の名称」として、「石川俊夫館長記」とする一文が寄せられている。

そこでは、最初、この博物館は「小川原湖博物館」と命名されており、渋沢にはこの博物館を「小川原湖を中心とした自然、人文を広く含むものとする構想」があり、杉本にも当時「十和田湖と小川原湖を結ぶ大規模な観光計画」があったという。しかし、民具の収集にあたった八戸市在住の郷土史家、中道等の「精力的な努力」により「多量の貴重民具が蒐集され」た結果、「小川原湖民俗博物館」と改称されたというのである。

ここに至って、小川原湖民俗博物館にあった動物の剝製や穀物、生薬の標本などは、渋沢の当初の構想と関わるものであったことが理解されよう。このような変更が可能であったのは、一九五八年からの時代の変化も考慮に入れなければならない。杉本行雄や小井川潤次郎と交流のあった岡本太郎は『神秘日本』（中央公論社）を一九六四年に刊行し、青森県は土着的な信仰の地として表象されてゆく。青森県出身の寺山修司は詩集『田園に死す』を一九六五年に白五書房から刊行し、「郷土」を「戯画化」して見せていく。『田園に死す』は一九七四年に映画化され、青森県のイメージを方向づけていった。青森県は観光の「資源」として恐山やイタコを活用してゆくようになる。「民俗」は既に有用になり始めていたのである。

おわりに

旧蔵資料の声のレコードから渋沢敬三の博物館の構想を見てきた。十和田湖や小川原湖といった地形的に特徴的な地域への関心は、生活の把握の前提として自然環境にまず向うであろう。しかし、実際に博物館を運営してゆく人々は、渋沢の理想を体現するというよりは、それぞれの自身の文脈においてなすべきことを努めたといえる。実務を担当した者が博物館の内実をつくってきたといえる。

注

（1）小池淳一「共同研究『日本における民俗研究の形成と発展に関する基礎研究』の構想・経緯・成果」国立歴史民俗博物館編『国立歴史民俗博物館研究報告』一六五集（二〇一一年三月　一—八）を参照のこと。

（2）山田嚴子監修・弘前大学人文社会科学部民俗学研究室編『小川原湖民俗博物館弘前大学寄託旧蔵資料調査報告書』（弘前大学地域未来創生センター　二〇一七年三月）。

（3）この挨拶は、渋沢敬三「東北犬歩当棒録」に「カルデラ十和田湖」（『東北犬歩当棒録—祭魚堂雑録第三』一九六一年　角川書店、『澁澤敬三著作集』第三巻　一九九二年　平凡社　一八二—一八六頁）に書かれている内容と重なる。しかし、同書では、十和田科学博物館を他者の構想した博物館のように紹介している。レコードの挨拶も「杉本君になりかわり」来賓に礼を述べる形をとっている。

（4）この旅については「旅譜と片影」に大正五年十一月として記録がある（『澁澤敬三著作集』第四巻　一九九三年　平凡社　二七一頁）。

（5）小川原湖民俗博物館編『小川原湖民俗博物館と祭魚洞公園』（一九八九年　ぎょうせい　四頁）

［付記］本稿はJSPS KAKENHI Grant number 17k03268の成果の一部である。

（やまだ・いつこ／弘前大学教授・民俗学）

師弟で歩いた出雲——片句浦に残る書簡から

山本志乃＊

片句の「山本先生」

拝啓
先般御地へ参りました際、御約束申しました片句大師堂造営について、澁沢子爵へ寄附方御懇請の件、昨夜澁沢先生とゆつくりお話する折を得まして、細々申しあげ、且御地での御芳情の事について語りました所非常に喜ばれ、貴下の御志の程にも感激あり、寄附申さうとの事お言葉ありました。

昭和十四年十二月十六日、アチックミューゼアム所員となって初めての旅から戻った宮本常一は、島根半島の漁浦、片《かた》句《く》（松江市鹿島町）の山本恒太郎に宛てて、こう礼状を書き出した。

そもそもこの旅の目的は、石見の田中梅治翁を訪ねることにあった。ただ、「石見へ入る前に島根半島を歩いてみたい」との思いから、十一月十七日の朝、まずは松江で汽車を降り、バスで日本海側の笠浦（美保関町）に出て、起伏の激しい海岸線を西へと辿った。

どこかで足を止め、ゆっくり土地の話を聞きたかったが、よき人に会えないまま、村から村へと歩き続けた。二日目に片句まで来たところで恒太郎を教えられ、丸二日かけて話を聞いた。そしてそれを、後日『出雲八束郡片句浦民俗聞書』としてアチックから刊行した。

恒太郎は、土地の人に「山本先生」とよばれて尊ばれていた。長く教職にあったが、体を壊して職を退き、自宅で療養していた。民俗誌一冊分にもなる博学多識ながらも慎み深いこの人との出会いを、宮本も稀有なることと感じたのだろう。寝食の間も惜しんで鉛筆を動かしたことが、覚書に見える。

片句の裏山の尾根沿いに、大師堂がある。恒太郎の先祖ほか村の草分け数軒が、文政年間に勧請したという。恒太郎は病身となってから、ことさら大師への信仰を深め、それが生きるよすがとなっていた。手狭になった本堂を改築したいが、折しもたいへんな飢饉で寄付金が十分集まらない。困ったものだ――ということを、昔語りに交えてこぼしたらしい。宮本はそれを、旅の報告とともに渋沢敬三に伝えた。結果、渋沢から一〇〇円という大金が寄せられることとなった。

　恒太郎に宛てた第二信（十二月二十六日付）で、宮本は「（渋沢）先生も旱害地方には何等かの意味にて救援致したく存じ居り候ひしが、かういふ事も又意義あるべしと申され候」と、飢饉への義援の意味を込めての寄付であることを告げ、そしてこう続けている。

小生としても全く感激にたえざる処に御座候。
と申すは先生もとより貴下を知れるにはあらず、又貴地を知れるにもあらず、僅かに一部下の旅行中に生じたる縁のみにて、而もその部下の言を信じてのこの御温情にて、小生たるものも、此上なき面目と存居候。

　昭和十年の春に大阪民俗談話会で初めて渋沢に対面し、十四年の秋、ついに小学校教員を辞めてアチック入りをしたばかりである。人生の大きな転換点にあって、新たな道に踏み出した喜びよりむしろ、茫漠とした不安のほうが大きかったことだろう。笠浦を出てから片句に至るまで、思うような語り手に出会えずひたすら先を急ぐ宮本の足取りには、その焦燥感が写し出されているかのようだ。

　旅から帰った宮本の話に聞き入り、無二の語り手に出会えたことを我が事のように喜び、そして、浄財を惜しげなく差し出す。懐深い師の姿は、民俗採訪というあてなき旅へと乗り出した宮本に、どれほど頼もしく、また崇高に映ったことか。以来、二十年以上にわたって渋沢邸に身を置き、後年その渋沢に「わが食客は日本一」と言わしめたふたりの信頼関係は、こうした積み重ねの上に築かれていったのである。

渋沢敬三の片句訪問

　渋沢からの一〇〇円の寄付を得て、翌昭和十五年七月、片句大師堂の新しい本堂が完成した。

　宮本の手紙には「そのうち、先生にも御地方へ御旅行申さるゝ様おすゝめ致し度存じ居り候」（昭和十四年十二月二十六日付）とあり、いずれは師をいざなって再訪したいと考えていたようだ。それが、大師堂の完成によってにわかに現実味を帯びることとなる。さっそく落成式に合わせた訪問が計画されたが、間際になって「時局変化その他御一身上の問題」（昭和十五年七月十八日付・宮本から恒太郎宛の葉書より）で、予定よりひと月遅れの九月上旬に延期された。「時局変化」とは、前年に勃発した第二次世界大戦をさすと思われ、戦時色が次第に強まるなか、第一銀行の要職にあって多忙を極めていたことがうかがえる。

それでも、渋沢の片句訪問は、九月八日に実施されることが決まった。これを知らせる宮本の手紙（昭和十五年八月二十九日付）には、「同日午前六時三十四分松江着。それより佐太神社に参拝。ついで江角《えずみ》に出で、それより大師堂にのぼり夕方には御地へ参りたしと存候」とある。佐太神社は、松江市街から片句へと向かう途次、宍道湖と日本海とを結ぶ佐陀川運河のほとりにあって、出雲国第二宮の由緒をもつ古社である。朝山皓宮司の案内でここを参拝し、運河沿いに江角（恵曇《えとも》）に出て、そこから尾根伝いに片句まで歩くという計画である。

この手紙の続きには、「別に御準備下さらずともよろしく、皆様に御迷惑を相かけざる様との子爵の御言葉に候。昨年お話を承り候ひしボテボテ茶でも御馳走になりたきものと存じ居り候」（同日付）と、過剰な気遣いは不要であることを伝えている。ここにあるボテボテ茶とは、乾燥した茶の花に煮出した番茶を注ぎ、茶筅で泡立てたのちに、煮豆や漬物などの具を入れたもの。松江城下の喫茶の文化と、出雲の産物とが結合した、素朴な郷土食だ。贅沢な饗応などではなく、日々の暮らしで食されているものこそが、渋沢先生への最上のもてなしだ、と伝えたいのだろう。さらに「子爵は元来いたって平民的なる方にて、暮々も御心おきなき様願上候」と続け、恒太郎ほか片句の人々が構えすぎることのないよう念押しをしている。

とはいえ、迎える側からすれば、できうる限り盛大にと考えるのは無理からぬことだ。折り返し、そうした計画がもたらされたらしい。続く宮本の返信はがきには、「先生は全く普通の旅行者として参りたいので、暮々も御心持だけの御もてなしを得たく、一切御準備下さいませぬ様御願ひ申します。唯、尊台のお目にかゝり片句の方々の美はしい人情に接したいとの事でございます」と、あくまでも平生の佇まいで迎えてほしいと重ねている。そして、末尾に残ったわずかな余白にこう書き添えた。「先生もリュックサックを背負うて出かける予定です」

昭和十五年九月七日、渋沢は宮本と秘書を伴い、京都駅から夜行列車に乗った。翌朝、予定どおり松江に着き、自動車で佐太神社へと向かう。恒太郎の子息で、当時恵曇小学校の教職にあった幸夫が迎えに出て、そこから片句までの道案内をつとめた。

片句の山本家には、その幸夫が後年したためた、「子爵澁沢敬三先生との縁」と題された覚書が残されている。「当夜は米左右門老人（出口）、庄助老人（東）等を囲み、漁師生活についての座談に花が咲き有意義な一夜であった。子爵はとても庶民的で快飲の上、上機嫌で談笑しておられた」とあって、事前に伝えた望みどおり、古老の話に耳を傾けながら、土地の酒と肴で和気あいあいと過ごしたことがわかる。恒太郎は、増田渉（片句出身の中国文学者で魯迅作品の紹介者としても知られる）の岳父でもあった。アチック同人と増田との間に親交があったことから、こうしたところでも話が弾んだことだろう。山本家では、三間続きの座敷を開け放ち、一行を迎えた。着飾った近隣の娘たちが、歌や踊りで歓迎したことも伝えられている。

その晩は山本家に宿をとったが、そこでちょっとしたアクシデントがあった。夜中、宮本が吐き気と腹痛を訴え、幸夫の覚書によれば、「一家挙げて看護にあたる」事態となったらしい。幸い大事には至らず、翌朝早く一行は、石見へ向けて出立した。

後日、大阪の自宅に戻った宮本は、恒太郎に礼状を送った。「あの夜はとんだ不始末で失礼いたしました。あしからず。幸あれから事なきを得て一反大阪まで出て澁沢先生と別れ更に四国を歩いて昨夜大阪へかへりました。其後はずつと元気であります」（九月二十七日付）。訪問前の緊張感あふれる候文から一転、くだけた文面に、一行の滞在がいかに心安いものであったかがうかがい知れる。思えば、師を連れての長旅の立案から実行に至るまで、気を抜く間もなかったことだろう。ほっとした隙をついて、心身の疲労が腹痛となって現れたのかもしれない。

恒太郎のもとへは、さらに後日、宮本アサ子夫人からも礼状が送られている。当夜の手厚い看護を感謝するとともに、「御貸し下さいました懐燈をお送りいたします」とある。まだ夜も明けきらぬなか、病み上がりの体で師を先導する若き宮本に、道中の無事を案じてそっと懐提燈を差し出したのだろう。恒太郎一家の温情が、ほのかな燈火をとおして伝わってくるようだ。

扁額となった渋沢の書状

渋沢の『旅譜と片影』によれば、片句を発った一行は、松江から汽車で江津へ行き、石見の研究者で神官でもある牛尾三千夫の案内で、青笹の大田植歌を聞いている。それから田所の田中梅治翁に会い、翁とともに出羽の牛市を見学。バスで広島に出て、さらに周防大島の宮本の実家を訪ね、九月十七日、柳井から汽車で東京に戻った。

その翌日、九月十八日に、渋沢は恒太郎に宛てて礼状をしたためている。

「拝啓　過日は貴地拝訪仕り候處、色々と御心尽しの御もてなしに預り、御陰様にて久方振りにて暖き日本人の心の奥の美しさに振れ、真実嬉しく存仕候」（句読点筆者、以下同様）と書き出したすぐあとに、宮本の急病について、世話になったことへの感謝と、その後は直ちに回復して「愉快なる旅を続け申し候」と報告している。

宮本の体調を案じているに違いない恒太郎らへの配慮から、帰宅早々筆をとったのだろう。だが、渋沢は単なる礼節でこの手紙を書いたわけではない。続く文面に、こうある。

貴地に於て小生の最も心を打ちたるは、大兄に直接申上るもちと如何とは存じ候も、大兄の如き方が村に居られ、村の吉凶共に親身になり人格的に指導さるゝを眼の当り拝見致したることに御座候。殊に多くの肉体的苦痛の錬獄を突破された上の御心境、正に頭の下るを覚え申し候。

渋沢自身、かつて糖尿病を患い、それが転機となって、本格的な水産史研究と研究者育成に取り組み始めた。その体験と、どこかで重なるものを感じたのかもしれない。病気で公職を退きながら、村のために心を尽くしてきた恒太郎の来し方そのものに、深く感銘を受けたことがわかる。「人格的に指導」とは、権威ではなく、知性や品格でもって村人を導く、といった意味あいであろう。

この「人格的」なる独特の表現は、その後も頻出する。

片句は幸なるかなと存じ候。人格の尊厳を体得したる人士の地方還元の必要今日様切望すべきときなき際、大兄の存在は誠に意儀深く、又片句の方々の大兄との人格的交渉にも美はしきものあるを拝察、真実嬉れしく又心安らかを覚え申し候。

このとき、恒太郎は五十九歳。渋沢は四十四歳。地方であれ、中央であれ、民を束ねる人のあるべき姿に変わりはない。恒太郎の生きざまに、渋沢はひとつの手本を見る思いだったのではあるまいか。

後年、渋沢は「民衆の中に生きるひとびと」（昭和三十年五月『文藝春秋』）と題した著作の中でこう述べている。

私の識っている範囲では、自ら高いパブリック・マインドを持ち、黙々として、自ら名も利も求めず、人に与えることばかり考えている人がかなり沢山いる。全国的には有名ではないかもしれないし、この人達は有名であることを欲してもいない。こういった人達が黙って働いて、識らず知らずに周囲の人々に強い影響を与え、そのパブリック・マインドを高めている姿は尊いものである。

（『澁澤敬三著作集』第五巻所収）

渋沢こそ、まさに高き「パブリック・マインド」の持ち主だが、その背景には、旅をとおした土地の人々との出会いがあった。宮本らの民俗採訪にしばしば同行したのは、もちろん知的好奇心ゆえのことではあるけれども、恒太郎のような「人格の尊厳を体得したる人士」と接することに大きな意義を見出していたからだろう。財界人として、あるいはアチック主催者として、とるべき道の指標となるような人物との邂逅を、旅の中に求めていたのかもしれない。宮本もこのときの旅の記録のなかで、「旅の目的は渋沢先生がこの地方のすぐれたるよき人々に逢われることにあったのである」（「土と共に」）と明言している。

山本恒太郎は、昭和二十九年四月、七十三歳で亡くなった。そして渋沢敬三も、昭和三十八年に六十七歳で世を去る。

渋沢の書状は、昭和五十年、幸夫によって額装され、今も山本家の座敷に掲げられている。そのいきさつを記した幸夫の覚書と宮本の手紙も、大切に保管されている。

私がこれらの書簡の所在を知ったのは、まったくの偶然だった。数年前、当地の魚行商を調べるため足を運んだ折に、郷土史家の山本弘氏にご教示を賜った。氏は、「旅の文化研究所」という名刺に印刷された私の所属先を見るなり、即座に宮本常一を連想され、片句の山本家と宮本、渋沢との関わりを教えてくださり、現地への案内を買って出られた。

山本家で、扁額におさめられた渋沢の柔和な筆文字と、薄い便箋に並んだ宮本の几帳面なペン字に対面したときには、自ずと背筋が伸び、粛然とした気持ちになった。

山本家と宮本との親交は、恒太郎の没後もなお続いていたようだ。昭和五十四年、七十一歳となった宮本から幸夫に宛てた手紙には、過ぎた日を懐かしむ言葉が並ぶ。

御地へ参上いたしましてもう四十年すぎました。しかし昨日のことのように御地のことを思い出すことができます。いまでも御父君からお話を聞いたときの感激は消えておりません。金坂さんのお宅（筆者注・昭和十四年の訪問時に宿を提供した家）のこともなつかしく思い出せます。そしてその翌年また御地を訪れたときのことも、お手紙にありますようにあのときおなかをこわして苦しんだのも私にとっては思い出の一つになっております。あれから松江へ出て江津までゆき、桜江町市山の牛尾三千夫氏をたずねそこへゆくまで私は断食、それでもヘコたれもせず渋沢先生のあとをついていったことで後々まで先生から話題にしてもらいました。

手紙はさらに、その後の渋沢の事績を端的に伝える。

先生はあれから日本銀行副総裁・総裁、大蔵大臣などを歴任し、追放になってからは学問に専心、九学会連合を作ってその会長になり活動し、その御遺志が実を結んで大阪の万博のあとへ国立民族学博物館ができました。追放解除後は今問題になっている国際電々会社の創設に奔走して初代社長になり、新しい経営によって多くの人びとの眼を見張らせ、また東京駅を今日のような民衆駅に再生し、日本の多くの駅がこれにならって多くの駅ビルが出現するようになり、戦後の新しい経営方式の手本を示して来ましたが、

澁澤敬三の寄進による片句大師堂の写真（昭和36年に山火事で焼失、山本家所蔵）

昭和三十八年十月、心不全でなくなられました。

私はそれまで努めて先生のそばにいるようにして来ましたが、先生以後先生のような人に逢うことはなくなりました。

このときにはまだ「相かわらず右往左往していて、東京にゆっくりする間もありません」と東奔西走の毎日だったようだが、それから二年後、宮本もまた七十三歳で鬼籍に入る。

渋沢の献金で再建かなった大師堂は、昭和三十六年四月一日に山火事で焼失したのち、新たな堂に建て直された。

渋沢、宮本が歩いた当時、尾根道だけが頼りだった片句には、昭和四十九年に島根原発ができ、立派な自動車道路が通った。風景は様変わりしたが、尾根道に上がれば、かつて宮本が連日目にしたという隠岐の島々が、はるか沖に変わらず見える。

渋沢はよく宮本に、「流行するものは大勢の人が参加しているのだからそれでいい。見落とされたものは、ふりかえれることがないからいつまでも見落とされていく。しかしそういうものの中にこそ大きな真理がひそんでいることが多い」（「私の学んだ人」）と語ったという。

変わりゆくものと、変わらずにあるもの。歩いてさえいれば、そこに必ず見出す何かがある。片句浦に刻まれた師弟の足跡は、八十年を経て奇しくも同じ道を辿った後進の浅学に、大切な教えを残してくれた。

［参考文献］

渋沢敬三「旅譜と片影」『澁澤敬三著作集　第四巻』平凡社　一九九三年

渋沢敬三「民衆の中に生きるひとびと」『澁澤敬三著作集　第五巻』平凡社　一九九三年

宮本常一『出雲八束郡片句浦民俗聞書』アチックミューゼアム　一九四二年

宮本常一「土と共に」『宮本常一著作集25』未来社　一九七七年

宮本常一「私が学んだ人」『宮本常一著作集51』未来社　二〇一二年

山本弘「宮本民俗学をめぐる片句浦での点と線―宮本常一・渋沢敬三・山本恒太郎・増田渉など―」『島根文芸』第三一号　一九九九年

（やまもと・しの／旅の文化研究所研究主幹・民俗学）

第一部

非文字資料の発見

——民具と絵巻物

還暦祝賀記念論文執筆者招待会　席上座談話集

渋沢　このたび日本民族学協会がその機関誌に私の還暦を記念して貴重の論文を寄せていただいて、お祝いいただきましたことは、身に余る光栄であります。本日はそういう方々、あるいは多少それよりも範囲がごくわずか広くなっておりますが、お招きを申し上げました。しかるに、時期が学校の先生方には、学年末試験の前だか途中だか後だか知りませんが、とにかく工合の悪いときであったにもかかわらず、お繰り合わせをいただき、中には非常に遠方からほんとうに駕《が》を曲げていただきました方もありまして、私としては真実ありがたく、嬉しく存ずる次第であります。

　私が民俗学とか動物学といったようなものに興味を持ちましたのは、いろいろな因縁がございます。もともと私は実は動物学者になりたかった男なんで、私の祖父と長い間喧嘩をしておりまして、ついに説得されまして経済方面にいってしまったのですが、今さらそれに対してくやしいとも、残念とも思っておりません。むしろ私自身そういう能力のないことは十分に知っておるのでありますが、若いときには何かそういうものをやってみたいと思っておったのが、やはり多少尾を引いておりまして、それが何となく残っていたのが第一の基盤だと思うのであります。それにいたしましても、やはり柳田〔国男〕先生とか石黒〔忠篤〕先生というような方々から常に御教示を受けたということが、そっちへ向いていった大きな原因だと思うのであります。

　大学を出ました大正十年ころからアチックミュージアム―ソサエティという名前をつけておりまして、その当時からの関係者はここにおります中山〔正則〕さんで、今は改名した日本常民文化研究所の理事長をしていただいているわけであります。ところが神保小虎先生から、そのソサエティはいらないと言われまして、単に、アチックミュージアムという名にしたのであります。これは私の家の物置きの二階を用いまして、今北海道大学におられます鈴木醇先生とか、それから田中薫先生であるとか、宮本璋先生とか、そういう連中で寄り合って、動植物や化石類を集めて楽しんでおったのが最初なんです。まあ屋根裏だからアチックだというので、当時たしか高等学校あたりで盛んに読んだジェロームという人のアチック―ヒロソフィ―イン―パリスという本があったので、そんなところから考えついてつけた名前だったのであります。ところがだんだん戦争が激しくなりますうちに、英語を排斥する機運が起り、そのうちに巡査がやってきて、お前のところにはアチックという外国人がいるかというようなことで、（笑声）それから何と直そうかということになって、常民という名前を考え出してつけたのであります。庶民とか大衆という言葉があったのでありますが、どうも庶民という相手をこっちが見おろしているような気が多少して厭だったから、コモンピープルというのをそのまま訳して常民とした次第であります。

で、初めは民具を集めたのですが、これは柳田先生が長い間かかられて、そうしてりっぱな日本の民俗学という学問に生命を吹き込まれたのですが、ただ横から拝見しておりますと、心理現象なりあるいは言語なりに重点を置かれて、マテリアルカルチュアの方面が多少おろそかになっているように思えましたので、まず民具を集めだしたのが最初であります。初めはおもちゃも少し集めておりましたが、これは有坂興太郎さんとか、西沢笛畝さん等のやっておられるのとも意味を異にし、もう少し学問的にやってみたいというのでやったのでありますが、そのうちに民具が主になりました。この民具に変りました大きな先達になってくれたのが早川孝太郎さんで、三河の北設楽郡の花祭に行って、あの辺の民具を持って帰ったのがやみつきだと思うのであります。しかし今思い起しますと、相当の点数にはなっておりますが、実はこれでお前生活してみろというと全然できません。要するに引き離しやすいものだけ持ってきたのであって、ほんとうに要するものはちっとも集めてきていないことに気づきますと、やはりジレッタントのやったことだと考えざるをえないのでありまして、決して本格的な仕事ではなかったという恨みを、今も十分持っているのであります。しかし幸いに焼けませんで今まで残っておりますので、もう今さらああいうものを集めようといっても、事実なかなかできないものが多いのでありまして、大切に保存して次の時代に残したい、大げさにいえば、これも五百年もたったら民間の正倉院ができるだろうと、こう思っている次第なんであります。

そこでこの民族学協会というものが起るいろいろな変遷がございますが、その間に、ここにおられる岡正雄さんが柳田先生に叱られてすっかりショゲ込んで、田舎へ行って小学校の先生になるというような、岡さんに似合わしからん殊勝な弱音を吐いたことがある。それは惜しいというのでウィーンへ行くことになって、そのときに一緒に行ったのがこの中山さんであります。それでシベリアの旅を一緒にやって、へんちくりんな絵葉書をくれたことを私は覚えておりますが、そういうようなわけでずいぶん長い歴史になるのであります。ただ私自身といたしましては、むしろ皆さんのお蔭で、人生の大部分をかなりおもしろく遊ばせていただいたというわけであります。私自身は今国際電信電話という会社をお預りしておるのでありますが、これは電話の交換手みたいな役割をしておりますが、私もちょうどこれと同様、交換手のようなことをしているのでございまして、あちらから頼まれるとこっちへ繋ぐ、こっちから頼まれると向うへ繋ぐというわけで、その中の二割が成就すればいいほうでといったのが、現在の私の毎日のいたつきなんであります。

民族学なりその他の方のことになりますと、これはまあ何といいますか、私は決して学者じゃありませんし、またそういう意味のタレントであったり、ほんとうに勉強を正確にやったりしたことは全然ないのであります。ですから植物でいいますと、完全な薬草ではない、要するに芹《せり》みたいなもので、ときどきとってきてうまく利用しているという程度の存在でございます。しかし私自身には非常におもしろいので、いつまでできるか知りませんが、私自身としては満足なんです。これも全く皆さんのお蔭なんで、いろいろなことを聞かしていただいたり教えていただいて、世の中を見るとき普通の実業家から見れば多少幅が広かったり、皮相ではありますけれども、皮が少し厚いという程度で、十分に楽しんでいるといっていいのであります。

それからまた私は、祖父がなくなりましたときに身体を無理しまして、入沢［達吉］先生から厳命を受けまして、しばらく豆州の三津《みと》浜に静養に行っておったことがあります。そのときに釣りを楽しんでおったのでありますが、魚を釣り上げるばかりでなく、漁業の常民古文書まで釣り上げてしまいました。それが機縁になって、ここにおられる祝《ほおり》［宮静］さん、その他皆さんにお願いして、ようやくああいうものができあがったわけであります。その当時昭和六、七年ころに、古文書というと少なくとも中世以前のものでないと通用しなかったので、とにかくああいうものはあまり注目されていなかった時代でございます。中には研究された方もあるのでありますが、一般的にはそうでなかったので、これは大切だと思ってやりだしたわけです。それで、考えてみると、日本では魚をとることはずいぶん研究して発達しているのでありますが、これだけ海況の変化があり、魚の種類が多いところで、どうして獲ってどういうふうにやってきたかということの歴史的研究が少ないことに気がつきました。それで漁業史研究室というようなものをアチックの中に併置して少しずつ仕事をしてまいりましたが、ここにおられます漁業史のほうの関係の方々がそのおもな方でございます。

それで、あの時代は皆さんに研究をしていただいては、かまわずこれを出版するということをやったのです。その代り、雑誌は全然やりませんでした。そこで私は、本を出そう、その代りこの本は売れないだろうが売れなくてもよろしい、将来古本になると、きっと古本屋が得をする、こういう目標でおりました。しかし始めてみたら事実売れなくて、たまってしまって困ったのです。もっとも四百部くらいしか刷らなかったけれども、ほとんど買ってくれる人がいないので、倉の中が本でいっぱいになって困ったのです。ところが終戦後になりまして、漁業史方面に関心が昂って来ると、この本がぐんと売れてしまった。しかもほとんど欺《だま》されて売ってしまった。古本屋というのは、まことに狡《わるがしこ》いものでありまして、学生をたくさん使いまして、さも勉強するような顔をして買いにくる、実に感心だというので売ったら、それがほとんど古本屋の回し者だった。（笑声）ここらはまことに間抜けな話なんですが、そういうことなんです。

　終戦後、私も一時非常に貧乏をして困っておったのですが、最近はまたぼつぼつ本を出そうと思っております。研究所というのはこれは厄介で、今日ここにたくさんおられるのですが、人件費というものは大へんなものですから、これを引っ抱えては大へんだというので、さっそく解散をして、すまないが知らん顔をしている。しかし本だけは何とかしたいと思っております。ただ私どものモットーとしましたのは、いわゆる論文は出さん、全部資料というので通してまいりました。論文や何かはその次の段階で学者がなさるにまかすとして、資料主義で通してまいりました。これからもわれわれはこの原則でやろうと思っているのであります。で、本屋では引き受けられぬが、資料として大切と思われるものを出したいという考えであります。これもいつまでできるかわかりませんが、できるだけやるというだけのことは、今申し上げてもかまわんと思うのであります。

　さて、私の還暦というのは、私は明治二十九年八月二十五日に生れたのでありまして、一昨年の八月二十五日がそれに当りました。去年の誕生日はいわゆる移動大使として南米に行っておりましたものですから、リオデジャネイロで偶然ぶつかりました。そうしたら安藤大使以下それを、前から履歴が行っているとみえちゃんと気がついておりまして、あそこで誕生祝いをしていただきました。しかもリオデジャネイロは、地球上、東京と全く正反対の地点でありまして、非常に珍しいことだと思って嬉しく思ったのであります。それから実業界のほうでも何かお祝いをしようかということがあったのでありますが、実業界のほうでは何といってもおじいさんがたくさんおりまして、還暦というのはまだまだ若僧なんです。そんなことはおかしくて言えるものじゃありませんし、また私もそういう意味で感じてはおらなかったから、そんな話がありましたが、全部お断わりした。しかしアチックの関係の方々、また民族学協会の関係の方々がそういう格好でやっていただくなら、私としては真実ありがたいので、少なくとも実業界広しといえども、これだけの学者の方々が集まられるということは珍しいことだと思うのであります。それでそういうような意味で、私は実に嬉しくお受けしたわけであります。

　今日は別に特にお招きをしても何のとりもうけもないのでありますが、今日のメニューは実は私が苦心をしまして作りましたメニューであります。岡さんからお話がありましたので、食後に東南アジア稲作研究団の長さんの映画を一つ皆さんで拝見したらおもしろかろう、こういうことを企てておるだけでございます。それからもう一つ、これはすでに差し上げた方もあるのでありますが、先般写真帳を作ったのでありります。私の祖父から始まりまして私の親父、それから私の三代にわたって、家は焼けなかったから、わりあいにアルバムが残っております。それに私の父親が明治二十五、六年から三十七、八年まで写真に凝っておりまして、その時分のものがかなりありますから、その中から選びまして、ある一家のそれに関係のある人々をできるだけ網羅して、全部の人々がだんだんに年をとっていくところを見ようという構想で作ったものであります。私の家などはおかしな家で、明治でぽこっとできた階層だと思うのであります。武士でもありませんし、もちろん公家でもありません。町人でもありません、そうかといって純粋な農民ではない。といって今のいわゆるサラリーマンの家でもない、またほんとうの財閥的な格好でもない。こういう家が、明治維新になってから急にたくさんできた一つの新しい型のものだと思うのであります。以前からの伝統をあまり追わずに、全く新しく一家を始めたという関係において、社会史的にもおもしろいものだというふうな感じもしたのであります。それで、永年にわたる写真約一万五、六千枚の中から約五百枚ばかり選びまして作りました。この中には皆さんはそうたくさん入っておりませんが、アチックの関係の方々はほとんど漏れなく、それから家におりました女中さん、書生さん、古いところまでできるだけ入れまして、集団的にずっと移り変りを見ようとしたのです。幸い私の親父が写真が好きだったものですから明治中期頃の写真があるのです。その中には大磯でとった、東海道線がまだ単線であったものもあるので、これらをちょっと差し挟みながら作ったのであります。この本は中山さんなどが非常に心配をしてくださったお陰でできました。そんなふうなものができましたから、お帰りの荷物になってはなはだ御迷惑と思いますが、差し上げますから、どうかお家でゆっくりごらんいただければありがたいことだと思います。どうぞつまらなかったら、屑籠に入れていただいてけっこうだと思います。

ただその中で、私もついおもしろいものですから、作ってみたのは私の旅行記録です。これは明治四十二年、私が中学校一年へ入りましたときから、ちょうど一昨年の七月ごろまで、あらゆる旅行が全部、大体手帳に書いてありましたので、ありますが、まあ一つ二つはどうも怪しいのがありますが、旅程、同行者または宿屋の名前等を示したものであります。まあ他人の歩きましたのを見てもおもしろくないことは確かでありますが、けれどもこういうものを作った人は、ほかにあまりないだろうと思っているのです。しかし見ていておもしろいのは、やはり初めのうちは汽車に乗ったり、歩いたりしております。それからそのうちに自動車に乗り、それから今度は飛行機に乗るようになって、今日はほとんど汽車が少なくなってしまったというように、時代の変遷がよく出ております。そんなようなわけで、つまらんものでございますが、どうかお持ち帰りを願いたい。

漁業史の方は特に今日はその関係がございませんでしたから、お招きをいたしませんでしたけれども、ここにおります土屋喬雄さんがもっぱら相談相手になっていただき、その前に小野武夫さんも相談相手になっていただき、ここにおられます羽原［又吉］先生にもお教えをいただき、幸いに日本の水産史も最近はとみに発達してまいって喜んでおります。ただ、ここに山口［和雄］さんそのほか水産史を一生懸命に深くやった方がたくさんおいでになりますが、初め私も不思議に思ったのです。というのは、何か学問が一つ一つ箱にでも入っているみたいで、箱に入らぬ部分は顧みないというような感じを私は受け取ったのです。そうして魚のことを訊いてみるとちっとも知らん、これはいかんと思って一緒に三津へ釣りに行った。そうするとそこの生簀に飼ってある鯛を見たり鰯を見て、これは何という魚だろうと言っているのです。なるほど考えてみると、われわれはいつも魚を横から見ているので、背中の上から見るということはなかなかないわけで、上から見て魚がわかるというふうになるには相当魚を知らなければならん、それで一緒に釣りをしたりして楽しんできたわけであります。

それで、日本の漁業史が今までどうして盛んにならなかったかということを考えてみたのですが、それには二つ理由があると感じたのです。一つは、漁民というものは、徳川時代から儲けるときは儲けたのでありますが、収入が一定しない、それから農繁期・農閑期というような区別がない、魚が来れば急いでとりにいく、来なければぼやぼやしているというようなことで、いわゆる農民の中には豪農とかそういうものの子弟が皆勉強をされたのでありますが、どうも漁村からはそういう方が出ていないという感じがするのですが、これが一つであります。従って農民の方はいろいろやられておるが、海のことになるとさっぱりわからない。おもしろいことに、早川孝太郎さんのようにりっぱな、まるでポインターかセッターみたいな物をかぎ出す力を持った方でも、実は三河の山奥で生れた人ですから、一緒に海岸に行ってやってみたところがさっぱりだめだ、どうも海になじまない、そこへいくと宮本常一さんなどは、初めから漁村に生れていますから、その方はちっとも困らないということで、これは育った環境というものが相当学問に大きく影響するものだということを感じたことが一つ。それからもう一つは、ヨーロッパには水産史というものがあまりなく、農史が主でありましょう、私もあまりよく存じませんけれども、どうも水産史的な学業は農業に比して少ない、そういうようなことも大きな原因でありましょうが、つまり、学者を前に置いてははなはだ失礼でありますが、横文字にない方面は日本であまり発達しなかったということは、明治時代から大正にかけてあったと思う。そこで日本の漁業史というものが案外等閑視されていたのじゃないかと私は考えております。むろん古くから動物学を専攻され、さらに経済史へ行かれた羽原先生みたいな方もおられましたけれども、一般としてはどうもそうでないような気がいたします。

そんなようなわけで、振り返ってみると、どうも日本の水産史というものはやっぱりだめだというような感じがいたしましたのがもとで、水産史の研究室を設けて、いろいろな方に来ていただいたのです。昭和六年、七年のころですからまだまだ皆お若くて、今日は病気で来られないけれども、小川徹さんとか宮本馨太郎さんとかはまだ金ボタンでした。小川さんが初めてみえたときは高等学校で、今考えてみると今昔の感があります。今は方々の学校の先生になられて大したものであります。それで私の家にいた田島という老人が、アチックは本も作ったが人も作ったというようなことを言っておりましたが、それは確かにそうなんです。あれがなかったら今の日本における水産史の分野というものは、もっともっと寂しいだろうと思うのであります。そういうような意味で多少のお手伝いをしたということは、自分としてもって瞑していいと思う次第であります。

しかし今後の発展が大切で、今まではどっちかというと、どうでもいいのであります。あそこまではある程度ジレッタンティズムでできるのですが、これからはそうはいかない、もっと本格的にやらなければならない問題だと私は感じております し、水産史のほうも本式に皆さんで勉強していかなければならない問題が、多々あるということを感じておるのであります。ことに私は嬉しいと思いましたのは、終戦後になりまして、農地法改革につれて、今度は漁業法の改革をしよう、それで農林省の進歩的官僚が大いにやろうと思ったところが、ちょっと農村とはわけが違うのでびっくりしてしまった、格好も違うし、うっかりやるととんでもないことになる、それで資料があるかというとないので、あげて常民文化研究所に資料の収集方を依頼してきた。そこでここにおられる桜田［勝徳］さん、宇野［脩平］さんなどが一生懸命になりまして方々から集めた。これなども結局、今戸越にある庶民資料館という地域内に別に水産資料館ができまして、大部分がそこに納っております。それから、この庶民資料館というのも、実は私と小野武夫さんとが、当時の文部省を突っついてやったものなんです。あの時分は紙がないから紙が高く売れる、それで農村の庄屋やあるいは名主をしていた家が、そのデグニティがさっぱりなくなってしまって、自分のところの歴史ばかりじゃなくまわりのものを預っていたものが多いのでありますが、これをさっさと屑屋に売ってしまったというのが多いのでありまして、これは大へんだというので、ようやくにして野村さんや所さんが一生懸命になって集めて、それがあそこに出来たわけです。

それからもう一つは、私の祖父がなくなりましたあと、私はその時分、龍門社で経済史博物館を記念に作ることを提案しました。日本でも軍事では遊就館も海軍館もあった。あるいは名古屋の徳川博物館は、これは大名文化の博物館であり、富民館は農民の博物館でありました。鉄道や逓信の博物館もそれぞれ出来ていた。しかし商業のはない。ヨーロッパにいくと、その都市都市にこの方面も考慮に入れた博物館があるのです。それで私は、商業というよりは実業という言葉を使ったわけでありますが、経済史、これをやろうと思っていろいろなものを集めたのでありますが、だんだん戦争が激しくなったために、物だけを集めて放ったらかして現在に至ったわけであります。これが現在の庶民資料館に龍門社から寄託してあります。これは日本における一つの傾向であるようですが、つい学問というものが、悪くすると卑近なものから外れていって、何か高尚がかってしまう癖が多すぎる。そうでなしに、私はもっと物に即したような学問の仕方が、日本の学問自体にあるパーセンテージをとってしかるべきだという感じがするのであります。ことに最近はあらゆる意味で自然科学も総合して考えなければならん時代になっております。そんな意味で、こういったようなものが、将来の学問に少しでも役立てば私は非常にありがたい、こういう感じが強いのであります。

長々とくだらんことを申し上げましたが、今日はほんとうにありがとうございました。おいでいただきまして衷心感謝するのみであります。また先ほど申し上げましたように、ことに御遠方からわざわざ、一番遠いところは秋田県の吉田三郎さん。この方はサラリーマンでもありません、官吏でもない、学者でもない、完全な農民であり篤農家であります。私は今日の会に学者のみでなく、ズブの農民が秋田からわざわざ駆けつけてくださったことはことさら心うれしく思うのであります。ありがとうございました。（拍手）

岡〔正雄〕 私が渋沢さんにお会いしたのはずいぶん昔になるわけで、私が仙台の高等学校に入りましたら、そのとき三年生に渋沢さんと中山さん、こういうお歴々の方々がおられたわけです。そのころ渋沢さんは東京の付属中学を出られて、桐寮というのを作られて、仙台の米《こめ》ケ袋《ふくろ》にたむろしておられました。そのときに私は、あれが渋沢翁の孫であるということだけは聞いておりました。それで話が少し飛びますが、有賀君の存在を知ったのは、ちょうどドイツ語関係の者が、一年・二年揃って体操をやる、それで上着を脱いで体操を始めますと、ズボンの袖をひらひらさせて体操をする人がある、それが有賀喜左衛門君であるというので、おかしなことから有賀君の存在を知ったわけです。

それで仙台を出てまいりまして民族学というものを始めまして、ちょうど大正十三年に卒業論文を書きましたが、そのときにベザーのマジカルオリジン－オブ－キングシップという本を読んで感激いたしまして、それを翻訳いたしました。ところがこの序文を書いてもらうのには、柳田先生よりほかにないと、こう思いました。それで当時私の郷里の先輩で、ここにいる石田英一郎君の奥さんのお父さんの岡村千秋さん、この方とは前から郷里の関係でお近づきをしておったので、そこで柳田の家に案内してやるというので、案内をしてくれたのが大正十三年の二月だったと思います。ちょうどそのときに加賀町で木曜会というのをやっておって、集まられた方は柳田先生を中心にしまして、折口〔信夫〕・伊波〔普猷〕・金田一〔京助〕先生・中山太郎先生、それから中川好太郎さんというような大先達の人たちが集まっておられた。その末席に坐って、おそるおそる序文を書いていただきたいとお願いをしたところが、柳田先生は「おれは書かん」、それでぱしゃんとやられてしまって驚いていましたところが、少したってから、「君が出すならあらゆる方法をもっておれは反対し、妨害をする」というようなことを言われた。それで当時金田一先生も中山太郎先生も本郷に住んでいて、私の下宿も本郷にありましたので、電車で帰ってくるときに先生方が私を慰めてくれて、柳田さんは気分屋だから、またそのうちに考えが変るよと慰めてくれたのを覚えております。そのうちに柳田さんから葉書が来て、遊びにこいというので行ったら、先生は加賀町の小さな三畳か四畳くらいの部屋を書斎にしておりましたが、そこで先生の書斎の本箱を見ますと、当時大学の研究室にはない本、そうして読みたいと思った本が全部先生のところにあるので非常に驚いた。それで私は当時エスノロジイをやろうと思いましたが、柳田先生もそのころエスノロジイをやることについて賛意を表した。で、そのころ何も民族学関係の雑誌が出ておらないときでありまして、『郷土研究』が廃刊になってから長いことたったので、われわれは、ぜひ『郷土研究』を先生もういっぺんしていただきたい、ということを言ったが、「なかなか気が進まない、そのうちにやろう」と言われたので、金田一先生、あるいは中山先生、折口先生が一緒にやられると思っていたら、ああいう連中とは一緒にやらんというのです。それで私どもはただ走り使いをするだけだと思っていたら、お前たちの仲間とやるというのです。それで私どもあまり仲間もありませんので、ここにいる先輩の石田幹之助先生・田辺寿利君・有賀君・奥平武君、このような方々にお願いして、同人となっていただいて、柳田先生も加わって『民族』という雑誌を出すことになったわけであります。

　そうこうしておりますうちに、柳田先生が砧村に今の建物を建てて、そうしてあそこに本を皆持ち込みまして、「お前あそこへ行って寝泊りして勉強しないか」と、こう言われたので、非常に感激もし、これはうまいことだと思った。ちょうど小川君という小学校の先生をやった方が御飯も炊いてくれるというので、二人でもって生活が始まったわけです。ところが少したちますと、柳田先生の方は土曜日から日曜日にかけてこちらへ来るだけだというので、毎日なら大へんだが、一日二日なら我慢していようと思ったところが、先生が加賀町へ帰られないで砧村へ寝泊りされるというので、話が違ってきたわけです。そんなことをしておりますうちに、私も不勉強で勝手でありますが、先生もなかなかむずかしくて、どうも二人の関係がうまくいかなくなった。それで先生が御飯を食べたあとで私が食べるというような工合で、一週間も顔を合せないということがずっと続いた。それでちぐはぐな生活が続いたので、砧村を出たいということを先生にお話ししたしましても、なかなか先生も勝手な方で、「お前がここから出ていけば、人が、柳田は岡まで傍においておけなかったと言うじゃないか」、こういうことを言ってなかなか放さない。

昭和三年の九月の初めでしたが、どうしてもかなわんから出たいと言うと、「お前は出てどこに行く」、「姉のところにでも行く」、「それなら出ていけ」というわけで、ちょうどそのころ先生は朝日に出ておられましたが、夕方帰ってきて気が変られたら困るというので、運送屋に頼んで引っ越してしまった。おかしな話ですが当時ヘスティングのエンサイクロペディアの辞典を持っていたので、柳田先生のところへ行く前にはインデックスがまだ出ておりませんでして、先生のところへ行くとすぐ出たので、インデックスを先生が買って下さった。で、私もはっきりしておりまして、インデックスだけ置いて、十何巻か持って出たのですが、その後柳田先生のところに伺うごとに、インデックスだけはいつも昔のところにあるので、ちよっと工合が悪かったわけです。

それで私は当時東京にいるのが厭になったので、田舎に帰ろう、田舎へ帰っても今のように勉強をやっていけるだろう、ちょうど岡村千秋さんの兄さんの岡村さんが、信州の教員間に非常に尊敬されている存在だったのですが、話があって、信州の先生になることになった。それが昭和三年の暮だったと思いますが、渋沢さんのところへお伺いして話をしたら、何か驚いた様子で、「それはよしたほうがいい」と言った。それで、台湾でもどこでも調査したらどうかということを言ってくれた。ところが私は渋沢さんのそのことなど考えようともしないで、故郷に帰ったわけです。で、昭和四年の一月、また東京に行って渋沢さんをお伺いしたら、私はあの話はそのままにしておったのですが、渋沢さんがあの話はどうなったかとおっしゃる。私のとっさに頭にきたのは、一生のうちに感動するのが一度や二度は必ずあるものだと思いまして、終世忘れないことだと思いました。そのときに私は、台湾を調査するというようなこともさりながら、実際民族学を導いてくれる先輩もなく、暗中模索して、自分の学問がどういうふうになっているかわからないから、ヨーロッパへ行って勉強してみたいということが、その場で頭に浮んで、ヨーロッパに勉強にやってくださいと言うと、「ああいいだろう」と簡単に承諾してくださった。それでさっそく当時生きておりました母に報告をし、また姉に報告をしました。それからその次に、これも渋沢さんのサゼッションだったのですが、柳田先生に言っておいたほうがいいだろうというので、それで柳田先生を朝日新聞にお訪ねいたしまして報告いたしましたら、あまり喜んでくださらなかった。「お前が渋沢に頼んだのだろう」と言うので、こういうような事情だというようなことを話したら、それだけで済んだわけです。それから立つ用意をいたしましたが、そのときに渋沢さんが、「鞄も買うのだろう」と言って、渋沢さんが外国へ行かれたときの皮の鞄をいただいて、そうして準備を進めました。いよいよ行くことになったときに、中山さんと二人で柳田先生のところにお暇乞いに行ったことがあります。これは中山さんは忘れていらっしゃるかもしれないが、私が「ヘザーに会いたいから、紹介状を書いて下さい」と柳田先生に言ったら、「お前のような偉い人が行けば、向うから会いにくるよ」、（笑声）そういうようなわけでした。中山さんは朝日新聞のあちらの関係の方の紹介状を持っていかれたのを覚えています。それからいよいよ立つときに、私はトラベラーズ-チェックを作るのもわからんものですから、渋沢さんがわざわざ窓口に連れていってくれて、サインしたりしてトラベラーズ-チェックをもらってくれたというわけです。それで中山さんと御一緒だったのですが、ハルピンにちょうど渋沢さんのお友だちの伊藤さんという正金銀行の支店長がおられたので、その方に御紹介をいただいて、いろいろ御親切にしていただいたが、お前はロシアに行って少し滞在するそうだから闇のルーブルを買っていけと言うので、支那人の両替屋へ行ってルーブルを買って、そうしてシベリアへ入ったのですが、非常に危険なので、ホテルの一室へ鍵をかけまして、町からさらしを買ってきて、褌を二重にして、そこへ札を入れて、ぎゅっと縛って、それからいよいよ満州里へ入ったわけです。それでお金が必要になると、清潔でないというとおかしいけれども、そこから抜き出して中山さんに渡した。（笑声）それから、こういう御婦人がいるところで言っていいかどうかわからんけれども、西洋の女の人は綺麗だということは絵葉書で承知して、好奇心があった。で、ニキーカに裸サロンみたいなものがありまして、あれを一緒に見にいったのを覚えております。いかにも清潔な感じがしなかった。そのときに渋沢さんにそこの写真を集めて、そうしてハルピン民俗学といって送った。（笑声）これを見たお蔭で、私はヨーロッパに行っても、西洋の女の人のヌード姿なんというものには全然興味を持たなかった。それからウィーンへ行って勉強することになりまして、これは本の広告をするわけじゃありませんけれども、『日本民族の起原』という本を石田［英一郎］君・江上［波夫］君・八幡［一郎］君と共著で最近出ました。そのあとに「三十五年の結び」というもので勉学当時のことを書いておりますが、そういうものがございまして、向うへ行ってウィーンの勉強生活が始まったわけです。ところがこれは何年行ってこいという約束も渋沢さんとしてはないし、呑気な生活をしていましたところが、三年くらいしたら「もう帰ってこい」という話でしたが、そのときにはもう帰りの旅費も使ってしまって、旅費を二度か三度送っていただいたと記憶しております。こういうふうに私の生涯というものにとって、全く昭和三年の暮、四年の一月というものは、全く何といいますか、一生を決定したときであったろうと思うのであります。

実は一昨年、渋沢さんが還暦になられるということを伺って、もうそんなになられるかと思ったら、ぱっと反射的に私の頭に浮んだのは、二年後には私が還暦になるということを、渋沢さんのお蔭で思い出されたようなわけです。で、この『民族学雑誌』の渋沢記念号の献呈の辞は私が書いたのですが、なかなかお礼の言葉を書くのはあれでありまして、渋沢さんの学界に対するお骨折り、それから御自身のお仕事の業蹟、こういうことについては、もっと美辞麗句を連ね渋沢さんを顕彰すべきであったかと思うのでありますが、何かそういうことが書きにくい。それで全くあそこに書いてある通り、近代的な民族学というものが日本にできたときに、渋沢さんが傍におられたということだったろうと思う。私自身はもちろんでありますが、当時はどういうものか、人類学・民族学・考古学というようなものに学問をやる若い人たちが一時に興味が湧いてきまして、私事にわたりますが、私の兄の岡茂雄が人類学関係の本を出すということについても、なみなみならぬお世話をいただいた。そのほかに渋沢さんはいろいろな点において、まだ若いわれわれが蠢動《しゅんどう》した時代を見守っていただき、そうしてさまざまな精神・物質の面においてお世話をいただき、おそらく日本における近代民族学の濫觴《らんしょう》と申しますか、生れ出るときにおける大きな産婆の役割をやっていただいた。そうしてその後の成長を見守っていただいたということは、いくらお礼の言葉を連ねても尽すことができないだろうと思うのであります。

戦後私は学界から離れるつもりで百姓の生活をやっておりましたが、ときどき上京するとき、当時大蔵大臣だった渋沢さんを、まだ煖房のない大蔵省にお訪ねしたのですが、渋沢さんが無精髯を生やしておられるということはあまりお見受けしたことはないのですが、当時の大蔵大臣としての渋沢さんの無精髯は、大へん苦労をなさっておられた時期だろうと思います。大臣をおやめになって、幸か不幸かパージになられまして、そうして時間の余裕がおできになった。私は田舎におりましたが、渋沢さんのお友だちの中村為治さんが乗鞍岳の中腹に、疎開というよりも全く百姓としての生活をお始めになって、そうしてそこを渋沢さんがお訪ねになるというので、私は渋沢さんと二人で、当時渋沢さんも貧乏していらっしゃったと思うのですが、ゴム底の地下足袋を履いて、お米だけは私の作ったお米を入れて、それから自動車で上高地へ入るということも大へんだったものですから、木材を積んだトラックに乗せてもらって、上高地に入りました。そうして上高地の宿屋へ泊らないで郵便局に泊った。そうして次の日に郵便局を出て、また地下足袋を履いてリュックを背負って、雨のそぼ降る中を上高地を下ってまいりますと、向うの方から洋服を着て、そうしてこうもりをさして大勢の人を連れてくる一行に出会った。見ると大内兵衛先生、そうして有沢広巳君で、ちょうど戦後における民主主義運動が勃興してきまして、大内さんと有沢君が信濃毎日の講演会に招かれて、民主主義の主張を方々に打って回られた。それで渋沢さんはどう思われたかわからないが、私としては非常にいろいろな感慨を覚えました。

当時民族学協会の事務所が虎ノ門の小さな喫茶店にありまして、お暇だったから渋沢さんもよく出てこられ、われわれも非常に嬉しかった。この間も何かの集まりで、あのころは愉快だったというような話が出ましたが、最近は渋沢さんも電電会社の会長におなりになって、学会にはあまりおみえにならない、これはわれわれ非常に淋しく思っているのであります。「渋沢さん、今度は出ていただけるのだろうか」ということをよく言われるわけで、民族学の象徴としての渋沢さんなんで、渋沢さんを民族学協会で独占しようとは私も思いませんが、とにかく民族学協会とは骨肉のように密着した関係にある渋沢さんに、今後とも協会のためにお手伝いいただきたいと思いますし、またわれわれと話をし、お酒を呑む機会も持っていただきたい、これはおそらく協会の会員全部のお願いだろうと思うのであります。どうもお礼の言葉が上手に私には言えませんので、私事にわたることを少し語りすぎたのじゃないかとも思いますが、私自身の渋沢さんへの感謝の気持、また学会の感謝の気持について一言述べさせていただきました。（拍手）

中山〔正則〕　私は中学の三年ころから、家が東京でない関係で先生に拾われて、以来今日まで、学校や就職や最近に至るまで全部お世話になって、ただいま渋沢倉庫の番人をいたしておるので、どうせ気のきいたことはできませんが、人のあとをついていきたいと思っております。先生に長い間御指導をいただいて、指導したと自分でいえるのは、どうも先生を下等にすることばかりで、もともと百姓でありますので、家柄のりっぱな育ちのいい方を指導したといえるのは悪いことばかりで、まことに申し訳ない次第であります。

実は、渋沢先生が銀行時代にどうも銀行の方をおろそかにして、へんな学問にこって困ったものだと思っておったところが、病が膏肓《こうこう》に入ってしまって、とうとう手の届かない遠いところにいってしまわれて、どうも事業が本職なのか、学問が本職なのかわけがわからないところでございます。実は私、渋沢先生とはよく宴会で御一緒になり、お話を承わるのでございますが、今晩の会のような先生がほんとうに喜ばれる姿を拝見するのは珍しい。こういうところから、先ほどから感じておるのでありますが、経済関係、政治関係よりは、やはりこういう学問の方がお好きなんじゃないかと、こういうふうに考えまして、そういう方面をお邪魔することをやめようと決心いたした次第であります。そういう関係で常民文化研究所の理事長の席を汚しておりますが、本人は何もできませんけれども、お手伝いさせていただきたい、渋沢さんのやることは何でもいいことだから、私もあとをついていくという考えでおります。しろうとではございますが、皆さんの駿尾に付してこの方面のお手伝いをさせていただきたいと、こう思っている次第であります。大へん御丁重なお招きをいただきましてありがとうございました。先生のお喜びのお姿を拝見して、私も大へん嬉しく喜んでいる次第であります。（拍手）

有賀［喜左衛門］　いろいろ話がありますけれども、先ほど渋沢さんが学問というのはものを見るということをしなければいけないというようなことを言ったのですが、それは僕も前からずっと考えていたことなんです。僕の二年生のとき、柳田先生が実際の生活へ自分たちの目を向けて勉強しなければならないということを言われた。これはやはり日本の学問としては非常に画期的な見方だと思うのです。それはやはり大きく感化を受けたものだと思うのですが、僕自身もやはりそうだと思います。ですから何か議論めいたことというのはちっともやりたくなくて、ただもう自分の接触した自分の郷里の生活を通して、初めは一生懸命やっていたのですけれども、そのうちに信州の学校の先生たちが大勢集まっていろいろやり始めたのです。それで普段から非常に敬愛している渋沢のところへ一度連れていって、そうして新しいいろいろなものを見せてやりたいということを考えて、昭和六年ごろだったと思うのですけれども、連れていったわけで、竹内［利美］君なんかその中にいた一人なんです。その田舎しか知らなかったような人たちが歓待を受けて、泊って、二日遊んできたのですが、そのとき僕はあの人たちに対する渋沢の態度を見て非常に感激して、学問というものは、もちろん勉強をしていろいろなものを覚えたりすることなんですけれども、ただ学問じゃできないと思うのです。たとえばいろいろ人の生活しているところへ行ってものを訊くのですから、やはり皆が生活しているそこへ飛び込んで、いろいろ見たり聞いたり、その生活を実感していくという、そういうことでなければほんとうにものを知るということはできないので、ですからやはり人と人との交流というものは、新しい勉強の仕方というものにとっては、非常に大切だと思うのですが、それは渋沢はそのまま天衣無縫の形でもってやっている。僕が大勢連れていっても、ちっとも厭な顔をしないでいろいろ歓待してくれるので、渋沢にとってはいつでもやっていることで、平生のことだけれども、田舎から出てきて初めて東京へきてもっといろいろ新しいものに接すると思っていたところが、案外そうでもない、自分たちとあまり気持の違わないような雰囲気を作ってくれていい気持で帰ってきた、そういうことで、その人たちがそれからあとも、おもしろかったなといって話をする、そういうことがどのくらい田舎の人の心を満ち足らせてくれるかわからなかったと思うのです。

で、人間にとってはそういう結びつきが大切で、そういう結びつきがないと、とても仕事なんていうものはできないと思うのです。ですから先ほど渋沢は何か芹みたいだと言ったけれども、芹というのじゃなくて、一種のオーケストラのコンダクターのようなものだと思うのです。もちろん非常に組織的な頭を持っているし、いろいろ考えているに違いないけれども、それがそうと考えているようなふうでなくて出てくる。たとえば僕なんか初めは、高等学校のころには、渋沢の孫が入っているというので、おっかないような感じも多少はしないわけでもなかった。だが高等学校というのは特別なもので、そういう感じを持たなくても済んだし、今日でも昔から友だちだという感じがあって、今でも僕なんかかわりあいに言いたいことを言っているようなことになっていたのですけれども、それはおそらく田舎から出てきた人たちも、昔そういう気持を持って帰ったろうと思う。そういうことで二十年も三十年もやってきたということは、僕は、民族学のこともあろうし、水産史のこともあろうけれども、やはりその底にあるものは、やはりそういう気持から出たので、そうして大学なんかの講義にないような、つまりあまり人から理解されないで一生懸命にやっておるような仕事に、できるだけ援助していく、それが目立った援助でなく、何というか、そういう援助しようという気持じゃなくて、やはり好きだと思うのですね、そういうふうにしたいという気持があるところが、僕はやはり渋沢には非常に魅力を感ずるところだと思うのです。ですからほんとうにいい友だちを持ったので、そうして同じような年をとってきているのですけれども、何か年をとらないような面もお互いにあって、そうしてこれからも何か一緒に仕事をしていくような雰囲気にあるということは、これは非常に仕合せだと思うのです。それで今後ももっともっと広い目で見てもらって、いいコンダクターになってほしい、ストコフスキーのようにへんな身ぶりをしないで（笑声）いいコンダクターになってもらいたいというのが、僕が一番言いたいことなんです。それでは今後もますます元気でやっていただきたいと、こう思います。（拍手）

羽原［又吉］　私が渋沢さんとお会いしたのは新しくはあ

りませんが、第一銀行においでのころ初めてお目にかかったわけであります。それから土屋喬雄先生に紹介していただいたのが、そもそも馴れそめの初めであります。そうして帰りましてから間もなく、土屋先生からお手紙で何か書けというので、ちょっと書きました。その書いた筋道だけは覚えていますが、それはつまりラボックのことを書いたので、一八四八年に有名なジョン・スチュアート・ミルが有名な書物を出した、その次にラボックは父の銀行に入り、それから間もなくそこの頭取になった、これがかいつまんだ要点なんです。なぜそういうことを持ち出すかというと、私は日本では学問ということを非常に軽く見ている、学問を利用するだけだ、それではいかん、利用するだけではほんとうの学問はできないのだ、これが私の元来の持論なんです。それでラボックを書いたのです。ラボックは銀行の頭取になってからも下院議員になられ、それからロンドン大学の名誉総裁かになられた。そうして最後には商工会議所の会頭をして、それで亡くなったわけですが、その間に御承知のように、今では古典になっていますが、『プレヒストリック・タイムス』を書かれた。それからまだ考古学の方はたくさんありますので、いちいち申し上げませんが、私は元来生物学を若いときやりましたので、今でもそういう関係で持っておりますが、『蜜蜂と蟻』、これなどは今日でもりっぱなもので、私はこれ以上のものを知らない。アボゲーションというと、若い人たちは職業というのですが、私ども明治時代の古い者はアボゲーションというのはそうじゃない、副業と訳しまして、本職があって余技にそれをやっている、そういうことがあればこそ国が発達し学問が発達する。原子時代だからというので理化学研究所を建ててわあわあやっているが、そんなことをしたっておそらくできないのです。下からの学問というものを基にして、それを学者ももちろんやるのでありますが、そういう実業家や政治家も皆そういうことをやる。それを考えてみますと、渋沢さんはお祖父さんのあとを受けて銀行に入られ、総裁になられ、大臣にもなられ、大使にもなったが、本体というものはそこにないのだ。それで私はそういうことからいうと、大臣とか実業家というよりは、どっちかというと、渋沢さんと言いたい。私はこのごろ東京を離れて、一年に一回か二回しかお目にかからないが、お目にかかるときは、大体頼みにいくときが主でありますが、お目にかかって帰ろうとすると、「ウィスキーを持っていかんか」。しかし私はこのごろ酒は少し控えているので節酒していると言いたいが、しかし内心は実は雄心勃々としている。こういうことはやはり人格のしからしむるところである。これが私の渋沢敬三伝の一席読切りといたします。（笑声、拍手）

山口［和雄］　これは昭和九年か十年のことだと思っておりますが、私は大学時代土屋喬雄先生の御指導にあずかった一人ですが、渋沢さんのところで漁業史をやるようになってからお世話になったのです。私、全くまだその時分は二十代の若僧でございまして、何も知りません。生かじりのことをしゃべって、なまいき盛りのときだったのでありますが、まして漁業史ということについては、皆目何も知らなかった。それでここにおいでになる祝さんあたりが中心で、内浦の資料をおやりになっておったときであったと思うので、今渋沢さんの書斎になっているあそこでやっておったときでありますが、私が来たときは、まだ漁業史に関する文献・資料といったものもあまり集まっておらなかったときであったと思うのであります。それで何もわからないで、渋沢さんがおっしゃったように生簀の魚もろくすっぽ私はわからなかった一人でありまして、おまけになまいきな理屈ばかりいって、先生に議論をしかけたりして、今もって汗顔にたえないところであります。そういうことで、その前に司会の役をやっておられる桜田さんが、すでにおやりになっておられましたし、伊豆川［浅吉］さん、それから戦争で亡くなられた戸谷［敏之］さん、それからここにいらっしゃる竹内さんといったメンバーがだんだん揃いまして、ぼちぼち暗中模索的にやりだすようになったわけであります。そうして終戦の年まで約二十年ほど、実に楽しく勉強させていただいたのでありまして、大へん今もってありがたく、厚く感謝にたえないところであります。それで、渋沢さんの生物学的なものの考え方、ものの取り扱い方というものに、初めはかなり反撥をしながら実は接しておったのでありまして、それだけではどうにもならないのではないかというようなことも、なまいきながら考えてきたこともあるのであります。しかしだんだんやってまいりますうちに、やはりそういった生物学的なものの見方というものが、非常に大切なことであるということが、頭の中だけでなく、実際にものを取り扱っていくうちから、だんだんと体得されてきたような感じを持っておるのであります。それで、私は水産史よりも経済史が専門でありますが、ものに対する見方が多少でも幅が拡がってきたとしますならば、そういった点に対する先生の何と申しますか、手をとっての御指導ではありませんが、言わず語らずの間の御指導といったものが、大へんあずかって力があったのだろうと思うのであります。こういった二つのことを特に感じておりますので、この席上で申させていただきたいと思うのであります。その他いろいろお話ししたいこともございますが、これでもってお礼の言葉にかえさせていただきたいと思います。どうもありがとうございました。（拍手）

渋沢　いろいろ身に過ぎたお言葉をいただきまして、大へんに感謝いたします。少し皮肉な言い方ですが、香奠を先にもらったような感じがいたすのであります。（笑声）しかしこれは全く皆さんの私に対する愛情からで、まだお話もいろいろあろうと思いますが、時間もだんだんたちますのでこちらで終りますが、私といたしましては心から厚くお礼を申し上げます。

なお一言付け加えたいのは、きょうもお招きいたしましたけれども、遠方で御老体のため御欠席の新村［出］先生が論文を書いてくださったのには実はびっくり仰天いたしました。それには渋沢敬三翁と書いてある。（笑声）まあ西郷南洲翁は五十三歳で亡くなって、西郷翁でちっともおかしくないのですから、還暦になったら翁だっておかしくないでしょうが、しかし、新村先生からまさか翁といわれるとは、完全にこれはびっくりしてしまった。この間京都へ行きまして、新村先生を久しぶりでお訪ねいたしましたら、奥さんが亡くなられましてお寂しいようすでありますが、御丈夫でやっておられるので大へん嬉しかった。そのときに翁とはひどいじゃないですかと言ったら、ちっともひどくないとやられてしまったのですが、私には思いがけない称号を賜ったのですから、これからは皮肉でも翁と言っていただいてちっとも差しつかえないことになったわけであります。（笑声）

そういう関係で、今日はお書きいただいた方を主としてお招きいたしましたために、お互いに御存じない方が相当あるかもしれませんので、いちいちここで御紹介するといいのですが、これも時間の関係で省きますが、しかしこれだけの方々がこういうふうにいっぺんにお集まりくださって、お互いに久闊を叙したり、あるいはいろいろお知り合いになる機会を得ましたことは、これまた私として望外な嬉しさであります。今日はまことにありがとうございました。これからさっきも申し上げましたように映画でも写しますから、どうぞごゆっくりお寛ぎを願います。（拍手）

（昭和三十三年二月二十二日、於東京会館）

［『犬歩当棒録　祭魚洞雑録三』角川書店、一九六一年］

七十七銀行七十七周年祝辞

ただいま御紹介いただきました渋沢でございます。本日はまことにおめでとうございます。しかもお天気も良し、気候も良し、こういうおめでたい式典を天が心から喜んでおること思うのであります。

ただいま、大蔵大臣、日本銀行総裁、知事ならびに市長その他の方々から極めて御懇切なまた手厚いお褒めのお言葉なりお祝いのお言葉がございましたので、私はその意味においてのお祝いの言葉を繰り返すことはいたさないつもりであります。ただ一言、私が多年集めておりました資料の中に明治十一年に発行いたしました番付がございましたので、これを七十七銀行に差し上げて私の御祝に代えたいと思うのであります。

こういった一枚刷りであります。

これは当時「流行競べ」と題しまして、銀行と新聞社を競べて一つの番付を作っておるのであります。こういう番付は徳川時代からよくたくさん、いろんなものについて出来ております。これは「明治十一年七月二十三日御届」としてありまして、編集兼出版人は鎗田徳之助という人で神田元柳町二十四番地の人であります。

御覧になりますと左の側にありますのが銀行でありまして、これが東京の第一国立銀行をはじめといたしまして、ちょうど十一年の分で百二、第百二国立銀行、これが対馬の厳原の銀行であります。こういった数字を掲げました国立銀行は百五十三までございます。そのほかに三井銀行であるとかあるいは横浜正金銀行であるとかいったような、数字を付けない銀行もたくさんあったのであります。

現在、この数字を付けた銀行から申しますと、非常に減ってきまして、いろいろ合併があったりあるいは名前を変えたり、あるいは全く消えてなくなったものがたくさんございますが、現在では僅かに確か六行か七行だと思うのであります。その中に七十七国立銀行がございまして、ここには陸前仙台、資本金二十万円、第七十七国立銀行と出ております。今、残っておりますのが第一銀行であるとかあるいは第四銀行、十六銀行、百五、それから十八銀行であるとか、百十四銀行とかが残っておるくらいのものでありまして、大部分はいろいろな経路を経ておるようであります。

何も数字の残っておることだけが尊いことではないのでありますが、しかし先ほど柏木会長のお話にございましたように、長い歴史を顧みてみますと、この間には相当の波瀾もあり、危機もありまた失敗もあり同時に非常な成功もあった。それが、人間の一生がいろいろな外界の条件あるいは体内のいろんな事情によって病気をしたり、健康になったりして、だんだんと成熟してゆくような有様を、この銀行もやはり経たと思うのであります。その意味で、こういった番付を見ますと明治十一年に百二までが出来ております。で、横浜正金銀行が出来たのが明治十三年であります。日本銀行が出来ましたのが明治十五年であります。したがいまして七十七銀行というものの古さも、こう考えてみますと正に古い、本当に古い銀行の一つだということがはっきり考えられるのであります。しかも、古いだけが尊いのではなくて、それが続いて、しかも常に新しくなっておるということに意義があると思います。古さだけを尊ぶことは、これは決していいことじゃございませんが、しかしそれが続いてきておる、しかも発展しつつあるというところに大きな意義を感ずるのであります。先ほど柏木会長が申されましたごとくに、まことにこの短いとは云いながら、七十七年の生涯はそのかなりの部分が苦難の時代を経られたようであります。

私は終戦後考えておりましたことは、日本に実はいろんな歴史があった、国史もあった、あるいは銀行、会社、市町村その他いろいろな団体が三十周年記念とか五十周年記念とか、あるいは六十年、七十年、八十年といろいろな歴史を編んで、そして今までずいぶんたくさん出ておりますが、これを大観いたしまして大体が自慢史であったということであります。特に戦前はそれがひどかった。殆ど全部がと申していいくらいに歴史を繙《ひもと》きますと、何らそこには一つの苦難もなしに大成功裡にここまで来たように書いてあるのが多かったのであります。ことにそれの大きなのは、なんといっても日本国史でありました。終戦後、私ども、こういうひどい目に遭いながら深く反省いたしましたことはその点でありまして、日本に失敗史がなかったという点であります。

人間が本当に自信を持ちますと失敗というものをみんなの前に曝け出して、しかも何らそこにわだかまりのないものでありますす。チャーチルはプリンス・オブ・ウェルス、レパルスをマレー沖でもって日本に沈められた一日置いたその日に、英国の議会で直ちにこれを発表しております。これなどはよほど自信がなければできない芸当であります。日本ではミッドウェイでかなりの戦艦を失っても口をつぐんでおりました。結局、失敗を隠すということは、心の中に常に劣等感が大きく潜んでおることであります。そして外観をできるだけ糊塗しよう、あるいは逆に強がって、あるいはもっと立派に見せかけてごまかそうという心理が強く働くのであります。そういう意味から申しまして、私は日本に失敗史が必要だということを痛感しております。

終戦直後に青函連絡船に船がなかったものですからアメリカからリバテー型の船を借りて、あれをしばらくの間運営しておりました。あれは米国としては実に粗製乱造のまことに恥しい船でありましたんで、一つ一つの船がみんないろんな悪い癖を持っております。で、一艘一艘に、例えばラダーをきるとこんなに曲がる癖がある、蒸気の昇り方はこうだとかいったような題目を一つ一つ掲げましてその悪さを全部発表し、第二冊目のメモには、それをいかに処理したらうまく運航できるかという方法が書いてある、そういう帳面を二冊渡してくれたために、日本のあの航路に従事する方々が何ら差し支えなくあの船を使えたのであります。戦勝国が戦敗国に最も悪い船を、しかも全部その欠点を曝け出したという点において、私は奇異の感じをその時持ったのであります。

また、もう一冊別の本がありますが、一九三〇年から三三年までの間にアメリカにおきましてセメントをダムその他いろいろの所に使った、その中の間違ったことやいろいろな失敗があって、そのためいろんなクラッキングが出来てうまくいかなかったといったものだけを集めまして、それを公開しておりますす。そしてその原因を探ね、そのデーターを詳しく発表しておる本がありました。これくらい厚い本であります。私はこれを見ました時になるほどと思って感心したんであります。それは決して失敗をしたりあるいはやり損ないをしたその人をブレームしたりするのではありません、次に続く者をして、その誤りを二度と繰り返させない用意であります。その意味においての失敗史というものは極めて大切であります。これが日本には足りなかったということは、私は非常に遺憾だったと思うのであります。

七十七銀行の今度編纂されました歴史を拝見いたしますと、先ほど会長が極めて要約して申されましたことがことごとく詳しく出ております。その中に、この銀行が歩んだ失敗と云っては語弊がありましょう、この銀行自身の失敗以外にいろんな世の中の影響から受けるいろんな面倒があります。それを全部曝け出して、それを一つの事実として極めて淡々と書かれております。こういった歴史が編まれたことそれ自身に、七十七銀行の大きな誇りと自負心と、そして将来に対しての熱意を読み取るものであります。もしも、そうでなしに自慢ばかしの歴史をお作りになる銀行であったならば、将来は非常に危険だろうとこう思うのであります。そうでなくて、こういう失敗もあった、こういう苦しみもあったということをつぶさに研究されて今後の経営者ならびに従業員、全行員の本当のいたつきの縁とされたという点に私は非常な敬意を払いまして、お祝いの言葉に代えたいと在じます。有難うございました。

（七十七銀行七十七周年記念会席上、於・仙台、昭和二十九年六月）

〔『犬歩当棒録　祭魚洞雑録三』角川書店、一九六一年〕

会長挨拶

渋沢連合大会会長

本日は天気に恵まれまして洵《まこと》に幸であります。昨今の交通事情の悪い時、かくも多数御来会下さいましたことは感謝に堪えません。茲《ここ》に厚く御礼申し上げます。

顧みますと、過去に於きまして日本人類学会と日本民族学協会とが連合して大会を開いたことが都合四回ございました。併し残念なことに色々の事情のためにこれは継続することが出来ませんでした。今回諸学会の連絡協同を計るために日本人類学会以下の六学会が一堂に集って、連合大会を催すことになりましたのは甚だ喜ばしいことと思います。勿論各科学の一つ一つが研究を進めて行くことは大切なことでありますが、今日に於きましては異った科学が互に関連性を持つようになって参りました。そこに本大会の意義が見出されるわけであります。最近アメリカに於きましても各学会が協同して関連性を深めて行くという気運が高まって来たようです。今年アメリカでも六つの学会の連合大会が行われたそうでありまして、其の偶然に驚く次第であります。各学会の連合という意味に於きまして、この大会を来年も更に将来も事情の許す限り継続して行く希望でございます。それにつきまして来年は協同の課題を出して見ようと、目下お互に話合って居ります。即ち来年は「稲」を協同の課題として大会の半分を割いて見たいと思っています。出来ますれば各学界に於いて向う一年の間充分に研究して置いて頂きたい。つまり各会員にその旨を通知し、質問を集めたりしてその素地を造って置いて頂きたいと存じます。このようにしますれば更に一層大きな成果が得られるのでありましょう。各学者や会員の方が稲について研究して置かれることを重ねてお願い致す次第です。

なおこのような学会の連合は国際的にならなければならぬと思います。その点で、今般中国の呉文藻氏とアメリカのハルパン氏とが本大会のために講演を御快諾下さいましたことは洵に感謝に堪へません。それにつきましても今後諸外国の学者が本大会を援助しその研究に協力されることを切に望む次第であります。六学会が連合して大会を開くというようなことは、吾が国に於きましても従来殆んど例のないことであります。今回高松宮殿下に名誉会長をお願い致しましたところ、快くお引請け下さいまして明日特にメッセージを賜ることになりました。またこの会につきまして文部省の人文科学委員会が特別の御厚情を示されましたことに対して厚く御礼申し上げます。同委員会の山田盛太郎先生があとで御挨拶下さいます時に、先生のお考えによる一つの課題を提供されるそうですから、どうか御清聴をお願い致します。なお今明両日に亘り、国立博物館が大講堂その他をお貸し下さいましたことも洵に有難い次第であります。終りに各学会の会員及び本大会の役員、並に講演者の方々に対して心から感謝致します。（第二回（日本地理学会・日本言語学会・日本人類学会・日本考古学会・民間伝承の会・日本民族学会・日本社会学会・日本宗教学会）連合大会、昭和二十三年五月二十九日〜三十日、於・東京・国立博物館大講堂）

［『人文科学の諸問題』関書院、一九四九年］

アチックの成長

◇

事の起りはもう十四、五年も前になる。今は北海道帝国大学の理学部教授として、また東大医学部助教授として学問に精進しておらるる鈴木醇、宮本璋の両兄と自分とが、お互に中学時代からの蒐集癖から集めていた、植物の措葉《さくよう》だの化石だの、その他の動物の標本を持ち寄って、一つの博物館を作ったのがそもそもの初めである。宮本兄と自分との標本は、明治四十五年の夏、上高地に入り込んで、穂高や焼岳に登ったり、嘉門次と話をしたり、小川を干して岩魚《いわな》を捕ったりして、一週間ほど心ゆくばかり遊んだ折の採集品が、その根幹をなしていた。鈴木兄の化石や貝殻は幼少の頃からの所産で、年少古生物学者としては、驚くべき数量を集めていたものである。満洲の三葉虫や、ヒノビウス［サンショウウオ］の自然的崎型児や、猫鮫《ねこざめ》に寄生する海蛭《うみひる》ポントプデラ等はなかんずく圧巻の逸物で、上野の博物館にも見当らぬものが一つでもあれば、よし全体が如何に貧弱であっても、皆して子供ぽく喜んだ時代もあったのである。それにも増して三人が一つ心で同感し喜び合っていたのは、どんな小さな虫でも草でも、これを採集した当時の実感に、懐しい思い出を走《は》せ合うことであった。

物置小屋の屋根裏を利用した陳列場は、他処眼《よそめ》には随分と子供ぽくてかつ極めて貧弱で、おかしかったろうということも充分承知しながら、しかも、我々自身はこれでも一つの博物館だと自惚れていた。アチックミューゼアムというのも、こんな、謙遜と自負との交雑した気持から名付けられたので、今考えても変てこな名をつけたものだと思う。

◇

気まぐれによる心境の変化は、博物の採集から玩具へと転向していった。これは一つには三人の境遇の変化にもよるが、宮本兄に端を発したので、一つ玩具を学問的に研究してみようというのが始まりであった。各地の玩具の色彩をセクションペーパーに表わし、その数値を出して、東北と南方の玩具を比較してみたら等と云い出したのは宮本兄で、よかろうと云ってやらなかったのは三人である。何れ劣らぬテーマオンチで議論だけは随分と花を咲かせたものであった。

◇

動植物や化石を陳列して、ミューゼアムだと喜んでいた時代は、例えば昆虫でいうなら幼虫で、玩具に転向してからは蛹《さなぎ》の時代と云えば云える。玩具が千五、六百種も集ったのは、決して自分達の努力ではなかった。カードを今見ても、随分と各方面の方々の協力であったことが解る。これらの協力者に対して、今考えても冷汗の出るのは、折角集めて下さったにかかわらず、何ら仕事が出来ていないことだ。自分としてかなり問題にしていたのは、甲の村では盛んに玩具を産み出すのに、その隣には全く知らん顔をしていた村があったりする、その差異の原因についてとか、またある信仰に基く特殊の玩具や縁起ものの製作動機とか、或いは玩具等の地方的分布を見ているうちに、何らかの系統を発見し、そこからその伝播型式のようなものが、少しは解りはしまいかということ等であった。殊に最後の問題は、藤木喜久磨君がアチックに来られてから、同君にも随分と努力してもらったけれど、結局何ら得るところがなかった。例えば、凧《たこ》とか達磨《だるま》とか駒といったものを採って、その発生系統と変化過程を逐《お》い、ひいて他の文化の伝播移動の型式なり原理なりに一つのヒントでも得られぬものかと思ってはみたものの、大部分は自分の不熱心に原因して、不成功に終ってしまった。ただ自分としての諦めは、玩具を単に趣味の対象とのみしないで、民俗学上の大切な標本として、真面目に取扱う気持を持続してきたことが、多くの協力者へのせめてもの心遣りではある。この時代のアチックの管理者だった藤木君は、全く丹念に、よく数多くの玩具を整理もし研究もされた。のみならず、同君の努力はこれのみに止まらなかった。柳田国男氏からの委嘱による東京府庁収蔵の稀本、近藤富蔵の『八丈島実記』の謄写等は、全く絶大な努力の賜《たまもの》である。写本四部のうち二部を柳田氏と折口信夫氏に贈った。やはりこの時代に自分は石黒忠篤兄と台湾及び琉球へ往った。その砌《みぎり》、琉球で御世話になった当時の首里市長、故仲吉朝助氏の『琉球産業資料』を、那覇の図書館長真境名《まじきな》安興《あんこう》氏を煩わして複写したり、やはり、彼の地で我々を懇切に案内された、当時の殖産課長田村浩氏の『琉球村落共産体の研究』を岡書院から出版せしめたりした。前者は柳田氏と小野武夫氏とに贈ったが、小野氏は後年これを『近世地方経済資料』に収録して下さった。本書（『祭魚洞雑録』）に載せた「南島見聞録」はこの時の旅行記なのである。蛹時代のアチックはこんな風で過ぎていった。

◇

この時分に始まって随分と後までつづいたものは、早川孝太郎君の花祭研究であって、前後確か七年かかったと思う。炉辺叢書くらいなものでまとめようとしていたのを、素人のくせに反対して、三河の山奥へせっせと通わせ、本職の画伯を忘却せしめた罪はどこまでも甘受するが、百頁くらいのつもりを千七百頁の書物に太らした早川君の労力は並大抵ではなかった。頁数が価値の標準にならぬことは解り切っているが、一つの行事であれだけまとめたものは世界にだって類例は少いと思う。もうこれで解ったと云わないで、一つことをどこまでも掘り返せば、いくらでも掘り下げ得るものだということを悟ったと同時に、早川君の、これを掘り返す能力と根気には見物人の自分の方が呆れたくらいだ。早川君の『花祭』［上下二巻。昭和五年、岡書院刊］の中に、舞の順序を色分けした線で表わした図があるが、あれなんか、見ていただけで気が遠くなりそうだ。恐らくあの図は、早川君だけに解って他の人にはボーとしか見えないものだという気がするが、しかし一面あんな図が書けたからこそあんな本も出来上ったのだとしみじみ思う。早川君の熱心に動かされて、つい、自分も花祭ファンとなって訳も解らずに三河の奥へ「花」を見に出掛けたことも、指を折って数えるほどになった。原田清君、佐々木嘉一君、夏目一平君、窪田五郎君等の三河の人々とは、奇しき縁というほど親しくなった。これらの諸君の肝煎で、一力花《いちりきばな》を昭和五年の春、拙宅改築落成を機として勧請したのも、一つには、三河の奥へわざわざ行ってまでもと思われる方々に、花祭の抜粋篇でその概念を得られるようにと思ったのと、また、一つには、早川君多年の労力を慰める気持からでもあった。そしてアチックミューゼアムは、こんなことから三河の奥に思わぬ知己を得たのである。

◇

早川君の花祭の力作はどこまでも感心するが、自分に物足らぬ感じが今なおしているのは、この行事に対する社会経済史的な裏付のなかったことである。しかしこの問題を、直接早川君に求めるのは求める方に無理がある。これは他日別に何らかの手段で研究さるべき問題だと信じている。しかし、慧敏な同君が経済史的な村の見方にも着目されたと思う間もなく、北設楽郡［愛知県］の村の内に、特殊な村落構成形態のあることや、伊那から三州［三河］へかけて、昔時の運輸制度であった中馬《ちゅうま》の資料や、下津具字かきのそれ［下津具村字柿《かき》ノ沢宇連《そうれ》］の一つ家から出た、百年にわたる作物の日記等、まるでポインターが獲物を嗅出すように、続々と見付けられてきたには一驚を喫した。これらはそのうちアチックでまとめて発表したいと思っている。

しかし、アチックとしての大変化は、この時分からその採集の主力を民俗品に向けてきたことで、これはアチックそのものにとっての、大きな悦びであらねばならない。素人であるからよくは解らないが、自分等が特殊の敬愛と同情とを持つ民俗学に、今まで生物学的とでも云いたいような実証的研究法があまり用いられておらぬことをいささか不満に思っていたので、ミューゼアムの本来の性質に鑑み、このアチックで民俗品を採集することの意義を自ら悟ったのであった。一例を云えば、方言の研究にしても、仮名だけで集めた時の危険は想像以上で、ビクといい、カゴといい、フゴといい、モッコといい、その何れにしても実物なしでは本体の解らぬものが多い。実物を分母としその名称を分子とすると、普通分

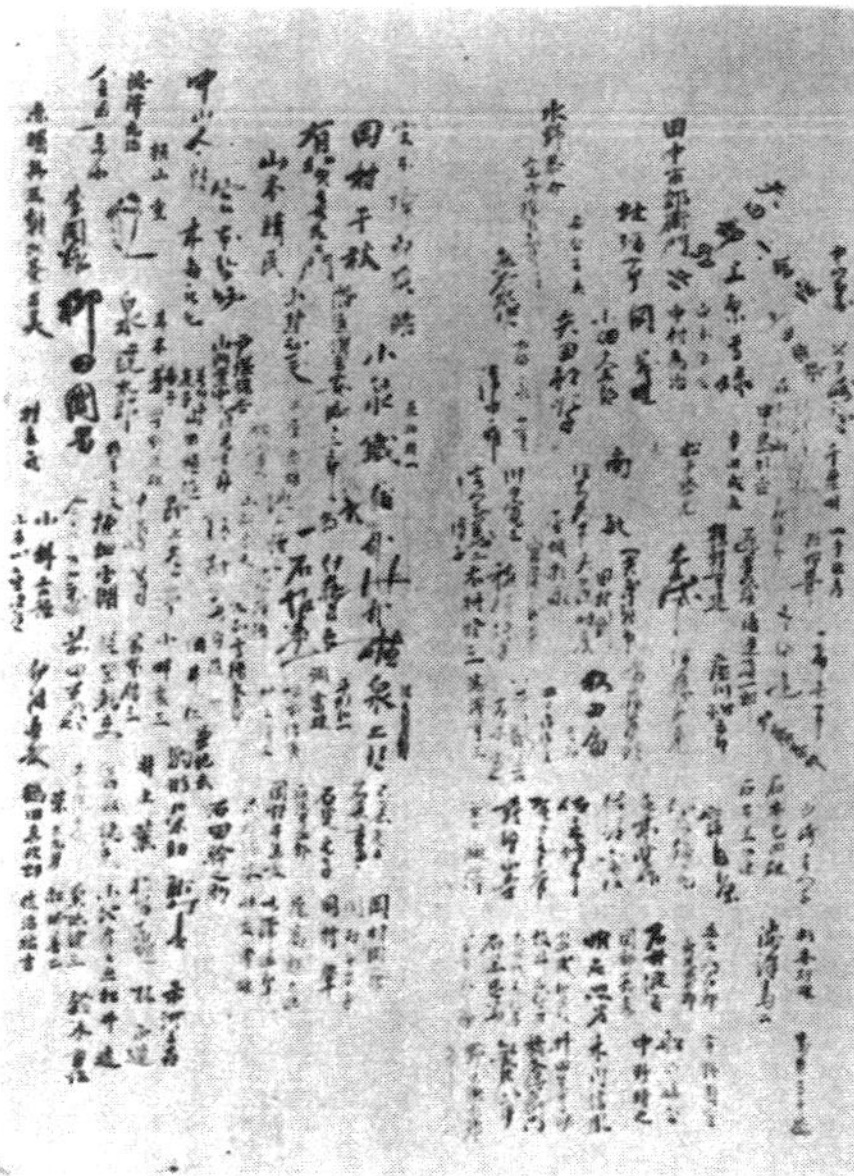
拙宅に於ける花祭参会者芳名(昭和5年4月13日)

母はコンスタントで分子のみ変化するような気がするけれど、事実は分子が一つで分母が随分と変化する例は幾らでもある。分子と分母とが共に変化性を持つ以上、この両者を仮名や文字の上だけで幾ら集めて議論しても、実は始まらないのである。また藁の深靴が雪国ばかしかと思うと九州にもあり、夏とか冬とか季節的に限って使用されるものもあり、或いは饑饉とか火事とかの非常時にのみ用いられるもの等、実物が出てきて初めてその生活の技術なり態様なり、またその奥の思考に気のつくものは沢山ある。今、アチックには民俗品が、おおよそ、二千点ほど収蔵されている。集めてみてすぐ気のつくことは、例えば、動物の種属名のように、ワラジ・エチゴエンシスとでも名付けたくなるほど、その標準名なり学名なりが欲しくなることである。数量種類がうんと集り、その製法仕法から系統へと研究が進むと、動植物に於ける如き自然分類は不可能であるが、一種の分類学は成り立つとさえ思われる。しかし、これは容易なことではないと同時に、ここに実物が物を云う所もあるのである。そしてこれは民俗学の一部門として極めて重要なことと思う。

◇

　アチックに集められた物を概観して不思議に感ずるのは、多く集れば集るほど、それが、ある統一へ向って融合していくと同時に、そこには単一の標本の上からは見出せない、綜合上の一種の美を感ずることである。これは、マッチのペーパーや切手を巨多に集めた感じとも違う。また多数一堂に展観された書画骨董の美とも違う。書画の場合は、単一個体の美が強調され、その一つ一つに独立した美を認めるためか、別段綜合的な美は感じない。これに反して、アチックのものは、一つ一つには随分と汚らしいものが多いが、集るにつれて一種特有の内的美を感じるのは何故であろうか。田方、山方、浜方の我々、また我々の祖先が、極めて自然裡に発明し使用してきた各種各様の民俗品の全体を綜合して考えた時、そこに我々の祖先を切実に観、またその匂いを強く感じ、懐しく思う意味に於て、自分には、今アチックの蒐集は、その数量に於てたとえ僅少であっても、これは今述べた全体への一部分であって、しかも、それは確かに有機的な一部として、血も涙も通っているという気がしてならない。とにかく、アチックの標本は、物それ自身が多くの場合、売るために作られたり人に見せるために作られたりしたものではなく、我々の祖先から今まで、我が民族の実生活に切実にピタリとついている点で、極めて特殊の味がある。これを下手物とか民芸品とか云って重んずる者は、そのものの単独の美を逐《お》うのである。我がアチックは全体の一部として見て、これを作った人々の心を見つめようとする。即ちアチックの標本は、我々祖先の心を如実に示現している点に奇《く》しき統一があり、そこに特殊の美を偲ぶことが出来る。

◇

アチックも数多くの方々の協力によって標本がだんだん集るにつれて、その仕事も忙しくなってきた。何も自ら打って出る気は毛頭ないが、実は、標本そのものに後ろから押されて前にのめり出しそうな気持である。目下編纂中の写真集はその一つで、「民俗図彙」とでも名づけて世に出そうと考えている。物の製作者も採集者も多数であり、その協力から成り立つこのミューゼアムである以上、研究も是非ティームワークにしたいというのが、かねてからの自分の望みであった。それでこの仕事は高橋文太郎君を委員長、宇野円空氏、今和次郎氏、宮本勢助氏を顧問格とし、早川君、小川徹君、木川半之亟君、岡本信三君、藤木君等がこれに参加し村上清文君が幹事格で取り掛ったのである。この名前の中に故酒井仁君を列ね得ないことは衷心残念である。皆と旅を共にしアチックのためにもあんなに協力して下さった同氏の長逝はあきらめ切れぬ感が今更深い。とにかく、アチックとして、たとえ仕事は小さいとしても世に問うのはこれを以て嚆矢《こうし》とする。思えば随分と長い間、あちらこちらへ彷徨していたアチックも、遂に、成虫となって空に飛ばんとしているのである。

◇

幼虫時代の物置のアチックが、蛹時代には自動車小屋の同じく家屋裏に移り、それが狭隘を告げるにつれて蛹が繭を破って出るように、今年になって、本当の住み家が出来上った。室は階下で、もう、文字通りのアチックではなくなった。ますます変てこな名となった。しかし十年以上も使い古すと何となく懐しいのでそのままに呼んでいる。自分としては、アチックが何時とはなしに生長してきたことが、ほんとにうれしい。自分の力では決してない。誰と一人を限っての力でもない。およそアチックに関心を持つ人々の力の総和が、この結果を出しているのである。またアチックは恐らく将来更に成人していくのであろう。このアチックが本来の屋根裏を離れて、新築の階下へ入り込んだ機会に、自分としては何か紀念でもしてみたい衝動にかられた。全くただこれだけの理由で、自分がかつて書いておいたもの、また『龍門雑誌』*に載せて戴いたつまらぬ雑録をまとめて、一つの本としてみたのである。今読み返すと冷汗が出て皆書き直してしまいたいものばかりである。しかし、自分としては、それがどんなにつまらなくても、その当時の感激なり実感なりを、正直にそのままアルコール漬にしておきたいと思う故、手も何も入れずにおいた。何れも直接アチックには無関係ではあるが、読み返してみると、現在のアチックへ一脈の血は通っているようである。

（昭和八年九月記）

＊『龍門雑誌』　龍門社の機関誌。昭和二十四年からは誌名を『青淵』と変えて発行されている。龍門社が東京・深川の渋沢栄一

邸において、書生たちが内輪に集う場として発足したのは明治十九年のことであった。のち、栄一に共鳴する人々を加えて成長を遂げ、大正十三年には財団法人化。栄一の死後はその思想、道徳・経済合一説の普及を目的とするようになって現在に至っている。

〔『祭魚洞雑録』郷土出版社、一九三三年〕

アチックマンスリーから

（1）アチック根元記

一

民具の蒐集も悪いことではない。漁業史の研究も良いことだ。文献、索引、その他の出版も不都合なことではない。しかし自分は時々思う。有為の若い人々にこんなに集っていただいて、しかも自分自身が暗中模索的態度しか取り得なくなって果たしてよいのだろうか。人を一緒にしてかえって一人一人の力を弱めてはいないだろうか。アチックの存在はたとえそれ自身が独自であるとしても、しかも自分の意志が多分の力を加えていることは否めない。これを想い、かつこの意志が多くの人の運命をして不当な歪みさえ受けしめているのではなかろうかと考える時、慄然たらざるを得ない。しかもなおアチックの存在を是認しつつあるは何故か。何を自分はアチックに見出さんとしつつあるか。人格的に平等にしてしかも職業に専攻に性格に相異なった人々の力が仲良き一群として働く時、その総和が数学的以上の価値を示す喜びを皆で共に味わいたい。ティームワークのハーモニアス・デヴェロープメントだ。自分の待望は実にこれであった。アチックを研究所のみにしないのも、また単なる座談会のみにしないのも、また更に単にテクノクラシー的な効果のみを追わないのも、畢竟《ひっきょう》そのゆえんはここにある。しかし振り返ってアチックの過去を追憶し眼を現在まで廻転させた時、自分としては云い知れぬ自己の我儘な暴逆とその責任を感じ暗い黒いかたまりが胸を打つ。たとえその思想は許されるにしても成果の上に暴露された力なきみじめさを視て、今の自分としては陶淵明の「悟已往之不諫、知来者之可追」の句は単に口ずさむだけでは許されないのだとつくづく思う。

（昭和十年七月三十日、第一号）

二

足半《あしなか》研究熱が最近高潮しているということは、アチックにとって非常に喜ぶべきことである。それはその成果がただに足半の形態・分布・由来・特質を闡明《せんめい》する喜びを与えるにとどまらず、その研究の態度と方法に於て将来、民具研究、ひいては民俗学研究上重要なる一つの方向を指示し経験し、かつ批評・考究し得る機会を与えるからである。

足半研究に触れつつ気づいたことは、民具研究は個体或いは同一種の民具の研究より更に進んで異なれる民具との比較研究に至り、ここに初めて我々と民具との交渉に関する重要な理法を見出し得るということであった。これについて、推敲を重ねていないが思いっきのままを左に羅列して諸兄に批判を乞う。

(一) 民具研究に際してはまず第一に、民具個体(同一種)の諸相を研究してその根本的な特質を正確かつ充分に理解しなければならない。

(二) 与えられたる一つの民具は我々の特定の生活様式と自然的環境とに基き、その発生、持続、または変化性について一定の基本的法則に支配されていると思われるが、この法則の考究は第二に来るべき問題である。

(三) 次いで如上の生活様式、自然的環境、及び時間に従って起る法則が異なれる各種の民具間の関係に於てそれぞれ分化作用、異化作用、または同化作用を惹起していることは、出来得る限り明瞭にしたい。

(四) 変化そのものの性質についても、一般的なものから特殊化された複雑なものへ自然的かつ系統的に変化する場合と偶発的かつ無機的に因子の附加される場合とに分ち注意研究することを要する。

(五) 相異なった民具類に適用される類似現象を究め、同時に、民具類の相互間に於て各種の関係が成立するとして、ここに見出すべき幾多の概念を整理することに努める。

(六) 民具個体の短き寿命とこれを造出する我々の記憶及び技芸との関係、ならびにこれに伴う幾多の誤差を考慮しつつ、概念として永き生命を有する民具を明瞭に把握すること。

(七) 民具名称の発生・変化・分布に注意を要することは勿論であるが、更に名称附与の根本的法則を把えることが出来れば幸いである。

まだまだ各種の注意すべき問題があろうが、今思いついたまま書いてみた。数量から見て九牛の一毛としか云えぬアチックの民具についても、既に或る程度の道をば予見出来る。しかし日本の民具全体を憶うと任重而道遠、我々同人は腹に力をこめて勉強せねばならぬ。(昭和十年八月三十日、第二号)

三

市川君がアチック旧館を整理した際「A・M・S日誌」なるものを見出された。縦罫の帳面で、アチックの日記が記されている。書き出しは大正十年二月二日で、今から見ると十五年ほど前である。当日の出席者は、鈴木醇、宮本璋、清水正雄、中山正則、田中薫、内山敏、及び小生の七名、会場は本郷鉢の木、会費合計三円六十銭、話題は博物館、炭坑、天城山の猪、人殺しとある。自分の記憶ではこれが第一回ではないと思うが、記録としては第一回の集会になっている。第二回が三月二日で、この時、会の話や研究項目、分類法等の話に花が咲き、終りに会の名をアチックミュゼアムソサエティーとすべしとの議が出たが決定せず散会、と見えている。次いで五月二十二日に至り第三回集会に於て、今後会の採るべき方針につき小生の話した要項が書いてある。これを摘記してみると、（1）会の規定は不文律。（2）標本寄贈は歓迎、但し骨董的のものは避ける。また一度寄贈されし標本は会と運命を共にするを原則とする。標本蒐集については年月日、場所、及びその標本につき知れる所を名称以外にも詳しく記載すること。会はレッテルを制定し、寄贈者及び蒐集者、その他事項を明記する。（3）会自身が標本を蒐集する場合の目安と基金の必要。（4）会員が標本を会に持ち込む時は会員各自が納得するを要し、後になり所有権の有無を議論しないこと。（5）記念の事業、標本の蒐集・整理・研究、殊に玩具の研究、文献の蒐集、特殊旅行案の作製、研究旅行（これは時に一村一邑を各方面より研究する旅行案）、また先輩を招じて講話を聞く等。（6）会維持と経費の問題。（7）会の事務。（8）入会は会員の紹介により大多数の賛成を要し、退会は自由。（9）五月二十三日を本会の記念日とす。この後は会の日誌として会員の動静、標本の寄贈訪問者等につき記入して七月に至り、暑中時期を省いて、十月より大正十一年十一月まで切れ切れであるが会記が続いている。この年の九月小生は英国へ赴いたため、大正十四年帰朝まではブランクである。大正十四年十二月四日にアチック復興第一回例会開催を機としてまた日誌は続く。ここでまた会の方針が論議されている。よくもまあ実行を御留守にして方針会議ばかりしていたもので、誠に以て方針のオンパレードである。方針としては「チームワークとしての玩具研究」と大書されているから面白い。馬の玩具は佐藤弘と宮本璋、猿は鈴木醇と渋沢、独楽《こま》は小林正美と渡部尚一、牛は江木盛雄、蛇が佐藤富治、履物が田中薫である。この最後のものは現今のアチックへの萌芽である。

十二月十日の項に、主婦の友主催の「お人形展覧会」が駿河台で開かれた時、依頼によって五十点ほど出品したことが書いてある。この展覧会には当時徳川喜久子姫であらせられた高松宮妃殿下がお出になって、御目にかかり恐縮したことを想い出す。

十二月二十日に会名の件として、爾今アチックミューゼアムソサエティーを廃して、Attic Museum と呼び日本字では「アチック・ミュゼアム」と書く旨を記してある。ここで想い出したが、この前後、神保小虎先生を訪ねて種々の御話を承った末この名が出て、その時、面白い、いい名だがソサエティーはおかしい、単にアチックミュゼアムがいいと教えられ、なるほどと思ってこの会合に於て定めたのであった。今用いているアチックミューゼアムは神保先生によって確定されたのであった。日誌はまだ続くが、以上会名確定までの概略でアチックとしては神代上代に属する。今後折々、当時またはその後の記憶やら想い出やらを断片的に記してみたいと思っている。

（昭和十年九月十二日記。第三号）

（2）五回目の朝鮮

いつか崔麟先生が、こんなことを言っておられた。「内地の人は桜が好きで、朝鮮の人々にはさほど感興を惹かない桜を沢山植えて自分等と同じように愛好するものときめてかかっているようですが、朝鮮の人々は李《すもも》の方が好きのようです。これは理窟ではないですが」。

朝まだきから聞える砧《きぬた》の音も、マッカリの酸味も、マダンの地表から受ける足の裏の感触も温突《オンドル》の温みも、土壁の香《にお》い、井戸端に於ける情報交換も、カササギの鳴声もともに、朝鮮農民にとっては何れも欠くべからざる日常の味であろう。こんな朝鮮の情味を今回の旅行でアチックの人々や医学部の諸君が多少とも味わった証拠は、皆何れも理窟抜きでファンになった気分で覗われる。同じトラジを唱っても、それは東京でレコードから覚えたものと違っている。トラジの節ではない。トラジを通じて心の奥で皆、朝鮮を想い朝鮮を語っている。

人数も少ない。仕事も大して大きなものではない。しかし今度の旅で内地の優れた若人が朝鮮の人々の心の扉を少しでも押し開いてこれに触れ、また先方もこちらの心持ちに触れ合ってくれたことを知って、自分は真に有難いことだと思った。これは永遠に無駄にはならない。自分としても大正五年の秋を振り出しに五回渡鮮したが、今回初めて朝鮮に触れたような気がした。新亭里を去るに臨んで姜［鋌沢］君の御祖母さんが門まで送り出て、両手で自分の手を握りながら眼に涙を浮べて「長生きはしたいもので、これで二度貴君に遭えた。どうかもう一度会わして下さい」と云っておられた時の老顔は今だに忘れられない。汽車が蔚山《ウルサン》を出ると新亭里附近の踏切りにお祖母さん始め一族の人々が出て来てまた見送って下さった。その時自分は、愛に飢えた孤児の感じにも似たものを朝鮮の農民は心のどこかに持っているなと感じて淋しい気がしたのであった。

（昭和十一年九月、第十五号）

（3）随想二つ三つ

本号では同人諸兄、年の瀬に来て過ぎ越し方を振り返って見ているようだ。アチック全体としてはなかなか活動もし忙しかった。しかしそれは穫り入れの忙しさではなく、種蒔きの繁忙であったと思う。全くこの二、三年は種蒔きであった。あと二、三年も同様であろう。中に芽らしいものが出ているのもある。また中にはほんのモヤシの状態のものもある。ただ嬉しいのはどのそれもが、大体に於て素性のいい種でしかも間引く必要を認めない点だ。これが皆スクスクと成長したらさぞかし美事だろうと思う。孟子の助長という話を思い出す。成長する力は種自身に存在していることを忘れてはならない。

　同時に種は土と水と日光と空気がなければ成長しない。全く独りだけの世の中ではない。

　アチック同人は美しき鹿であってほしい。しかしそれは山野を馳ける美しき鹿たることが肝要で、檻に入れられた鹿であってはならない。

　アチックに自惚れは禁物だ。独善と自尊、妥協と協調、謙譲と卑屈、これらの混同はアチック社会には見出せないはずである。

「学とは、精密なる智識の系統的全部なり」。と簡明説き得て妙である。これは形態的定義である。およそ高貴な人格の上に成り立つことは公理である。しからずんば如何に学成り立つとも、それは太上老君に笑われた觔斗《きんと》雲《うん》上の孫悟空にすぎない。

　アチック同人はアチック社会を各自が生態学的見地に於て批判するを要する。自己反省は正しき成長の決定的ホルモンである。

　アチック社会の成立は奇しき縁の所産である。いわば一つの業であろう。我々は仏教のいわゆる業ということをつい忘れがちである。もったいないことだ。

　民具を研究してやっと「物が物を云う」ということが解りかけてきた。確かに今までは人が物に物を云わせすぎたようだ。これからは物が人に物を云わせる時代らしい。いやそれよりは人と物が人に物を云わせるといった方がよいかしら。物と人が人と物に物を……何だか解らなくなった。

　今でも時に見受けるが、昔は万屋《よろずや》というものをよく見かけた。ミノや草鞋を売り紙類反物を売り、酒醤油、味噌を売り、小間物装身具を店に並べ駄菓子を並べ時に果物を吊るし、鎌や鉈を売り時に旅人を泊め質屋をし金を貸し、一方米麦の耕作をし蚕を養い藍玉を作るといった風の家である。それがだんだんと分化して、菓子屋、果物屋、農家、旅宿、呉服屋、酒屋、紙屋等専門になってきた。ところが明治後期には勧工場というものが現われ各自専門店の集合体がその姿を見せたが、現今ではデパートなるものによってこの性質一変し集合でなく分化の綜合になってきた。学問の分化もこれとほぼ同様な過程が見られる。ただ自分の気にかかっているのは、分化しない万屋を分化した学問で異なれる観点からいろいろと研究するほかに、分化しないままの万屋そのものを、即ち分化前の状態そのものを対象として、研究する学問なり方法なりがありはせぬかということである。分化の綜合でない分化前の在りのままを見る。スペクトロスコープを用いても差支えないが、星の各個でなく星になる前の星雲そのものを把握してみたい。民俗学や経済史学はスペクトロスコープの役目である。だが知りたいのはスペクトルでなく星雲そのものである。こんな考え方は許されるだろうか。

一つの遊びを提案する。今や年の瀬だ。来春、匆々《そうそう》の同人各位がアチックならびにアチック同人に対する批判、感想、予想、希望、不満、計画、想像、漫画、冗談、何でもよろしい短文を草する。これを各自封緘し内容を秘し同人の面前に於て一括厳封する。昭和十七年即ち五年後の正月、同人各位の面前に於てこれを開封し初めて各自の内容を観る。『マンスリー』一部の五ケ年間封印缶詰によりその間の変化を測定する。実験考古学である。御賛成なら実行しよう。以上妄言多謝。

(昭和十一年十二月特輯号所載)

(4) 探　鉱

採鉱の基礎はボーリングで定まる。どんなに美しい露頭が顔を出していても、それは鉱脈の存在の証拠にはなるが直ちに鉱山全体の価値と品位とを卜《ぼく》するに足りない。充分なボーリングによって初めて鉱脈の走傾、厚さ、品位、性質、包有鉱の種類、採鉱の能否、結局に於て全体の価値が判断される。我々の旅行はけだしこの露頭を発見し、そこからほんの少しばかりの鉱石を標本として持ってくるにすぎない。幸いにして大きなかつ重要な鉱脈の露頭である場合もあるし、また時には一局部に単一にデポジットされた、全体の岩石鉱物とはあまり関係を持たぬ場合もある。また露頭が樹木に蔽われ蘚苔に隠れ発見に苦しみ、しかもその顕われも一見貧弱であるにかかわらず、不断の努力と、その地域全般を見渡して他に幾つかの露頭との比較によって、意外にも重要な鉱脈や鉱床を想定し得る場合もある。我々が旅をしてその土地の人にものをきき、方言を調べ、民俗を研究し民具を観、地形を考え、他の地方との連絡を考えるのは、全くこの露頭の発見に努めるにほかならない。我々はこの露頭がどんなに珍奇でも驚くことなく、また極めて平凡で一見取るに足らないように思えても油断することなく、一応は何れも学界の貴重な一資料としてその標本を蒐集保存しておきたい。そして不断の努力で地下の岩石の構造、鉱物の模様を探究する態度を持していると、時には小さな露頭が意想外の大きな地盤を持つことを発見するのである。この時、我々の次に採るべき方法はボーリングである。一露頭ごとに何度も人を変え時を異にして旅行することもその一つである。過去の文献や資料を観ることもその一つである。他の類似研究を調べることも一つである。また全く別種の鉱脈と対照的に究明することもその一つである。これらのボーリングが充分に出来たらば、その鉱脈や鉱床の種類、性質、走向、構造、接触変質の有無、価値等はまず一通り認識し得ることとなり、他の幾多の同様の研究と相俟って更に一段と高き体系的研究へと道は開かれてゆく。問題は人により方法により、鉱物の種類に対する好みや処理が違うことにより研究結果が異なることである。しかしこれも同じ久慈の砂鉄から或る人は鉄を得んとし、或る人はチタニュームを得んとするだけで、粗鉱を得る点からは何れでも差支えないと思う。

探鉱は比喩である。故に我々の云う露頭は常に山に在るとは限らない。海にも海村にも、農村にも都会にも、町にも在る。大げさに云えば到る処露頭である。現在アチックで多少探鉱せんとしている露頭は麻の問題である。これは数年かかってだんだんとボーリングしてみたい。また以前から湖沼、河川も大きな露頭だと思っている。琵琶湖、浜名湖、霞浦等もその周囲の小露頭のみでなく、これら自身を一つの大なる露頭として見る。また河川にしても利根川、信濃川、最上川、揖斐川等も一つの大きな露頭といえる。これらの湖沼河川を細く分析しその周囲流域に示現する事象を一つ一つ研究するのもよいが、それのみでなく一つの大きな自然的一体の事実として見て、これを社会経済史的、文化史的、民族学的、経済地理学的に取扱う時、湖の持つ、川の持つそれぞれの資性と人類との相関関係が種々の方向、ダイメンションから認識を深めてゆけると思う。我々は各種の露頭を発見するべく旅行することを始めたい。しかし、我々はともすると小さな露頭だけに眼を奪われがちである。露頭は必ずしも小さいとは限らない、一目には入りきらないほどの大露頭もある。こんな大きな奴とも時には一つ、四つに組んで力むのも、我々アチック同人にとって爽快なことで恐らく腕をさする人が多かろう。

（昭和十二年六月六日記。二十四号所載）

（5）民具と装飾

我が国の民具に色彩の乏しいことは民具図彙を計画した頃から気がついていて不思議に思っていたところ、今月の初め或る朝、ふと我が民具を見渡して、およそこれに彫刻的装飾のないことに気づいたのであった。生蕃《せいばん》、アイヌの民具には元より、欧洲各国の民具にも顕著な特長として彫刻的装飾の多いのに、独り我が国の民具には極めて単純な実利的な形態のみを示している。岩倉［市郎］君の指摘した自在鉤の魚等は僅かに考えられる装飾的なものの一つである。生産用具以外の民具について見ても、すぐにこれなどはといって指摘出来る美術的なものは少ないように思う。このことを同人に話すと皆同意した。民家の構造ならびにその外装を想い浮かべつつ伊勢神宮の線と円と四角のほかに何らの装飾なき崇厳な建物を聯想したのは礒貝［勇］君だった。弥生式土器にも特に装飾的なものまたは偶像的なものが少ないようだと古い時代へ想いを走らせたのは宮本［馨太郎］君である。

由来日本は美術国だと云われ自他共にこれを許している。根付、鍔、漆器、彫金、その他をちょっと考えただけでも日本人は美術的天分が豊かだと考えられるのであるが、更に一歩突っ込んでこれらの作者に思いを致す時、これは決して農民または一般常民の作品ではなく一つの職業者の産物であることに気づく。我が国民の土台をなす一般常民の間に自ら作出される民具に特に装飾の少ないことはむしろ特異な現象であるといってよい。我々はすぐ、これは何故かと考えたくなる。狩猟と農業民との差、原始宗教の持つ特異性、殊に我が国の宗教に於ては特に簡素を旨とし粉飾を避ける傾向を持つこと、考古学的に鉄器使用の制約等々いろいろと人々の頭に浮かぶ考えではある。しかし我々はその原因の究明や説明はひとまず後廻しにしよう。それよりはこの現象をもっと本式に突き留めてみたい。果たして歴史的かつ連続的にも事実なのか。植物とか土とか石とかいった材料の上から見て何か差異はないのか。村々により祭礼等の際に作り出す玩具等との関係に於て如何なる事例を持つか。考古学的資料については如何。住居との関係は如何。彫刻的装飾以外の美的要素がどの程度民具に於て代位的存在を示しているかどうか。東北または西国等、地域的差異如何。本邦全土に普遍的現象であるか。漁民と農民との間にこの問題につき差異を見るか。職業団と一般市民との間につき何か事例を見出せぬか。殊に鉄や金属に関する職業団と常民との関連に於て如何。支那文化及び仏教文化の影響について何か見出し得るか。衣服の範囲に於ても同様の事象があるか。前代常民の美意識の種類またその程度等について何か記載し得べきものはないか。我々が蒐集すべき資料はこれらのほかまだまだ数多くあるであろう。また隣接民族の民具の種類により装飾に差異ありとすれば如何なる民具に如何なる装飾がなされており、これらの持つ意味が何であるか、しかしてこれらの民具にそれぞれ該当する本邦の民具にはそれが如何に現われているかといった比較研究も必要であろう。学問は気がついただけでは駄目であって、実際に当たってみるよりほかに手はないと思う。この実際に当たってみることが一番面倒なことでまた一番大切なことで、これが学問かとも思っている。一つやってみたいものだ。

（昭和十二年七月八日記。第二十五号所載）

（6）船乗りと漁師の名前

船が航海中難破して浦々へ寄りつくと、昔はその村の浦役人が調査して浦証文または浦手形というものを官庁へ差し出した。内浦文書の中にもこの浦手形が二つ三つあって、観音丸船頭善八という名を見た時、ふと昔読んだ黒岩涙香訳の『巌窟王』に出て来る船乗り新八という名を思い出した。それで妙に気になって船頭、水主《かこ》、炊《かしき》等の名を注意してみると善八とか忠六とかいう名が多く、何右衛門・何兵衛といった陸軍式のものが少ないのが目立った。権兵衛、太郎兵衛や何左衛門が百姓で、長松が丁稚、熊さん・八さんが長屋の職人とは昔からの相場である。何市が按摩で忠治、次郎長は親分だ。そこで船乗りにも何か名前に特長があるのではないかなと思っていた。住田［正二］氏の『海事史料叢書』に各地各年代の浦手形が三十二通ほど採録されているので、これに拠って調べてみると次の結果が出て来た。即ち内浦文書同様、陸軍式でない方が圧倒的である。全員百四十七名中百十三名が新八式で、三十四名が陸軍式である。新八式を全部のせることは煩わしいから少し例示すると、善七、栄蔵、久太郎、平四郎、甚七、亀助、勘次郎、利助、六三郎、豊次郎、藤四郎、善吉、伝七、平吉、清蔵、吉次郎、芳蔵、乙松、源助、慶蔵、文五郎、助松、弥七、小八、幸次、庄五郎、五郎、松之助、平七、太平次、佐助、徳五郎等で、中には現代財界名士に似た名が相当多い。これを職業別にすると次のようになる。

	新八式	陸軍式	計
船主	三	—	三
船頭	一五	八	二三
水主	九一	二六	一一七
炊	四	—	四
計	一一三	三四	一四七

浦手形のこと故、船乗りの在所は明らかでないが、船籍は各地である。新八式の連中が船乗りになるのか船乗りになるので新八式の名に変えるのか、はたまた彼等の生い立ちも知るすべもない。

それでは漁師はどうかなと思って見ていると面白い例が出てきた。それはやはり住田氏の史料に出ているが、今年の五月我々同人で訪れた播州家島に於ける漁師の名である。時は文政五年四月二十二日夜八ツ時、家島郡中松島へ漁に出ていた人々二十八人が折からの突風にて破船溺死して、宮浦へ四人、真浦へ三人、坊勢浦へ二人、合計九人の死体が揚がったが、残る十九人は遂に海の藻屑と消えたという大事件の記録である。その不幸な人々の名前が掲げてあるのを表記すると、

溺者	引取人	関係	溺者	引取人	関係
新兵衛	ユミ	娘	勘右衛門	ツマ	母
半四郎	九十郎	父	瀬太夫	瀬七	父
松蔵	藤次郎	兄	甚十郎	甚九郎	倅
伝次郎	伝八	倅	弥右衛門	留次	兄
石蔵	金次	父	瀬七	サメ	女房
勘蔵	弥惣八	父	助七	セヨ	女房
甚蔵	平吉	祖父	佐蔵	セヨ	母
世蔵	セキ	母	伊七郎	カネ	女房
豊蔵	セキ	母	佐右衛門	カネ	母
治助	フキ	母	政蔵	カネ	祖母
平八	平四郎	父	熊蔵	長吉	父
世市	太左衛門	弟	宇吉	政五郎	父
吉太夫	吉五郎	弟	喜蔵	政次郎	兄
関蔵	又五郎	父	弥惣右衛門	ミヨ	女房

であって、溺者二十八人中陸軍式五、新八式二十三、引取人のうち男十六人中陸軍式一で、合計四十四人中三十八人まで新八式である。

これだけの例では何も云えないし、些細な問題ではあるが、今後も注意して見ていったら面白いと思っている。

（昭和十三年七月。第三十六号所載）

（7）うろ覚えの民俗

随分と変な話であるが、赤ん坊は牛乳の方が育ちがいいと信じられ、コンデンスミルクが流行し、最も大切な母乳はただしぼって棄てるというもったいないことが、真面目に考えられていた時代があった。自分の生れた明治二十九年頃はそんな時代で、オビンズルサマを撫でてあやかるのは衛生上良くないと、伝染病論がやかましかったのは結構であるが、悪くすると何でも我が国古来の仕来りを迷信視して、よく考えるとかえって科学それ自身を迷信したかの感ある時代であった。そんなためか自分の両親や親類にはいわゆる昔流を子供に伝える熱心は少なかったようだ。しかしその思想は家に来た女中や婆や等にはさまで及んでいなかった。のみならず生活全体もかなり旧式だった。自分の七、八歳くらいまでは生れた深川の家には電気燈も水道もなかったし、僅かに裸火の瓦斯《ガス》（マントルなし）と行燈《あんどん》が併存し、飲み水は家の前の大島川へ売りに来る水船から買っていた。御飯は竈《かまど》に薪を燃してたいていたし、夜便所へは生蠟の蠟燭をいちいちともして行ったのを覚えている。こんな時代に女中や婆やから伝えられて自ら体験した民俗をうすぼんやりした記憶から探し出してみると、貧弱ではあるが少しはある。何れも五つ六つか七つ八つ頃のもので、何時何処とまでは判然しない。大磯の、今はもうなくなった招仙閣という宿に行った時だと思う。疳《かん》の薬だといって蝗《いなご》を焼いて食わされ、また赤蛙の醤油のつけ焼を食べたことがある。蜆や赤蛙は何度も食べたが、今でも驚いているのは一度わりに大きな黒蟻を三匹御飯に入れて食べさせられたことで、これは力が強くなるためだと教えられほんとにそうかと思ったことを覚えている。また足が強くなるようにといって、高麗神社の仁王門にぶらさがっていた大きな草鞋を自分の足を揚げてはさすったこともあった。十五夜の月を照ヶ崎で迎えて、赤い盆に生豆腐を捧げて海へ流したのは、どういう訳か教わらなかった。深川の家に大きな池があって一度落ちて死にそこなったことがある。その時助けてくれた書生さんの本名が奇妙なことに柳田国男といった。助けられて着物を換える時気がつくと、常時持っていた水天宮様のお札が二つに割れていたので、そのために助かったのだと女中達が本気で感嘆し合っていたのを覚えている。日が暮れかかった頃に前の川岸で遊んでいると、「さあ逢魔ガ時になった、早く家へ入らないとマミが来てさらわれる」等と脅かされ、真実身の毛をよだてて家の中へ走り込んだことも再三あるが、これは風呂や食事のために夢中に遊んでいる児を呼び戻す女中の策略だったかも知れない。節分の豆を自分の年の数だけ紙につつんで川に流し、天気になるようにと照る照る坊主を作って南天へさかさに吊るし、のどに小骨がささった時に父の象牙の箸でなでたり、食事の後寝ころぶと牛になるといって叱られたり、十五夜には三宝にお神酒とキヌカツギと団子を供えたが、そのキヌカツギを食べるのが楽しみだったりしたことは誰でもあまり変わりはあるまい。意味は知らなかったが、お盆に赤い素焼のホーロクの上で苧殻《おがら》を燃やしたことは三、四度ある。五月の節句には風呂に入ると菖蒲の葉が束ねて湯の中に浮かんでいた。根元の方の薄く赤味がかった部分を指で押すと、揮発性の芳香が湯気と一緒に立ち登るのを嗅いでは楽しんだことを覚えている。時は覚えないが玄関を上った所の長押《なげし》に、優曇華《うどんげ》が咲いたのを見つけた。すると女中さんや書生さんが珍しがると同時に大変家のためによいと云って喜んでいたことがある。今思い出してもその時の喜びには真実が深かったようだ。以上は七つ八つまでのうろ覚えで、何れも断片的な貧弱なものでまとまった記憶や意識はない。小学に入ってからはもう蛙や蝗を食べることも少なくなったし、家が三田へ引き移ってから（日露戦争直後）、

裸火瓦斯燈と、明治末の自動車。

明治37年頃著者の父の撮影にかかる当時の拙宅深川区福住町（今は永代）の書生部屋の夜景。他の部屋にはカーボン電球の電気燈もあり、また行燈のみの部屋もあった。程なくガスマントルが出現、俄然光力を増したに眼をみはったのを覚えている。隅の電話器は昔の磁石式で浪花の1013番であった。

自動車の図は明治40年、吉田真太郎なる方が祖父に自動車を勧める予備行動として父に試乗せしめし時一家これに便乗、小仏峠の大だるみ迄ドライヴした時のもの。昔の馬車の体制が随所に見える。前面のガラスがない。（為に飛んでいる虫が時々顔に直接ぶつかって痛かった）タイヤがバルーンでない等は図を見て解る。ヘッドライトはアセチレンガス。デフェレンシャルが前方にあり、それから自転車のチェーンの馬鹿でかいやつで後輪車へ結びこれで走る。（吉田氏がチェーンにグリースを塗っている）現代車の進歩に驚く。ホーンは手押ラッパで道路で馬力の馬が驚き騒ぐに困った。前方の小学生は著者。

何だか急に古いものから解放されたような気分がしたことを覚えている。中学に入って何年の頃だったか、庭で遊んでいるうち不注意にも作業中の植木屋さんが延ばして置いた麻綱を跨いだことがあった。すると植木屋さんが「また跨ぎ直してくれ、そうしないと作業中そこから綱が切れると大変だから」と云われ、素直に跨ぎ返したことがある。その植木屋さんが何時だったか、自分は木に登る商売だから四つ足は食べないと教えてくれた。四つ足とはうまい言い方だと中学生並みに感心した記憶がある。

中学時代にいろいろ民俗的なことは見聞したが、直接自分が関与したものは少なかったとみえてあまり記憶がない。二十五歳の時珍しく母と二人で川崎の大師様へ厄除けの護摩をたきに行ったことがあった。その時分には母の方が真剣で自分の方はお付合いの気持だった。それから大正十一年九月自分が英国へ出発する夜、家内の母が家へ見送りに来てくれていよいよ玄関を出る時、御飯の杓子でしきりと招いていた。けだし無事息災で早く帰朝するようにという意味だった。英国に居るうち二つばかり彼の国の民俗を実行した。一つはタッチ・ウッドといって、何か自分の希望と反対のことを云った時、その実現を妨害するために机なりテーブルなり木部を指で触って「タッチ・ウッド」と小声で云う。例えば明日天気を望みながら「明日は雨だ」と云い気がついてタッチ・ウッドをし、「この頃子供が丈夫で病気をしていないね」と云って慌ててタッチ・ウッドし病気を妨害する類で、これは今でも時々実行している。また食卓で食塩をこぼすと、それをつまんで後を見ずに肩越しに後方へ投げる。これも悪魔払いで英国人はよくやる。その時には何にも呪え言はない。その方も今でもやっている。しかし両方とも何となくしっくり味が出ない。やはり借り物では駄目なのだろう。他人の民俗事象は随分沢山あるに気がつきながら、さて自分の直接の体験となると案外少ないものだと思い出してみて今更驚く。

（昭和十三年八月二十一日記。第三十二号所載）

［『祭魚洞襍考』岡書院、一九五四年］

『民具問答集』第一輯まえがき

自然は飛躍せずNatura non facit saltumという古語がある。全くものには因縁がある。我々の未熟なまた稚拙な考えも企ても皆何かが因となり果となって現われてくるので、決して突如として起ってくるものではない。本書の成立もそのとおりで一朝一夕に出来たものでなく、その因って来る由来がある。今ここに本書の来歴につき少し述べてみても、本書を手にせらるる方々に対して必ずしも失当ではないと思う。

民具研究は比較研究が第一である。そのためには各地各種の民具の蒐集を心懸けねばならない。そしてその結果、当アチックミューゼアムに集った民具の数も相当なものになったが、翻ってその蒐集方法または径路を考えてみると、一つは我々同人が各地を採訪して持ち帰ったものである。中には店で購入したものもあるが、その大部分は各地所有者の好意ある寄贈品である。余談ではあるが、かかる寄贈を受ける場合、平素家内を整頓し古いもの新しいものをちゃんと丁寧に整理してしまっておられる向きの方々は、多く喜んでかつまだこれでも足りないかといったほどの親切な心持ちで寄贈さるるに反し、平素家内が乱雑で、その辺に捨てて全く顧みないといったふうの家では、求められて初めてかえって急に別の価値を自覚したりして出し渋る傾向のあることをよく体験したが、これは一つの注意に値する現象と思われるゆえ、ついでながらに述べておく。次にもう一つは、我々地方の同人もしくは同好の士が、異常の好意と親切とそれにも増してこの学問に対する敬意から、非常に苦心して蒐集恵送されたものである。この場合特に我々の心を打つのは、わがアチックミューゼアムに対する先方の持たれる好意と信頼と期待である。そしてこの場合にも、また、先述の当方から採訪した場合にも共通して考えられるのは、中にはずいぶんと実際上手離し難い、また気持の上からいっても云うに云われぬ愛着のあるものが多数あることで、平素何年何十年と用い続け手馴れた身近に親しいもの、また自分の父母・祖父母の形見のごとき品々で、これを見るたびにわが家の過去がまざまざと思い出せるもの等が多々あるにもかかわらず、これらの愛着の絆を断って恵送される寛容さと当方への信頼で、我々はかかる事例に何回か直面していたく感激して有難く思ったことであった。この寛容と信頼に対する報恩を、何らかの形で現わしたいとの念願と、民具研究上できるだけ同じ資料を同学の士に提供して、共に研究してゆきたいという希望とが合さって考えついたのが民具図彙刊行の案であった。数千の民具、元より全部を印行することはいろいろの点で許されない。せめてそのうち僅かでも本にしてなり寄贈者に頒ち研究者に利用してもらえたら、報恩の念の一端も通じ、寄贈者にしてみても、あれを送ったがどうされてしまったかという嘆声を少しは消しえようかと思ったのであった。

さてその計画で資料を選択しやりだしてみると、多少の解説めいたものが必要となってきた。というのは解説せんとする我々の行きづまりを発見した。ところがここで実際上一つの行きづまりを発見した。というのは解説せんとする我々が、民具に対して持つ知識のいかにも貧弱であることを自覚したことであった。物は概念的にはある程度ものが云える。しかし、我々が手にした民具はその多くは何百何千もある同一種属内の一つの個体であり、しかもその伝承も相当古いものがあって一見我々は熟知しているような気がしているものでも、これが民具としての物的存在だけでなく、人との交渉、家との交渉、村との交渉というふうに生きた民具として見る時、我々はあまりに何ものも知らないことにむしろ啞然としてしまったのであった。一つの民具が材料が調《ととの》えられて、生れ出で、用いられ、貯蔵され、破壊され、棄てられ、死んでゆくその生活行程を、殊にこれを用いる人々の心意との関連を重視しながら生態学的に見究めて、大なる誤謬なき解説をすることは、現在では到底不可能なことを悟ったのであった。そこで次の手段としてまず訊かねばならぬということになり、本書に採録せる民具の写真を各々その寄贈者、または日常これを用い体験により解答をなし得らると思う向々に送ると同時に、種々の質問を発しその解答を得たのであった。送る写真は寄贈された単一個体の民具そのものである。解答はこれを日常用うる方々からその物について来る。すなわち極めて個別的であり極端に特殊的である。しかも我々のほんとに知りうるすべてはこれだけであって、これ以上は類推であるか、想像であるか、あるいは他の機会における類似事象との比較から暗黙過程裡に生ずる帰納かである。我々が発表せんとした民具図彙の各葉は決して模型的物体ではない。ゆえに我々は知りえた範囲でひとまず満足すべきで、その知りうる範囲の拡大は次の計画に譲るべきであると考えた。ゆえに我々が解説すべきではなく、まず先方に訊きえたことを示してこれをもって第一次の資料とすべきであるとし、図彙の付録として民具問答集を付することとした。しかるに、その後民具は続々と集り、本書に収められしごとき問答をしている時分から見ると、量的にも地方別的にも多彩多様となり、図彙と問答集との内容がこの意味で甚しく乖離《かいり》してきた感があった。またこの期間中、同人間には足半《あしなか》の研究も始まってしまった。図彙の選定の困難と我々の怠慢とはいたずらに時日を遷延して今日に及んだ。しかしながら、問答集を整理してみるといかにも興味深いものであり、また付録として出すよりむしろ一歩進めて図彙に出すべき図版を多少形を小さくしてもこの問答集に挿入し、もって図彙に代えても不都合はないと考えるに至り、本書の作成に一意努力することになったのである。

本書の編纂に当って我々はいろいろのことを学んだ、第一何が資料であり何が事実であるかということである。先に我々があまりにものを知らぬことを告白したが、これは同時に我々が少しはものを知っていると思っていた錯覚に対する懺悔なのである。全く気にかかるのは、どこに事実の認識の基点を置くかということである。我々の眼で確然と認識するのは視野全体ではなく実はその中心の一小部分で、他は極めて漠然としている。にもかかわらず全部が判然とするのは、眼を動かしてその中心部を各所に移動させるためにほかならない。我々はともすると最初に中心部に来たもののみに飛びついて、これだけを事実として他に眼を動かさぬことがありがちである。群盲評象はこの極端な場合の譬《たとえ》である。自分が今春南秋川に行った折、変った形式（西洋式菱形）の凧《たこ》があった。もし訊かなかったら、最近この村へ入り来たったこの種の凧が昔から秋川にあったと速断したかもしれない。また先年八戸地方の山地を旅した時、いかにも古めかしい、棒に藁をしばってその先を焼いたカガシが到る所の畑に立っていた。これも訊かなければ、これが二年前から急に流行しだしたカガシであり、以前はこの地方に全然見かけぬものだとは思わなかったであろう。本書の中にも、ある程度かかる事象があるであろうと予期して訊いても、その解答は全然これに反していぶかしく思った場合もある。またこれに反して、当方に予期せぬ興味ある解答が来た場合もある。民具の名称についても一人は一つを云い他の一人は別名を云う。そしてその数種の名が同一地点の同一民具に付与されている場合もあり、またない場合もある。民具の用い方においては更に複雑で、どこまでが共通でどこまでが特殊だかなかなか見当がつかない。スカリとカンジキの使用時における関係などについても本書採録の解答等は普通気づかぬところで、えて速断に陥りやすい傾きがあり教えられるところが多い。またある土地である婆さんにものを訊くと、その答えはその土地でのものでなく、その婆さんが嫁ぐ前の遠方の生家地方のことである場合も想像しうる。こんなことを書くと際限がないが、全く我々は一つの事実の基点とか観察の焦点とかいったものを、どこに置くかに迷わざるをえなかった。が、翻って想うにこれは当り前のことなので、我々は全く資料をあまりに少ししか持たないからである。すなわち資料そのものが貧困なのである。本書の解答のごときも忌憚《きたん》なく云えば多くの得らるべき資料のうちのほんの一部なのであって、決して全部ではないのである。全く資料の素材の一部にすぎぬのである。ただ本書の解答には極めて特異な点がある。それは資料がいずれも生《うぶ》な点、これである。我々はこれを第一次資料と呼んでみたい。かかる資料が数多く集積されてから後、これを通覧整理し、これを考査究明し初めて、第二次資料すなわち学問的にものをいう資料が生れてくるものと思う。物理学の実験のごとく特殊の条件の下に置かれたものであっても、なおかつ事実は数十百回の実験と公差とを考慮に入れて後認定される。生きもののごとき民具を取り扱う場合、一つの事実と他の事実との組成、位地、価値、関係等を判定することは容易の技ではないのである。全く我々は現今あまりに早急に形成された概念的資料の雑多に悩むとともに、真実の生《うぶ》な資料の極めて貧弱なるに苦しんでいる実情である。本書の解答も先に云えるごとく決して普遍的な妥当性を持つものとは考えないが、第一次資料としては決しておろそかにできないものであることだけは確実である。問題は今後かかる第一次資料をできるだけ拡充して、もって第二次資料を抽出しうるようにその土台を大にし、これに普遍的妥当性を付与せしめることにあると思う。

本書の成立も前に述べたごとく、生れる前既にあちらこちらとよろめき歩んできたために、最初から一定の方針をもって質問を発し整理することはできなかった。むしろ当方で知りたいことを最少限にして止めた傾向がある。ゆえに本書の解答にもし不満の点があっても、それはすべてその責任は質問にあるのであって解答にあるのではない。これらの質問は主として村上清文君が担当された。終りごろは大分馴れてもきたし上手にもなったが、初めのころはかなり怪しいのがあったと思う。しかしこの一見なんでもないような問いを民具一つ一つについて考えては発してゆくことは決して楽な仕事ではなかった。同君の努力は十分に多とすべきであると思う。また民具図彙を作る考えであった時代において、この解答を基礎として一応の解説を書かれた高橋文太郎君の労力も並大抵でなく、また同君の協力が村上君の質問の上に与えた影響も大きいものであった。実際、高橋君も村上君も我々も本書の質問には不満なところが非常にある。すなわち第一次資料をとるためにはもっと明確な態度と方針とを立てて進まなければ解答者に対しても相済まぬと思う。問いが思いつきに偏したこともあるし、訊くべきを訊かぬところも多い。次の機会第二輯を出す場合には更に皆で協力してこれらの点を注意、これを正したいと思う。いよいよ本書が出版されることに決定してからは各質問と解答との整理に多大の時間と労力が費やされたが、これの縁の下の力持ちをしていただいたのは高木一夫君をはじめとし、市川信次君、林友英君、小林末夫君、横内直君等であり、原稿がまとまってから更に民具の実物に当りいちいち入念に測定をし、校正をし、索引を採る非常な労苦は小川徹君と宮本馨太郎君が負担された。また原図の作成は木川半之丞君が一手に引き受けてくれた。思えば本書作成の上にたずさわった人の数も決して少なくないのであるが、しかし本書成立の根本を考えると、本書の著書は実は解答者五十二名の全部であって、ある意味では解答者全部と村上君との合作で一対五二という奇妙な著者を持つ形式の報告であると云っても過言ではない。我々は民具を寄贈されたそのうえに、この煩瑣な解答の労作を何のいといもなくしてくださった各位に対して、ここに深甚なる感謝を捧げる次第である。

質問者として本書の欠陥は十二分に自覚しつつ、しかも本書の解答を読みつつ非常に感じた同人諸兄は、更に次に来るべき問答集をいかに処理し、いかに同学の士の前に最も信頼しうる、最も利用しやすき、最も妥当性を持たした第一次的資料または素材として提供し、そしてこれをもっていかに最初から念願とした寄贈者の学問に対する敬意と我々に対する寛容と信頼に酬いんかと内心勇躍を禁じえぬ情況にある。

どうか本書採録の解答者はもとより、その後各地から同様の心持ちで多数の民具を寄せられた各位が、当方の微意を諒とせられ、更にこの上とも我々の研究のために御高援をくださり、長年月にわたってこの奇しき因縁から成る極めて多数の人々のこのチームワークを、更に一段と高きものへ育成してくださるよう、この機会に切にお願いをしておく次第である。

(昭和十二年三月九日)

［『アチックミューゼアムノート』第一、昭和十二年五月刊］

いわゆる足半《あしなか》について（予報）

緒言

本編は大別して二部から成る。一つは直接標本に基いて研究したもので、その材料は当アチックミューゼアム、日本青年館郷土資料室および宮本勢助氏収蔵の標本合計三百四十七点より成る。他の一つは文献、絵画、報告、談話等、実物から離れた歴史的・民俗的資料を基としてその整理を試みたものである。上の二つはいずれもその数量・種類において不十分なるがゆえに、更に進んだ結論は他日に譲り、ここでは手許の資料の語るところをできるだけ忠実に記録するに止めた。

足半の本質を研究するには前述の材料を豊富にしたのみではなお足りない。草履《ぞうり》、草鞋《わらじ》等の全般的研究、またこれら相互間の比較研究と更に地理的に見てわが国以外の近接諸民族の履物（殊に支那、印度支那《インドシナ》および馬来《マライ》方面）の比較研究をなすに非ざれば、とうていその目的を貫徹しえないことは明らかである。ただ目下吾人はこれを希《ねが》って直ちに得られざるがゆえに、如上の材料に拠って導かれし要点を少しばかり示しえたにすぎぬ。敢えて予報という所以《ゆえん》である。

しかしたとえ少数なりとはいえ、この標本の蒐集または貸与に際し多数各位に多大の御労瑣を懸け御親切を蒙ったことは同人の等しく銘記して忘れえぬところで、謹んでここに深甚の謝意を表する。なおこれと同時に今後足半の大数観察を可能ならしむるため、資料の恵投・報告・注意等につき御高教の吝《やぶさ》かならざらんことをこの機会を利用してお願いしておく。

〔本文略〕

摘要

本編は既に緒言において言及せしごとく、現在手許において利用しうる資料を羅列して、その語るところを記録したにすぎぬ。資料の数量・種類の不備は我々をして殆んど何ものも言うことを未だ許しておらぬ。資料の冗長なる併記はその整理の未熟を示すとともに、数量の僅少なるがゆえに可能でもあったのである。将来資料の拡充された暁において我々は資料の示すところに従い、更に各種の研究論考の尽さるることを希う。ただ現在においては本編に示された資料から学ぶところのものおよび学ばるべきものと思わるるものについて要を摘し、左にほんの数項を掲げてみる。まさに語らんとしてしかも資料の欠乏がこれを妨ぐるもの多々あることは諒とされたい。

(一)我々は本編を通じてまず第一に、足半の伝承遺存がかつて想像されし以上豊富であり、したがってわが日本民族全般の生活様式に異常に深くかつ大いに関連のあることを知る。すなわち、殆んど死語かとさえ扱われんとした足半がその現実においては、全数量のかなりの豊富さと地理的分布の広汎ならびに形態、名称、方言、付随説話、俗信等の多様性を示す。またその歴史的資料を顧みる時、足半の遡古可能時代の案外古きことならびに文献種目の存外多いこと、その記載項目の多種相に驚く。

　しからば足半が日本民俗固有の所産であるかはたまた近接諸民族文化の摂取であるかの問題について、我々は今のところ一言も答うるところを知らない。我々の確実に云えるのはただ、鎌倉時代において既に足半が存在し、かつ相当隆盛を見ていることのみである。同時にわが国の足半は明代支那学者の手により、その特異点たる円形無跟《むこん》を指摘されていることを忘れてはならない。更に足半が半物草、シキレ（最古文献は藤原時代『小右記』）へ同一種類として遡及しうるや否やについて、これらのものの実物が遺存せぬ今日判然たることは云えぬ。しかしこの種の名称について文献的に考察する限りにおいては、この推定は必ずしも一概に排斥もできない。

(二)足半の原始型を求めんとする観点において本編を通覧する時、我々は左の数項を知る。

(1)足半着用の本来の意義は足の保護にあるに非ずして、かえって摩擦により滑倒を防ぐこと、すなわちスパイクとして用うるにある。

(2)文献ならびに絵画においてその年代古きものに示されるものは短小無跟を主としている。

(3)アシナカなる名称は短小無跟なる狭義の足半に最も多く用いられ、全長の伸延にともない、または結びが消失して綯込《ないこみ》となるにしたがい、これの名称は漸次変化を生じ多様性を帯びてきている。

(4)全長の伸延せる足半、すなわち長足半ならびにこれの結び草履の第二次的発現たる綯込草履は、都会文化の所産と目さるべきいわゆる草履、すなわち鼻緒が遊離せるすげ緒草履への近似性を示すものと見るべく、しかもこれの変化の進行は近時に至りいっそう顕著なるを数多の報告が示している。

(三)足半の形態について更に左の数点を指摘しうる。

(1)足半の台部を貫く芯縄の形式において併行式は交叉式の先行形式である。なお、すげ緒草履において併行式の

左・木川半之丞氏作、右・ガン研松尾氏作レントゲン写真(昭和10年秋)

ものを未だ発見しない。

（2）横緒または鼻緒に布または紙を巻くことは足半使用者の階級意識であるが、これが足半・絢込草履・すげ緒草履の順でその例を増す。

（3）AD線の決定は草履分類上の一つのメルクマールである。広く草履類一般の全長とAD線とのそれぞれの長さを見る時、結び草履より絢込草履、すげ緒草履となるに従い、その長さは上記の順序に比例して伸びている。

（4）全長とAD線との比率を求むる時、狭義の足半においてはこれの比率は大なるもの多く認めらるるに反し、他の種の草履類――長足半以下すげ緒草履に至る――においては殆んどこれの比率は小にして、かつその変化に乏しいことを知る。

（5）足半の結びは足半研究上重要なる形態上の要素である。これの形式は本編において一応六種類に分類されているが、将来更に広くかつ精密に調査することを要する。なおこの諸形式がかなり顕著なる分布上の地域的特異性を示していることは既蒐材料のみについても明らかに看取できる。

（6）足半形態の種類の分化は主としてその用途によって規定される。したがって一地方または一地点、時には単一家内において同時に形態的に数種類の併存を認めることが多い。しかしてこの形態と用途との相関関係については後日更に精査を要する。

（7）形態の問題からは離れるが、足半の材料について見るに、稲の藁を用いたる資料がその数において圧倒的の量を示しているのみならず、他の材料が用いてあるにしてもこれは藁の代替と考えらるるべきものであるので、この点はわが国以外の米作地域を考慮に入れつつ一応頭に入れておきたいと思う。

（四）一口に結び草履および絢込草履というも、アシナカなる名称を含めて現在分明しているいわゆる足半の名称は百九十四を算する。

右のうちアシナカ系統の名称は殆んど旧日本全土を覆うていると見て差し支えない。

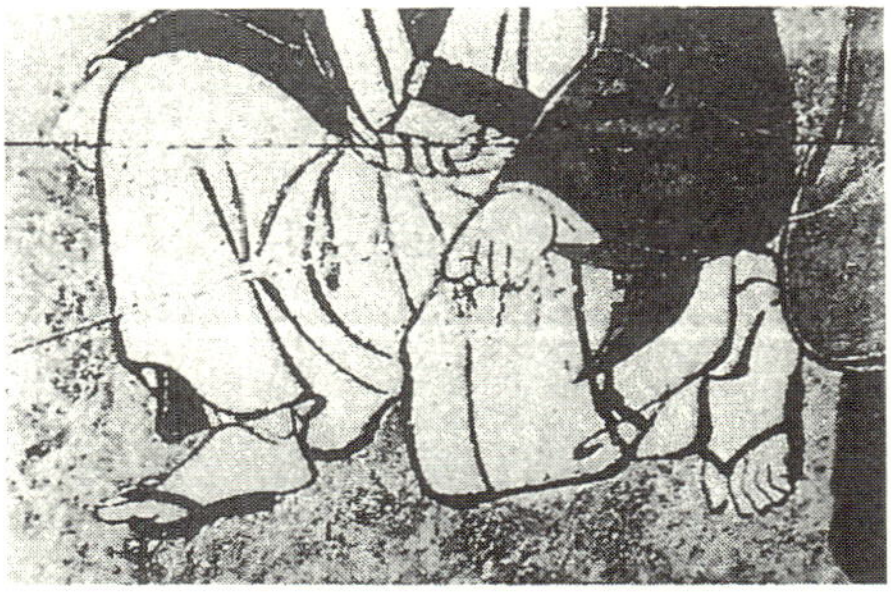

犬追物絵巻より

その他の名称は右のごとく極めて多様性を示しているが、しかもこれの名称の分布に注意して見る時それに著しき地域的特異性を有する傾向を見出すことは興味ある事実である。しかしこれに関して分布図を作製して瞭然たらしめるには現在の資料では不十分であるを遺憾とする。

現行方言名称によって足半名称の命名動機を考えると、(1)結び、(2)形態、(3)用途、(4)材料、(5)俗信に大別しうる。

また同じく足半の重要素たる結びについての命名動機を見るに、(1)構造、(2)形態、(3)俗信に大別できる。

更に細かい問題ではあるが、足半を指してシキレと称うる例が一つあること、ならびに、足半を指してワラジと称え、しかもワラジをその地に見ざる例を見るも、ワラジを指してアシナカと呼ぶ用例を未だ見ざることは、例証の数は少ないが注意すべきことと思われる。

(五)わが国における足半の分布は重要なる問題の一つであるが、これについて左に数項を掲げる。

(1)足半を真に欠除する地方を確定することは不可能事に属する。ただ一見足半を欠くがごとく見ゆるも実は忘却していて、これをその代替物に譲っている個所は相当多く発見できる。

(2)足半の分布は多少の例外を除きわが国においては殆んど全汎的であると推定しうる。ただしこれの分布に関する大数観察の所見は現在資料を拡充したうえでなければ定めることができない。

(3)現在において、狭義の足半発見地は大部分河川における曳船その他これに類似の労働を見出す地点とほぼ一致している。

(六)足半の社会史的変遷は極めて概括すると次のごとくなる。すなわちこれは畢竟《ひっきょう》、着用者の変遷をたどるものであって、近古においては上流および下級武士これを用い、近世に入るに及び武家これを棄て、もっぱら農山海村へ普及し現今に及んでいると云える。なおこれを地域的に見れば文化の中心地

上野公園西郷隆盛像とその細部(木川氏作)

から地方へと遠心的傾向を示している。更に足半が武家から農民へ移入されるについての伝搬者は農兵制度的下級武士が与《あずか》って力あったものと推定しうる。

（七）足半が近古近世より現時まで相当期間履物として隆盛を見た存続理由は、主としてその製作が簡捷であり着脱に便にして、かつ極めて経済的であったことにある。

しかし上記のほかに、足半が過去において軍陣に用いられ、武士の戦場においての軍需品であったことは、足半そのものの有効価値を知らしめ、これの応用その他によって形態の変化を見つつもなお各地に使用された原因の一つとして数えることができるであろう。

（八）履物の中において足半ほど俗信説話を付随せるものは、けだしその例を少なしとする。

なかんずく蛇その他外敵または病魔に対する呪性、妊産婦の忌《いみ》または守り、葬送時における使用、囚徒のまじない、蜘蛛と足半の伝説、弘法大師足半伝搬説話等は特に注目して研究さるべきである。更に足半そのもののみならず、その一部たる結びは形態上また製作上自然的過程の所産であるが、同時に、これの「結び」それ自体にもまた神秘的意味または呪術性を付与せる傾向は注目すべきである。もっとも足半全体に関するこれらの事象は、この結びあるがゆえに生じているとも云える。なお我々はこれら事象が単に結びの形態のみならず「結び」なる語《ことば》にもその淵源を究めることの必要を感ずる。

（九）足半の調査をなしつつあるうち、直接の問題ではないがこれに関連して心づいたこと二つを左に掲げて、この摘要の章を終る。

その一つは、足半を製作するに際して計器を用いず自己の手指足の長さおよび触感をもって各種の測定をなすことが多いが、この種の測定法は民具のみならず日常生活一般にわたり更に研究すべき課題であることを知った。

次に、足半を欠くがごとく見らるる地において、忘却せる足半を古老等によって再現しうる例は多いのであるが、この事実は民具が簡単に無形的にも喪失せざることを示すと同時に、民具に潜在性あることを示すものである。我々はこの物質的に存在せずしてしかも観念上喪失し果たさざる民具をかりに潜在民具と名付けたのである。しかもこの事実を観察するに、再生しうる時、その手法たるやそのすべてが再製者の記憶と、その地方のメンタリティーの特性に規定されていることを明示する点は、今後更に研究さるべきものあるを思わしむるのである。

後記

本編はアチックミューゼアム同人のチームワークにより成る。ゆえにその責任はアチックそれ自身にある。ただ研究進行上、項目により分担を定めたるがゆえに、その担当者を掲記しておく。標本資料の整理ならびに測定、足半の構造、結びの名称は小川徹氏の手に成る。足半の文献資料、名称および史的考察の部分はもっぱら宮本馨太郎氏の努力による。足半の用途および民俗の整理は高橋文太郎氏がこれを担当した。足半の概念ならびに摘要は筆を採ったのは自分であるが、上記諸氏の研究結果の聞書にすぎない。レントゲン写真は癌研究会の松尾象一氏の苦心の作であり、他の挿入写真は殆んど全部木川半之丞氏の作である。本編に直接当ったのはこの数氏であるが、これ以外アチック同人は全部関与しているし、なお宮本勢助氏が常に我々のかたわらから剴切《がいせつ》な注意と教導を惜まれなかったことは我々の深く感銘しているところである。更に本編の前半が本誌掲載後もなお引き続き各方面から多数資料の恵送にあずかったが、考えれば本編の基礎は資料蒐集にあるので、この点では日本青年館その他多数の資料寄贈者ならびに早川孝太郎、大西伍一、祝宮静《ほおりみやしず》、小松勝美、金子総平、桜田勝徳、岩倉市郎、宮本常一、内田武志、山口和雄、市川信次、村上俊順、高木一夫、村上清文、藤木喜久麿等の諸氏の名を逸しえない。なお西郷隆盛銅像の写真撮影に際しては東京市井下公園課長の御好意に対し深謝したい。思えばこのささやかな一編には実に多数の人々の心が結ばれている。数多い民具の中には意義の深くかつ大きい民具と、いかに珍奇であり芸術的であるにしてもわが民族の生活に交渉の極めて少ないものがあるが、このうち前者について幾分でも研究してみたいとの切望を持っていた我々は、まず手初めにこの足半を選んだのであった。いかなる視野からいかなる態度で民具を研究すべきかは最初に来る問題であったが、資料の不足せる現在、我々はできるだけ立論断定を避け、事実の示すことのみ極めて平凡に記述することとした。したがって資料の整理に重点を置き想像の排除に努めたつもりである。

　なお、我々は一つの試みとして、同一課題を多数者で手分けをして研究してみたいとの願望を以前から持っていたゆえ、今回はこの方法を用いてみたのである。全くチームワークとしては我々にとって最初の試みであった。その有効さを覚るとともに、一面、資料の整理に記述に配列に、幾多の冗長と

宮本勢助氏。明治17年2月下谷七軒町に生れ昭和17年5月同邸で逝去、享年59歳。初め小堀鞆音の門下として歴史画に志したが徴兵を転機に風俗史へ転向。民間服飾史の民俗学的また民族学的研究を本命とされた稀に見る篤学の士で200篇の論考を発表された。昭和初頭からアチックに来られ我々を教導された。当時学生の令息馨太郎氏もこのころからアチック同人に加わった。花祭へ同行したこともある。名利にとらわれぬ明治大正型の立派な学者であった。父子相伝で同学にたずさわっているのはうれしい。このアシナカのことでも大変教示をうけた。

不備と不均衡とを発見・自覚した。しかしこれらに関しては他日更に資料を充実し、その価値を精査したる後、いま一度深く検討を施してみたいと思っている。本編が試みであり予報である点を御諒承のうえ、研究方法ならびに資料両者にわたり腹蔵なき叱正・高教を賜わらんことを切にお願いする次第である。

（昭和十一年五月）

［「民族学研究」第一巻第四号、昭和十年十月、第二巻第一号、昭和十一年一月］

オシラサマ

東北へ中央の文化を運び込んだ人々は、各種各様の階層にいると思うが、この中には炭焼仲間などもいたのではないか。東北の金や鉄を製煉するために要する、炭を焼く人々の中には、また南の方から移動してきた者も少なくなかったと思われる。

元来炭焼長者の伝説は、九州がその本場になっている。豊後国真野（満能）長者がそれである。都から下ってきた姫が、炭焼の妻になり暮しているうち、ある日、里へ買物に出る。途中池に水鳥のいるのを見て、男は持っている黄金を投げつける。鳥はとびたつ黄金はしずむ……。女は男をいましめて、「黄金は都では財宝の一つ、もったいないことだ」と云うと、「あれがそんなに尊いものか、それなら家にいくらでもある」と男は女に話して聞かせ、かつ黄金の尊さを知って長者になるという話である。

この話は、津軽にも南部にも少しずつ形を変えて残っている。話だけが南の方から独り旅をして来たものか、または人々についてやって来たものか、ということが問題になるが、多分は人の持参してきたものかと思われる。そしてそれを永年世の移り変りとは別に、支持し保存してきた人々がある。それが村々に住むイタコであった。イタコは、不幸にして眼の見えない女で、盲目のゆえのカンのよさから、神おろしや死人の口寄をして生活をたてている。

大抵はオシラサマという神を持って神おろしを行うのである。オシラサマは福島石城地方でシンメイサマ、庄内地方でオクナイサマ、酒田地方はオシワサマ、八戸地方はオーシラサマ、岩手胆《い》沢《さわ》郡でカバカワ、岩手海岸でオシラボトケ、カバカワボトケ等と呼ぶが、一般にオシラサマというところが多い。菅江真澄の『遊覧記』には四郎神とも書いており、南部ではオコナイサマといっているところもある。

男女二体の神で、青森、岩手地方では山桑で作るものが多い。それも小川の流れの上に両方から枝を差し出して、その枝の交わっているものがよいとされている。その桑の枝をとってきて作るのである。大抵はその桑のある場所を夢のお告で教えられ、山中を訪ね歩いてみると、きっと見つかるといわれている。そういう女性は、それから神の啓示を受けるようになる。弘前在の猿賀様の祭には、オシラサマが何百体と集まり、そこではオシラサマの位付けも行われている。この神の神おろしのあと、神あそばせに唱えられる詞章の一つに、先の、まんのう長者の物語がある。

この物語では、長者はすでに倉に財宝の満ち溢れた長者であり、その姫がうまやの馬を見たことから、馬に恋されて、遂に馬と共に昇天する。そして姫は、そのかたみとして、蚕を長者に残すのである。オシラサマの中に馬の頭を彫《きざ》んだもののあるのもこの関係からかと思われるが、では、まんのう長者の物語が、どうしてイタコの神あそばせの詞章になったものか明らかでない。それには、東北養蚕史を今少し追究してみなければならぬ。その歴史は、少なくも三百年くらいは遡るであろう。それはオシラサマに巻きつけられた絹や真綿が物語ってくれる。

オシラサマについての研究は、明治前の菅江真澄や古川古松軒等の記録はしばらく措《お》き、明治二十年に坪井正五郎博士がふれられたのが最初であろうか。伊能嘉矩氏が「奥州地方において尊信せらるるオシラ神に就いて」と題する論考を『人類学雑誌』に寄せられたのが、明治二十七年である。

柳田国男先生の研究も明治四十三年の『遠野物語』や『石神問答』に始まり、現在もなお続けられている。そのほか本問題については佐々木喜善、喜田貞吉、藤原相之助、小井川潤次郎その他多くの方により、いろいろ調査されまた論じられてきた。しかしまだ神のよって来るところは、明らかにされたとはいえない。

オシラサマの実態を集めた人には、「南部叢書」刊行に力を到された盛岡の太田孝太郎氏がいる。同氏はシナ古銅印の研究では、内藤湖南先生に比肩しうる隠れた学者であるが、民俗資料にも注意して、各種の民具も集められている。同氏は主として遠野地方で集められたオシラサマ四十体を、日本常民文化研究所に恵贈され、今は日本民族学協会に移管保存されている。太田氏がこれら四十体を集められたには、陰で尽力した人に藤原三治、熊谷正三、柳田作次郎氏らがある。

信仰の対象であるオシラサマのごときは、極めて収集し難いものの一つであるが、いずれも深き因縁と、人間的誠実と、学問に対する愛情と理解により、意外に長年月の経緯を通じわれわれの眼に触れることになったので、常民文化研究所は彙報第五六として、昭和十八年にその図録を刊行したことがある。

初めこの四十体をあらためて見た時、単に図録のみで出版せんとした最初の意念の誤りなるを悟った。というのは、中に数十枚以上の布を着せたもの多く、その布の形・質ともに内部から外側に至るに従い、各種の変化を相当永年にわたり経たことが肯かれるからで、譬喩としては大仰だが、思わず、「これは民間の正倉院ものだ」と口走ったほどである。もしこれらの古布の一片が断片的に旧家にあっても、その年代判定困難で価値も高くないが、本標本のごとく多数の布が年代の序列に従い集積している時、これは近世農村における繊維製品史、染色史等の文化史面に、別個の典味ある新問題を提供するものと気づいた。

すなわち図録とともに、オシラサマの形態学的また解剖学的記載を付記することにより、その全貌および特定の文化基盤を把握する、大きな手懸りを得ると感じた。しかしこの仕事は、極めて丹念な注意深い、根気のある、しかもその対象に対して心からの理解と、愛情を持つ人でなければなしえぬことである。真に幸いにも、これをなし遂げた人宮本常一氏を得た。表にして纏めてしまえば一見労苦がないようだが、あのオシラサマの古び破れ汚れた布につき、一つ一つ調査測定し判定するは並大抵でない。

なお右古布の染色は、明治以来は明らかに化学染料を見るが、以前は植物染料を主としているので、本邦染色史、殊に植物染料に造詣深い大阪の後藤捷一氏の手を煩わし、時には

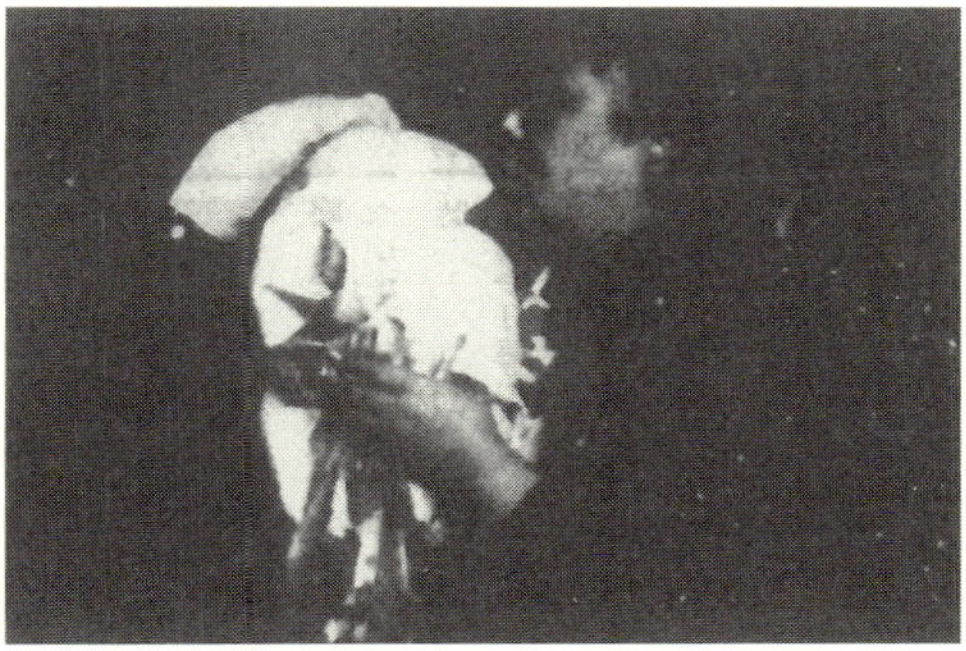

おしらさま遊び（八戸市小井川氏邸にて。昭和9年、16ミリ撮影より）

裏より

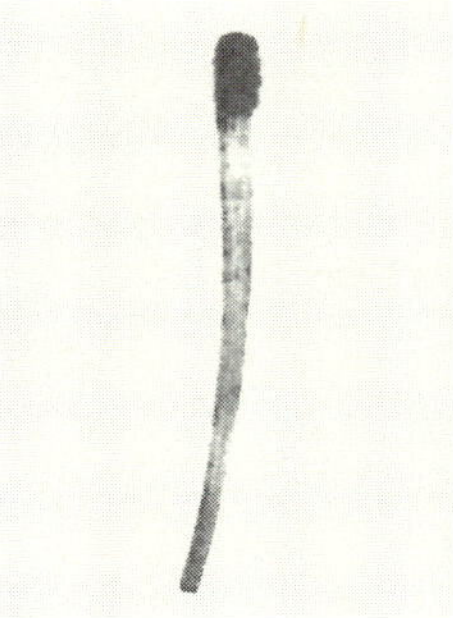

慶長4年の銘あり

年代古きもの

年代新しきもの

薬品による化学検定までして、調査上の科学的根拠を固めたのであった。民俗史家として学殖深い宮本君は、さらに進んで津軽地方のオシラサマに関する厖大資料を採録論考されたが、この分厚の原稿が戦災に遭ったのは惜しみてもなおあまりあるところである。

太田さんの寄贈された四十体のオシラサマの中には、慶長四年と墨書されたものもある。おそらくオシラサマで年代のわかる、もっとも古いものではないかと思う。

さて、各地で時々オシラサマアソビをする。夢枕にオシラサマが立って淋しがることがあると、イタコを呼んでアソバせる。イタコはお灯明をあげ、白米等の供物をそなえ、手に大きな数珠をくる。この数珠には、狐狼等の牙や爪が、珠と一緒に通してある。よくも覚えていると思われる長い長い文句を暗記して呪唱した後、祭壇に祭った、沢山布を被らして太っているオシラサマ二体を両手に持って、時々二つをぶつけながら踊らせるように動かして、更に詞章を口ずさむ。

別図は八戸の小井川さんのお宅でやっていただいたイタコの有様で、僅かながら十六ミリに撮った一駒である。遊ばせるたびに一枚ずつの布（オセンダクという）を着せてゆく。宮本君はこうしたものを丹念に一枚一枚調べた。中には百枚も着せられたものがあった。上の布は新しく、中になるほど古いが、心棒のみのものはしばらく措き、布を被る（中には貫頭もある）ものにつき大ざっぱにその層序を見ると、モスリン、ナイスモス、木綿（機織）、金巾、木綿（手織）、絹薄地、絹地（縦細横太）、マダ布、麻布、紙、真綿となる。

しかしこの全部が漏れなくそろっているのでなく、ところによっては、欠けたものも多い。同時に、ところによっては、標本によって、欠けたものも多い。同時に、ところによっては、オシラサマが夢枕で「肩がこるからとってくれ」と云われたり、子供が出来た時、この布で頭布を作って冠らせると元気に育つとて途中で抜いたりすることもあるゆえ、正確なことはわからない。マダ布、麻布、紙、真綿の全部には一部を残しているものでも、十九体はある。新しい布のみで枚数多いのは、百十五のものもあった。マダ布は多くタンニン染のもので、この地方産とも思えるが、他の布は大部分南の方からの移入のようである。いずれも茶や赤の系統の紋染で、黒や藍は見当らぬも一特徴であろう。

心棒は中には竹もあるが、大部分は桑の木である。心棒が桑の木で、一番古く、それにじかに巻きつけてあるのが真綿となると、何としても養蚕の匂いがしてくる。また蚕のことをオシラサマと呼ぶ土地は関東から信州辺まで及んでいるゆえ、この神がカイコの神として祭られた一時期があった、と考えるのも無理からぬが、同時にもともと蚕の神であったとのみは断じられない。磐城のシンメイサマは同じ形態ながら、まんのう長者の物語もなければ、桑の木もなく、蚕とは縁遠いようである。

北秋田地方では、オシラサマといいつつ、これを白山姫の神としている。棒状二体の神を家の神として祭る風は、ギリヤークにも見られ、着せるものは毛皮である。これをシエワ神という。シラ神もシエワ神も、家の神として祭られているのはひとしいが、ここまで考えてくると、カマド神が男女二体であり、また二体の人形が祭られる例も、東北から北陸にかけ所々に見られる。かかる屋内神に対しての、信仰内容の変化が神の性格を変えたと思われるが、そうした混乱をおこしたのには、イタコたちがこれらの祭に参加しそれに伴って詞章を伝承したためであろう。

オシラサマは今でも盛んに遊んでいるようだが、その正体はなかなか見せようともせず、この先、学者を更に苦労させることであろう。

〔『東北犬歩当棒録』産業経済新聞社、一九五五年〕

絵引は作れぬものか

字引とやや似かよった意味で、絵引が作れぬものかと考えたのも、もう十何年か前からのことであった。古代絵巻、例えば『信貴山縁起』『餓鬼草紙』『絵師草紙』『石山寺縁起』『北野天神絵巻』等の複製を見ているうちに、画家が苦心して描いている主題目に沿って当時の民俗的事象が極めて自然の裡《うち》にかなりの量と種目を以て偶然記録されていることに気がついた。柴垣や生垣の数々、屋台店の外観や内部、室内の様子、いろりの切りよう、群衆のうなじの髪の伸びよう、子供の所作のいくつか、踞《うずくま》り方、洗足《はだし》と履物、貫頭衣、飼猫が異る絵巻に二つ描かれているが何れも現代の犬のように頸に紐があってどこかに繋がれている様子、蒸し風呂の有様、お産の状況、捨て木（紙の貴重な時代に排便後に用いるもの、今でも辺鄙な所で見かける）が京都の大路でも用いられている有様、足で洗濯するやり方（奥州八戸在銀の湧水泉では娘さんたちが集って足で洗濯物をふんでいる）、会食時の光景または売店には明らかに茄子やかぼちゃが描かれてあり魚類も多少は何だか見当のつくものもある。たすきや前かけのない時代の労働時に於ける着物の始末、破れかけた壁にはこまいが顔を出し、液体容器の各種も曲げものが多いこと、かんな以前で刀子で板を削っている様子、頭上運搬の種々相、米俵の恰好、へっついの型、畳の始源的形態、屋根の諸形式、鍬、すき、なた、のこぎり、ちょうなの様子、看病の様式、手紙とその伝達、川漁に於けるやな装置の有様等々限りない各項目が、主題目の筆とは別に眼に入ってくる。何れも画家が当時嘱目した事象を率直に描いたもので、主題目よりも更に気楽に写生してある。貴重な絵画記録資料でしかもそのクロノロジカルな点で満点である。そこで何とかこれらの資料を番号でも附して抽出して参考資料にならぬものかと、かなりの間とつおいつ考えていたが、たしか昭和十五年頃からであったろう、画家でかつ民俗学者である橋浦泰雄さんに交渉して、絵巻物各種を一巻一巻丹念にアチック同人で検討してはその決定に従い同君にブラック・アンド・ホワイトで一つ一つ複写していただくことにした。画家だけでもまた民俗学者だけでもちょっと都合が悪い。両方を兼ねる点で橋浦さんはうってつけの方であった。何回か会合して注文し、出来上るにつけてこれをキャビネ判の印画紙に写し、それを土台としてこれに細かく番号をつけた。着物に、帯に、履物に、持ち物に、猫に、茄子に、柴垣に、舟またはその附属品にといったふうに。各絵巻ごとに主題、前後の脈絡は考えず、更に一般の景色や、貴族、僧侶、上流の軍人等の文化等絵巻の主眼点を省略し美術的観点を度外視した、およそ常民的資料と覚しきものだけを集め、一定数ごとに印刷しこれに前述の通り番号を附し、巻末に近代的名称による分類によって対象物を羅列し当該番号を示した索引をつける構想にほぼ定めた。古い時代の名称のわかるのもあるしわからぬものもあるゆえ、履物の部を例にとるなら、わらじ類、ぞうり類、あしなか類と項を分け番号を示しておけば、あしなか類はどの絵巻の何巻と何巻に出ていてその実体がすぐ見られる趣向である。そして、これが完成すれば、古代絵巻にあらわれた履物全部を一応楽に眼を通し得るであろうし、同時にはだしの場合が非常に多いことも気がつく。また従者が伴待ちの間にひぜんをボリボリかいている様子や、今時の子供にはほとんど見られずお芝居の児役の仕草だけに見る小児の動作等もかなりはっきり把握できる。庶民の着物も柄合等も丹念に番号をつけたら面白そうである。

近代に入っての絵巻では、古いものが描かれてあってもそれは前代の踏襲が多いから信用出来ないゆえ、足利以前の絵巻を中心として複製を基に右様の作業をなしつつ逐次刊行してゆけば、そのうちには便利なものが出来上るであろうと考

石山寺絵巻より

えたのである。こんなふうにして『北野縁起』『石山寺絵巻』『絵師草紙』『信貴山縁起』『餓鬼草紙』『法然上人絵巻』等いくつかずつ原稿が出来上りつつあった。そのうち戦時状態が悪化し遂にこの仕事も中断してしまった。その原稿のかなりの部分は防空壕に入れてかえって焼いてしまうことも起った。少し残ったのを、戦後たまたまアチックの出版物を購入のためにわざわざ拙宅まで来訪されたワーナー博士に見せたら大変面白がっておられた。いつかまたこの仕事を再開したいと思いつつ荏苒《じんぜん》日を送っている始末で、自らも不甲斐なく思っている。しかしこの仕事は民俗学の中でもマテリアルカルチュアの資料として、クロノロジーを明らかにし、文章のみでは解かりにくい面をはっきりさせる点で、誰でもいいから一度は完成しておくと後から勉強する方々の助けになると思う。各絵巻の原本を披見するは云わずもがな、信頼し得る複製を供覧して彼此相検討するにさえ並々ならぬ労力と時間を要する。便利な字引というものが出来ている世の中に、あえて昔日の杉田玄白先生が字引を手写して苦心されたように、いちいち絵巻物を繰りひろげて遡らないでも用を便ずる絵引があったらと今でも思っている。

（昭和二十九年三月七日記）

［『祭魚洞襍考』岡書院、一九五四年］

日本広告史小考

日本の広告の発展の跡をまずたどってみることを主にして、ＩＣＣ［国際商業会議所］のことについてちょっと触れたいと思う。

ＩＣＣと広告

ＩＣＣは早くから広告の倫理性ということについて、他の重要な経済問題と併行してこれを取り上げ、広告の倫理性を強く主張し、各国でコード・オブ・アドバータイズメントを作成しつつある。現代の商品量産時代においては、需要家に買いたいという気持を持たせるには、広告によって周知させる以外には方法が今のところない。したがってその広告たるや、いやしくも需要家をして、欺かれたといったような感を抱かしめてはならない、どこまでも真実であるべきである。そのために広告に関するあらゆる部門の人々が倫理性を堅持すべきであるということをＩＣＣは極力主張してきているのである。この考え方は全面的に是認さるべきであろう。そうしてこれについて、いろいろ原則的なこと、またそれについてのいろいろの規則等を作っている。

広告の意味

初めに、まず広告とはどういうことか。これはむずかしい問題で、いろいろな学者がだいぶ前から広告の定義について各種の説を出している。いろいろ似たような言葉、すなわち広報、啓蒙、あるいは宣伝、さらに最近にはマス・コミュニケーション、あるいはパブリック・リレーションズといったような言葉が相次いで作られて、これを使っている。ところが、宣伝、啓蒙、マス・コミュニケーション、あるいはPRといったような言葉と広告という言葉はいろいろ共通の要素があるために、とかくその概念が混同されて使われているようである。

少し古いところから考えて、ルネッサンス以後に人々は初めて自我を発見したのである。人類が自我というものを自ら発見したのである。これは中世以前にはまだ発見できなかったのである。ルネッサンス以後において初めて各人が自我というものを認識して、その人々がさらに十九世紀になって、今度は社会を発見したのである。ある意味においては社会が社会を発見したと言ってもよいのである。さらに、ごく近年になって、その社会が今度は公衆というものを発見したように思うのである。社会と公衆とは似ているようで、かなり違った意味を含んでいる。現代における広告という観点から見ると、商品の量産――同じ商品が非常にたくさん造られるということと、この公衆を発見したということが、現代の広告の基盤だと思う。啓蒙あるいは宣伝、またこの広告、こういうものには必ず発射体――そういうことを言うところの発射体がある、物を出す主体がある。その発射体の意思が強く認められるのである。マス・コミュニケーション、あるいはPRというような言葉を用いると、むろんこれには発射体がないことはないであろうが、発射体と同時にその受ける相手方たる公衆との相互関係あるいは相関関係といったものが、よく認識されてきているように思う。そういう意味で今後、広告に限らず、いわゆる広報あるいはPRというような問題が、特に社会心理学なり、あるいはいろいろな関連学問を通じて科学的に究明される時期が来たと思う。

それでは広告と他の類似の内容を持つところのものの概念との間に、どういう差があるかという問題。

これは学者によっていろいろな説があると思うが、私は少なくともその一つの特徴、広告になくてはならない一つの要素――ほかのものにはないが、これだけには必ずあるという要素は、これは何といっても商品の存在だと思う。宣伝という場合には、むろん商品を宣伝するということはありうるのであるが、広く宣伝というと、商品がなくても宣伝ということは言いうるのである。一つの卑近な例をとると、これは私が中島弥団次氏（元代議士）から直接伺った話である。中島氏は若年のころ、大蔵省をよして、東京の本郷あたりから代議士の選挙に出られたことがある。これはだいぶ前の話である。その当時、本郷地区において勇名をはせていたのは鳩山一郎さん、安部磯雄さん、あるいは佐々木蒙古王――忘れた人も多いことだろうが――、そういった連中ががん張っておった時代であるから、一介の若輩の中島さんが飛び出したところで問題にならぬ。中島さんはまず演説会をやってみたが誰も来ない。そこで銭湯に行って、お互いにからだを流している間に「今度中島さんが出るそうですね」と言っても、まわりの銭湯にいる先生たちは「何ですか、その人は」と言ってさっぱり知っていない。今度は床屋に行ってチョキチョキやりながら、隣のチョキチョキやっている人に、あるいは床屋さんに、自分が中島さんというのは隠して、「今度は中島さんが出るそうですね」と言ってみてもさらに反響がない。興味もない。これではとてもいかぬと思って、それから考えてチラシを一つ作った。ちょうどそのころ歌舞伎座で『修禅寺物語』がかけられておった。それにヒントを得て、チラシの片上に市川左団次が夜叉王に扮してお面を削っている写真を載せて、片方の斜下に自分の写真をのっけて、「芝居は左団次、政治は弥団次」と書いて、これをチラシにして配って、それから演説会を開いたら非常にたくさん入ったといって自慢をしておられた。これなどは確かに宣伝である。しかし中島さんは商品じゃない。だからこれを自家広告と俗に言えてもほんとうの広告とは言えぬと思う。もっとも「売名」であるから名が商品であるかもしれぬが、選挙に名を売ろうとして出てもこれは単なる宣伝であろうと思う。広告はどこまでも、商品があってそれをある媒体を使って広告する。ときには商品自身がその媒体をすることもあるが、新聞なり雑誌なりラジオなりテレビなり、あるいは看板なりといったような媒体を用いて需要家に周知せしめて購買心を起させる手段である。こう見ていいだろうと思うのである。これはいろいろ詳しく学問的に究明しますと、この定義には物足らぬところが出るかもしれぬが、ごく大ざっぱに言ってそう言えると思う。

原始時代における流通

この商品というものは何であるか、いつごろから商品ということが日本では言われたであろうかということを考えると、必ず商品の起るまでの様子、これは経済史などひもとくと、必ず出てくる問題である。われわれの祖先が自分たちの需要するものを最初に取得していた形態は、必ずしも物々交換という交換経済に入ってそれを獲得したのでなくて、大部分は自分で作っている。あるいは自然採集、狩猟をするとか、漁撈をするとか、あるいは林に行って木を伐ってくるとか、あるいは石ころを拾ってくるとかいうようなことでその経済が樹立されるが、石器時代の石棒とか、あるいは弥生式土器、あれなどは交換経済の商品に入らぬ。あるいは掠奪してくるというようなこともあったろうが、そういったような品物を言っている。それで商品の大部分を見ると、むろん魚とか、あるいは野菜とか自然物もあって、原始生産のものは加工が少ないのである。現在現われている商品というものは、ほとんど大部分が加工品である。つまり加工するということは既に工業の過程を経たものと見てよろしいのである。すなわち広義の工業生産品ということが、一応言えるのである。漁師がイカを釣る、これは確かに漁業である。しかし同じ漁師が釣ってきたイカをスルメに乾す。これは工業なんで、決して漁業ではない。あるいは人が石を拾って自分の庭に運んでくる。これは自然採集である。ところが石屋が石を取ってきて売る、これは商品である。あるいは石を多少でも金槌で叩いて平面にするとか、加工すれば、これはりっぱな商品になってくるのである。そこに最初の原始的の生産時代と、それからあとに続いて出るところの工業生産というものの差があるのである。

しかしこれは段階的に一つがあって、それが終って次が出るというものではない。やはり八万トンとか六万トンといったりっぱな汽船がある世の中に、小さな荷船なり、あるいはダルマ・ボートが存在するように、あらゆる経済がそういうものと共存している。ただ比重がその時代時代によって非常に違ってくるというように考えていいと思うのである。

初めは、前述のように自家生産——自分の家で自分で物を作るということが多いのである。つい五十年前までは、着物すら自分の家で織っておったのが多いのである。それから次に来る段階として現われたのが小規模の工業生産であって、これがまあ賃仕事というように言っている。賃仕事は小さな工業であって、主として自分は原料を持たないで需要家の持っている原料に加工をしていくといったような要素が多い。この賃仕事には出歩く出職と、それから自分の所にしょっちゅう居ながらやっていく居職と、この二つに分かれる。人口がだんだんふえて需要が増してくると、みんなにはできない、誰か特殊な技能を持った製作者が現われる、これが職人である。この職人がほんとうに出てくると、ここに中世以後のいわゆるギルド的な手工業が起ってくる。

ハンドマニファクチュアー時代

これは原料も自分で持っており、加工も自分でするというやり方である。しかしまだ次の時代に起るような大きな意味のストック生産——たくさん作っておいて不特定の需要家に売るというようなことではなく、大体頼まれて作るといったようなことである。更にだんだん人口が増加して、その需要が増大すると、それではとても間に合わない。そこで量産方式がとられるようになった。これにも二つの段階が認められるのである。

一つは、その量が現在のような大規模量産でなくて済む場合、これが徳川中期以後にだんだんと起った家内工業、いわゆる問屋制家内工業である。問屋がいて、人々に合うある一定のものを作らせるというものである。いわゆる工場のある場所の観点から分散制工場工業とも言っている。極めて小規模な生産者を多く傘下に集結し原料を給し量産せしめ、しかもストック生産をするという状態である。それから蒸気が発明され、電気が使われるようになって、ほんとうの意味の工場制工業が起ってくるのである。これで現時見られるところの大量生産の時代に入るのである。むろんこういうことが一つ一つ順に興亡するわけでなくて、常にパラレルに併存して、時代によって比重が違う。現在でもたまには自家生産を方々で見るのである。決して全部がなくなってしまうということではないと思う。

しかしいろいろな必需品の中で、絶対に自分ではできないというものがある。たとえば塩。岩塩のないわが国では、海岸に住んでいる人は少しは海水から塩がとれるが、それ以外の人には塩はとれない。塩は人間には生理的に絶対的に必要なものである。塩がなければ人間は生きていけない。日本ではずいぶん山国にたくさん人がいる。それで山の方が文化が古くて里の方が新しいように思われがちだが、そうではない。日本の国の発達の序列は、どこまでいっても海岸が先なのである。塩がない所には人は住めない。住んでいる人は塩を運んでだんだん奥地に入り込んでいったのである。いかに奥地の方が古めかしくても、必ず海岸が先である。日本においては確かにそうである。それはなぜかといえば、日本は岩塩が出ない。岩塩が出ないとすると海岸の塩に依存しなければならないから、これは自明の理なのである。塩などは最も自分でできないものの一つである。

それから銅器であるとか、あるいは鉄器であるとか、あるいは陶磁器のようなもの、これもある特定なそういった職人の手を経ないと、誰でも鉄を製造したり、あるいはできている鉄をすぐに上手に加工して、刀に直す、玉に直すということは誰にでもできるものではない、こういったようなことである。それから水ぎわ、たとえば海とか湖とか川とかのそばに住んでいる人は魚をとって食えるのであるが、近所にそういうような便宜がない所に住んだ人は、魚類を水に接しているところのどこからか持ってくる人々との間に何らかの方法で交換経済に入らなければ、魚が手に入らぬのである。これが逆に、都会がだんだん発達すると田畑を持たぬ人がたくさん出来る。そこで食うものは自分にできない。交換経済によって、作っている人からそれをとらなければならないということになる。そういうような意味でだんだん物々交換、あるいは後には貨幣経済として流通過程の商品になってくる。これが商品が起る一つの起源的な形態であろうと思う。

商品が出来てくると、黙っていたのでは、これはなんにもならない。ほしい人に与えたくなる。また他のものと交換したくなる。そこに非常に萌芽的な広告意識が発生してくるのである。現在の広告の大部分は、商品以外の媒体によって人々の目と耳を通じて周知せしめていることはよく知られている。しかし商品自体を媒体とする方法もかなりあるのである。たとえば八百屋がスイカとかナスとかキュウリなどを店先に並べて置く、これは商品である。同時に、通りがかりの人、あるいは近所の人がこれを見て、ああスイカが食べたいと思うことは一つの広告である。また魚屋の前に魚を並べる、これは一つの実物展示である。その意味から見れば、ショウ・ウィンドーはきれいな意味の実物展示である。さらにデパート、これなどは完全な商品展示であって、たとえば三越とか高島屋とか白木屋とか松坂屋とか松屋、あるいは大丸という名前が媒体になって、中に商品がいっぱい詰まっている。ただ、デパートは普通の八百屋さんや下駄屋さんなどとはちょっと違うところがある。いわゆる百貨店で何でも置いてあるが、百貨店に入る人たちの中には、むろんかなりの方は何を買おうかと初めに心にきめていかれる方々がたくさんあるが、しかし中にはなんにも考えずに入って、そうしていろいろの商品を見て買いたくなる、つまり欲望を創造していく、あるいは潜在欲望を発見する、同時に置いてある商品を見て商品に対する観察眼の練磨をするといったような意味で、デパートというものは別の文化的使命を持っていると私は思っている。つまりデパートそれ自身の建物なり名前が媒体であろうと思う、しかし実際出ているのは実物である。その意味では、このごろテレビでいろいろなものを見せながら広告をしている、これなどはテレビが媒体であるが、実物を見せている点では八百屋と大して変りない要素を持っている。

実物による宣伝

そこで萌芽的に興った広告は、前述のように実物を見せる以外にはなかった。これは規模も小さいので、人口が少なくてそうして移動もきわめて少ないといったような場合に起りうるのであるが、この物を見せるということが現在普通に使っているところの店の起源である。すなわち「みせ」は実は「見せる」という言葉から展開した言葉である。この「店」の字は支那から借りてきた字である。店には必ず棚がある。そこで店のことを「たな」とか「おたな」とかいうのである。棚ざらしにするとか、棚じまいとかいうようなことはみなそのへんの古い歴史に基づいて出来ている言葉である。これなどは平安朝時代の絵巻物、たとえば信貴山縁起とか、あるいは石山寺縁起とか北野天神絵巻とか、あるいはちょっと変っているが、摂津の四天王寺所蔵扇面古写経などがある。こういうものをひろげてみるとその時代のいわゆる店先がいろいろ出ている。これによってその当時の、物を売る状態がわかる。どんなものがあるかと思ってみると、布であるとか、ひもであるとか、スイカもあるしナスもある。大根もあり、カ

四天王寺扇面古写経より。平安時代の店。実物展示の例(村田泥牛氏写)

直幹申文絵巻より。行商人もいる(西岡氏新日本史図鑑より)

石山寺縁起絵巻より。京都近郊の店。カボチャと履物を売っている。実物展示の例(村田泥牛氏写)

一遍上人絵巻より。ワラジを売っている所が右方に見え、道路には二本の棒にその実物展示がある。明らかに広告である(村田泥牛氏写)

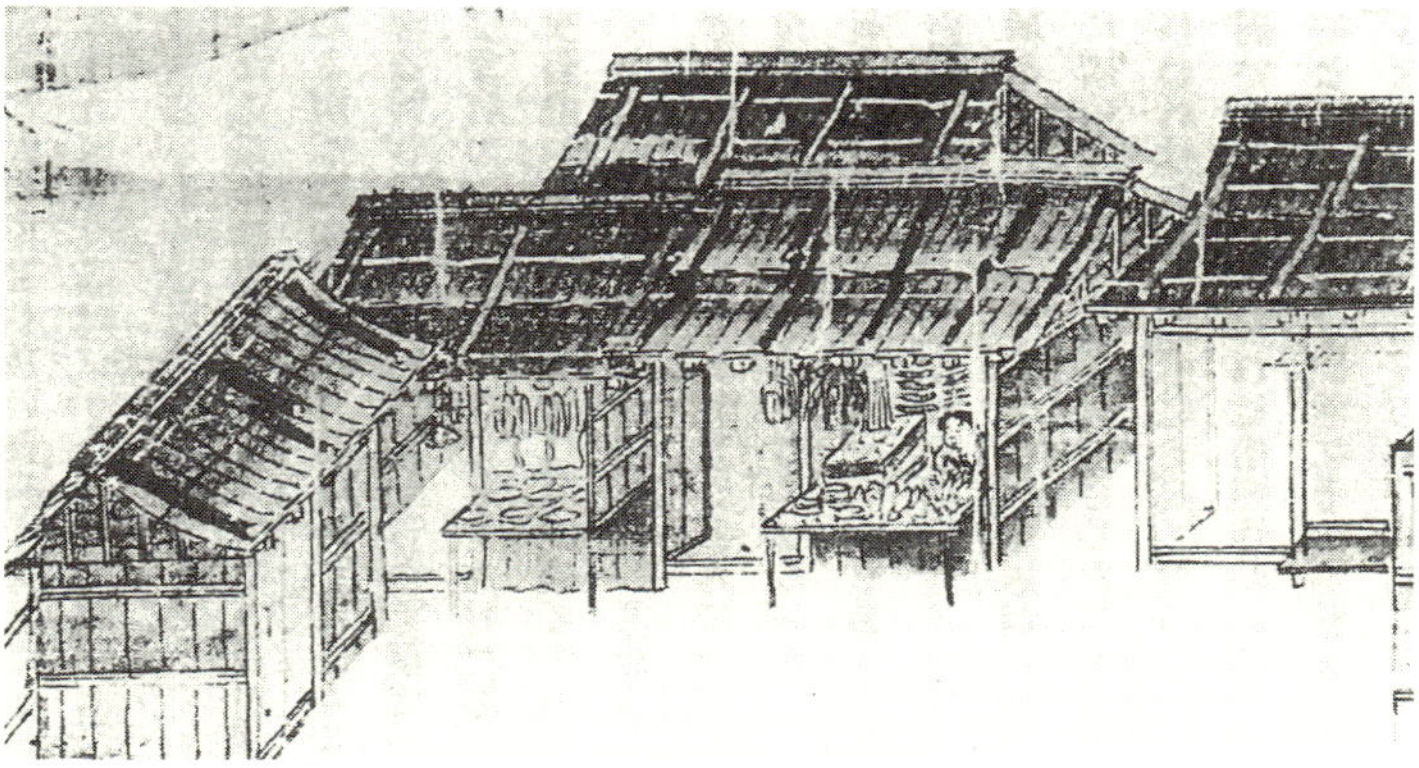

一遍上人絵巻より。鎌倉時代の店舗様式と実物展示(村田泥牛氏写)

ボチャもあり、コンブもある。ぞうりがあって、わらじがあって、たきぎなどを売っているというのもある。

ここに注意すべきことが一つある。たとえば信貴山縁起なり、北野天神絵巻を見ると、その当時の画家がこれを描くときは、主体が別にあるのである。目的は別なのである。その目的を別に描いているうちに、触目した当時の庶民の日常文化を偶然記録として残してあるだけである。その意味においてわれわれはむしろ信憑性を高く買うのである。偶然記録は意図があってやるものではない。ひょっと目に触れたところを描いたもので、これは信憑性がある。同時に省略もあると思われるので、これだけがその当時の商品であったということは言えない。偶然にその当時のものが残っているという意味で御了解いただきたいのである。これらの店は移動しない。むしろ買う方が移動している。隣近所の人、あるいは何かで歩いてきた人が、見つけて買うわけである。

このときはまだ、そうなんでもかんでも売ろうという意欲もあまり出ていないのである。そのうちにだんだんと、たとえば京都、奈良あたりの庶民が、あるいはこのごろまで続いている大原女のようなものが、ああいう格好をしてたきぎを頭にのっけている。あれは頭上運搬という。昔はほとんど全部が頭上運搬であった。道路がよくなってローリング・フリクションを用いて車を利用のできるまでは、人背・馬背等のほかはほとんど頭上運搬である。これは殊に急傾斜道には便利であった。これが今でも朝鮮には非常に残っている。日本では瀬戸内海あたりに行くとまだ頭上運搬をしているが、あれがそのままの形として残っているのが大原女であるが、一つの特徴ある風体を一貫している行商の姿である。そこで前述の賃仕事の出職と行商、この二つが起ってくるわけである。これまでは多くの場合、ただ頭にのっけているだけで人の気につきにくい。そこで触れ売りということになって呼び声が付いてくる。この呼び声がほんとうの意味の広告のはしりと見ていいと思う。行商のほかに賃仕事に歩いているのは、ごく軽い道具で、ちよっと肩にのっけていく。または負子というが、今でいえば天秤棒、ああいうものでかついでいって済むものは出職でやるのである。仕事に長時間を要するとか道具が重いか大きくて持ち歩けぬものになると、出職は向かないので、居職の方に顧客の方がこっちから出向くというようなことになる。おおむね賃仕事の場合には、原料はむしろ需要家が持っている。それを加工してまわって有効に作ったり直したりするというのである。行商、触れ売りの魚とか野菜も、大体量の少ないものを頭にのっけて需要を充たすということになるのである。

古典の中から

平安ころの絵巻その他を見ると、たとえば魚であるとか、あるいは山でとってきた鳥であるとか、松であるとか、たきぎであるとかその他いろいろなものを触れ売りをしている絵がある。今はほとんどなくなったけれども、京都の桂離宮のある所の桂女——桂女といって、あの辺の漁者がとった鮎を京都のいろいろの紳士貴族の家などにどんどん売りに歩いたものである。これも行商をしたのである。

これが時代が少し下って鎌倉時代になると、七十一番歌合せというものがある。これを見ると約四十三の店が書いてある。この中にいろいろの呼び声の記録をとどめている。たとえば紅粉売りがある。その呼び声が「おべにとかせたまえ、かたべにも候」と書いてある。また鍋を売るところがある。この鍋を売っている男が——先ほどの紅粉は女が売っているのであるが、鍋屋はこういう呼び声、「はりま鍋買わしませ、釜も候ぞ。ほしがる人あらば仰せられよ、つるをもかけてそろ」と言い、また魚屋は、「ゆおは候、新しく候、召しませ」といったような、まことにのどかで悠長な、しかも様子を見るとかなりハンブルな気持で物を売っているのである。

江戸時代に入ると、触れ売り、あるいはそういった賃仕事の出職に対してある保護を加えている。これは万治二年に出たものであるが、五十歳以上、下の方は十五歳以下、および片輪者、それに限って、特に品目二十四種をあげて、たとえば、ござとか編み笠とか革たび、から傘とか瀬戸物であるとか、あるいは米をつくことというようなことがあげてあって、二十四品目にわたって、そういう者に対して鑑札を出して生業につかして失業させぬようにするというふうに出ている。

これは天保年間まで続いて、あとはめちゃくちゃになってどんどん稼げる人々——そういう片輪とか年寄りとか子供でなくてもどんどん触れ売りに出て、この制度はくずれてきている。

幕末のころを見ると有名な『守貞漫稿』というおもしろい本があるが、これに触れ売りは百二十七種類ある。その呼び声がだいぶ書いてあるが、これは室町、鎌倉時代に比べると、

七十一番歌合せより

きわめて短く、もうほんのわずかな言葉で、やや長いのは苗売りくらいで、あとは非常に短い。例えば雪駄直しは「ディデイ」、氷屋は「ヒャッコイ」といった言葉になっている。このごろは少なくなったようだが、小学生が朝早く「納豆、納豆」と言って売っておった。ああいう人の呼び声、あれだけではどうも売りにくい。ことに最近のように町がやかましくなって他の音が出てくれれば、どうしても他の強い音には競争ができない。あれはやはり静かな町が一番有効である。現在のように騒がしくてはとてもいけない。最近でも私の家のまわりは、しじみ売り、あさり売りなどが時に大きな声で売っているくらいである。

そこで競争上、人声以外に他の音を利用するということが起ってくる。また同時にその風体、服装なども業種によって一定してきている。音の方からいうと、飴屋さん、これなども頭の上に半切れをのせて紙の旗を多く立て太鼓を叩いていた。それから下駄の歯入れ、これなどはもうなくなってしまったが、大部分鼓を打っていた。われわれもこれはよく記憶している。明治に入ってから、これももうほとんど使わないが、ことに東京あたりでは非常に少なくなったのだが、例のキセルのラウ掃除、これなど明治前は火鉢をかついでいたが、明治になってから、お湯を沸かして蒸気をピーピーいわしておったのをよく記憶しているのである。今でも夜が更けてから鍋焼きうどんを売るのにチャルメラを吹いている。豆腐屋も相当ラッパを吹きながら売っておったが、最近は案外音を立てておらぬようである。それから円太郎馬車というものがあって、これなどはラッパを遠くから吹いて、お客を駐車場に集めて、お乗りなさいという、これも広告の一つである。

また風体は、前述の飴屋のように一見して遠くから飴屋とわかるようなものが多かったようである。油屋は油屋の風体をしている。よく御飯をこぼす子供にかけるような前かけ、あれを油屋がやっていた。ゆえにあの前かけを「油やさん」と称した。これは鉱物油、植物油、両方を車で売り歩いておったのである。

守貞漫稿より。キセル及びラオや、別掲明治時代のものと対照。

日本山海名物図絵より。堺の包丁鍛冶の職場（西岡氏新日本史図鑑より）

楽隊の広告をときどき見る――最近は少なくなったが、一時は盛んだった――。楽隊の広告を初めてやったのは、明治十八年に東京のひろめ屋がやっている。これは横浜の英人を借りてやったもので、これが最初だそうである。これは売る方であるが、買う方が人の声で歩いておったのがある。汚い話で恐縮だが、便所の汲み取りをするのに近所の百姓が「オワイ」と言ったのである。また、屑屋が「クズイクズイ」と言ってまわったことは、これは年取った方は御記憶のことと思う。

やや強烈な音と色彩をもって移動する広告に、チンドン屋がある。あれが初めて世の中に現われたのは、明治三十四年に高坂金兵衛という人がやったのが最初だそうである。これまではまだまだ生産がたくさんでなし、買う方もそうガツガツしていない時代である。

次に起った手工業。原料も加工技術も生産者が持っているところのものである、そうして誂《あつら》えられて作っていく、こうなるとおれはここにいるんだということを示さなければ、どうしても誂える人がやって来ないわけである。そこでやはり絵巻その他昔の絵を見ると、なるほどそれが出てきている。室町時代の中ごろから現われているが、小さな絵馬みたいな看板が出ている。今のようなどぎつい看板ではない。私はここにおります、という程度の看板であるが、小さい看板ではっきり認識できるように出ている。これには絵が描いてある。

あるいは自分の家の紋があるといったようなやり方を見ると、最初は絵の看板である。これは要するに字の読める人の少ない時代。今とまるで反対になるが、無学文盲の多かった時代にはやはり絵でもって示すということが必要であったのだろうと思うのである。

実物看板の発生

だんだん後になると、模型の看板が出てきている。それがだんだん大型になってくるのである。戦争前に一番こういう模型看板が多かったのは、実は名古屋であった。戦災でほとんど壊滅してしまった。東京でも震災前はぼつぼつ見られたが、震災後はやはりそ

守貞漫稿より。虫売り。夏のもの。これも各種の虫自身に発音させつつ注意と興味をひく音の広告。

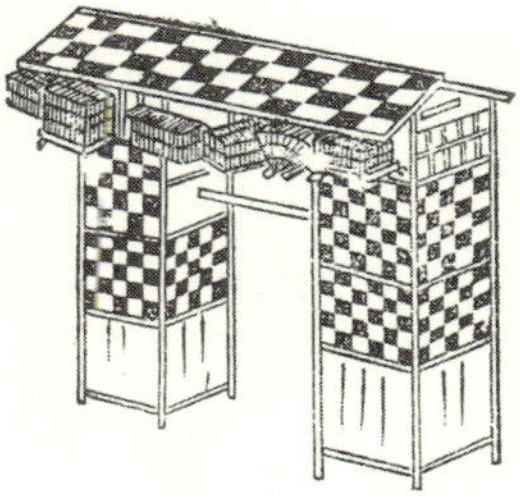

守貞漫稿より。音(各引き出しの鉄カンが当る所に鉄のウケ鋲ありて引き出しにレゾナンスしながら天秤の弾力につれガチャンガチャンと特異な音を発した)の広告の例。明治時代はよく東京でも見かけかなり遠くから音が聞こえ定斎やの来るのがわかった。

ういうものが激減している。屋根の上であるとか、あるいは軒の下に、たとえば大きなたびの模型とか、あるいはかもじ、ろうそく——べらぼうに大きなろうそくとか、筆とか、くしとか、かんざしといったようなものの模型をぶら下げて看板にしていたのである。昔の方は十分に覚えておられることだと思う。現在その例は、尾張町の角のビールを飲ますところの屋根上にネオンでビールがつがれて入っていくところが出ている。あれなどは一種の模型看板でかつ動いて非常に近代化したものと思う。

　中にはそういったような実物を模型でなしに象徴化した看板がかなり古くから出ている。これは西洋にもある。大体、質屋には金色の玉が三つ下がっている。それから床屋の外科の手術を象徴した看板、次にまた日本に戻るが、このごろはだいぶ減ったようだが、新酒の出来たのを知らすために杉の葉っぱを球状に作って軒先につるした。これを杉バヤシといい、ところによってはホヤともいう。明和ごろからの記録にもあるもので、江戸からはとっくに消え去ったものであるが、私などは東北地方などを歩くと、昭和の初めころよく見かけてきたものである。

　絵や模型看板のほかに文字看板もかなり古くから使っている。ただ文字看板は前述の模型看板と少し発生が違うように思う。初期の文字看板というものは何か必ず特権を表わしている。たとえば朝廷とかあるいは幕府であるとか、あるいは大名が、特にこの店を信用したからこの店から買ったとか、何かそれに関係があるようなことを出している。これは信用獲得の一つの手段である。現在でも宮内庁御用達とか、あるいは旅館に国鉄御指定とか書いてあるものはやはりその流れである。奈良に吉野郡下市という町がある。あすこの芝居の「いがみの権太」で有名な弥助鮨は昔、毎年朝廷に鮨を献納していた。そこで後陽成天皇が「上り鮨」という字を書かれた、それを自慢にして出している。また少なくとも戦前までは下谷の池の端に錦袋園という薬屋があったが、これは水戸光圀が書いたりっぱな木の看板を大事にしてかけてあった。こういうような関係で文字看板は、何か封建的な時代において特権関係と結びついている。おれのところは一般と違っているのだという、何か広告以外の別の要素を持っているものがまじって発達したように考えられるのである。

　看板のほかに、さらにのれん、あるいは幟《のぼり》、旗とかいったものが広告に使われている。のれんはかなり早くから見られるのである。のれんの起源は決して単なる広告ではない。初めは陽よけまたは奥を見せまいとするスクリーンだったろうと思う。そこで家の紋を入れたり、あるいは商品を示したりというようなことが起ったので、これも室町時代からの所産であろうといわれるのである。幟などになると、これは芝居であるとか、あるいは相撲であるとかの幟などは、触れ太鼓と一緒に大きな広告効果をあげていったと思う。ちょっと気のつかないことで、昔の人にとって――今の人にはあまり興味がないことだが、昔広告の少ない時分のことを考えると、わりあいに広告効果のあったのは、神社仏閣に奉納した手拭あるいは奉納額や納札などが一つの広告になっている。ことに手拭に料理屋等の名がヒラヒラ動いて見える。これが大きな効果があったように思うのである。現在われわれのまわりに見る広告の量なり質からいうと想像もつかないほど小さなものである。全くそういうもののなかった時代に人の寄る神社仏閣なりに、そういうものをやっておくと、かなりそこで公衆に対して効果があったように思う。

最近はよくデパートその他大きな商店などのショウ・ウィンドーなどでミシンと同時にミシンで縫っているところを見せたり、あるいは何かその売るものについて製作の状態を見せたりして売っている実物実験の広告があるが、これはやはり昔からあったものであって、手工業時代のようにいろいろなものを売る、また製作して売る人たちのやり方は、多くは店先でやりながら売っていた。こういうやり方が長く続いたのである。しかしこれは広告という面からは、かなり消極的な態度である。川越に喜多院という古いお寺がある。あすこに有名な職人絵図屏風というものがある。これを見ると、二十五種類ほどの各種の手工業者が品物を売っている絵が出ている。

洛中洛外屏風より。薬屋の店と広告及びのれん（西岡氏新日本史図録より）

のれん

鍛冶屋、刀鍛冶、弓屋、矢はぎ屋、鎧屋、革細工屋、仏師（仏を作る）、数珠屋（数珠などは自分でちょっとできない）、番匠（大工）、わら細工屋、畳屋、桶屋、傘屋、麹屋、枕屋檜物師、筆屋、型おき（型紙を作る）、くくり屋、絞り屋、糸屋、機屋《はた》（はたを織る）、これらがやはりのれん、あるいは看板を出して、実際に製作過程を見せている。これらはショウ・ウィンドーなどでやっているのとやや似ている。しかし非常に消極的である。この広告の仕方は量産には適しない、全く誂え生産ですから、そのくらいのことで済んだのである。

市の発生

そのほかに人の集まるときに一時的に実物を出して広告をやる。そうして売ろうという意図は、これは昔から全国的に多かったのである。これが市、それから立売りである。これは今と違った静かな時代においては、何の日に市が立つというので、いなかの人々がそこに集ってくる、同時にそれを目当てに都会の人が商品をそこに出しに行く、あるいは海の人と山の人とがそこで出会って交換をするというのが市である。世界的にはバルトロメオのフェアー等が歴史的に有名である。近代になって博覧会が起りそれが最近国際見本市となり、わが国でも年々盛んである。この方式はいろいろとやれるわけで、やり方としては昔からあった。中世紀から盛んに行われていたのである。それがある所では四の日、ある所は五の日であるというので、いまだにその地名が四日市とか五日市とか二十日市など残っている。新潟市の朝市、また温海《あつみ》温泉などは毎日やっている。これなどは朝の四時ごろから六時ごろまで、海岸の人は魚を持ってきて、山の人はキノコや山菜を持ってきて、そうして湯治客にも売るし、宿屋にも売るというようなことをやっている。これなどは素朴であるが、やはり実物を並べて購買心を唆るわけである。

和市という言葉がある。和市という言葉はおもしろい言葉で、そこで相場がきまることをいう。初めは一体幾らにするか、いかなる価値があるかということはかなりむずかしい問題である。商品がたくさんになって、同様のものが少しでも量産されるようになると、そこに需要供給の関係から何らかの相場が立つわけである。この相場を立てることが和市である。これは今の広告とは全く別の話であるが、ちょっとおもしろい文章があったので御紹介すると、備中の新見庄という所がある。そこで寛正六年（皇紀二千百二十年）、約五百年前であるが、代官の出した文書が残っていて、こういうことが書いてある。「和市事別して公平を存し」――相場を立てるのは特に公平にやらなければならない――、「小分たりといえども私曲自由の儀を存せず」とある。五百年前に「自由」という言葉が使われておったのが面白い。この「自由」は勝手気ままという意味である。われわれは「自由」というと、現在では非常に強い言葉に聞こえるのであるが、普通われわれの使う自由の反対の言葉――不自由、勝手にできない、自分の思うようにならぬという、その方の自由ということは古くからある。余談であるが、自由という言葉は、日本ではリバティもフリーダムも一緒に自由と訳しているが、リバティは自己の尊厳を守ると同時にその義務にも忠実なる意味であり、フリーダムは、既に不当または不正に圧迫されたものから解放されるという意味である。自由という字の古い使い方が眼についたのでちょっと御紹介をしたのである。

それから今の市または立売り、これは人の集りそうな所で立って売るのである。京都の下立売、中立売などという地名が残っている。江戸でもなかなかはやったものである。常盤橋の所で寛永七年に本町の家城太郎という人が呉服をぶら下げて売ったということである。これが立売り広告の初めのようである。ガマの油売りもある意味では立売り広告の一つである。それから縁日、これもある日がきまって、閻魔さんの御縁日に人が来る。これを当て込んで売る露店がある。銀座の露店は移転してなくなったが、これなども実物展示の大広告展覧会である。あるいはオープン・グランド・デパートメント・ストアと言ってよいと思う。集団的な実物広告のごく一時的なものというように考えてよかろうかと思う。これが発達すると、デパートメント、あるいは名店街、あるいはデパート以前にあった勧工場というものがこれに属する。こうなると永続性がある。

さらに人口が増加して、そうして民度が上がってくると、生産品が量産になる。あるいは家内工業的なやり方、あるいは工場生産的なやり方でどんどん物が出る。そうなると売れなくてはつぶれてしまうから、何でも売らなければならぬので、広告にも積極性が非常に起ってくる。ここでとられた手段は数多い。ここに簡単に羅列をしてみると、引き札、チラシのごときものである。こうなると、前の時代においては多少相手が特定の人であるから、やや近所近辺の人あるいは何年か続けて買ってくれているから、その買おうとする人がわかるのであるが、もう引き札、チラシは、相手が全然どんな人か、人と人との関係が断たれているのでわからない。つまり公衆の発見である。これは江戸時代の中ごろから始まっている。大阪より江戸の方が何といっても新興都市であるから、江戸で盛んであった。この引き札にはよく、その当時はやった京伝、三馬、種彦等に文章を書いてもらったり、そのうえ絵画きに描かして色刷りのいわゆるポスターの前身みたいなものが多かったのである。その商品は書籍、薬品、食料品というものである。

これに似た例で風変りなのがある。角川源義君に教えられたが、広重の東海道五十三次のうち関の本陣の幕に薬の看板がある。これは当時の検閲官が薬屋だったので広重は無理して本陣に広告させた。広告悪用の例である。

今いうポスターが出たのは、美人画を明治三十二年に今の三越、昔の三井呉服店が前の新橋駅（今の汐留駅の所）に出したのが最初である。

書籍利用、これは書物の文中に別の広告を入れることを馬琴も行い、為永春水という人もやっている。変ったところでは大蔵永常が『農具便利論』なる本

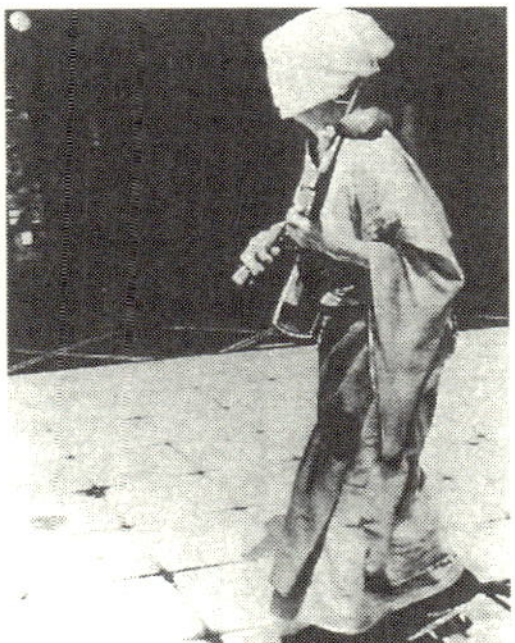
かどづけ。音の広告

の終りに、各地の農具の絵を寸法入りで広告している。これはむしろ啓蒙かもしれない。

それから雑誌利用、この雑誌で最初に広告について一番力を入れたと思われるのは博文館の『太陽』という雑誌である。二百数十頁の雑誌であったが、約四十頁、赤とか黄色とか紫の色紙に広告を刷って広告として入れていたのである。これなどは雑誌広告としてうまいまずいは別として、かなり熱心にやったものだろうと思う。

新聞広告の発生

それから新聞広告、これはもうしょっちゅう見ることである。これの起りをちょっと調べたところでは、日本人が最初ではない。日本において英国人がやっていた。文久三年の『日本貿易新聞』というものに横浜で出ている。それから元治二年の『海外新聞』というものに出ている。これは薬品とか開業医とか貿易商のことを外人が出している。日本人がほんとに新聞を利用したのは、慶応三年三月の『万国新聞』というものの第三集に横浜の中川屋嘉兵衛という人がパンとビスケットの広告を出したのが最初のようである。そこで明治維新になって、明治四年に新聞に新聞広告の募集広告を出している。それは『大阪日報』である。『大阪日報』に「代金一枚につき表から裏までたった新貨幣で三銭、お安いものではござらんか、新聞へ出しなさる方は十八字一行五銭をお出しなされ」というように新聞広告の募集広告をしている。これが明治四年である。

おかしなのは明治五年に牛乳瓶の広告が出て、「乳母いらず」と書いている。七年にラムネやレモン水、乗合馬車、コーヒーは八年、九年には甲府の三つうろこのビール、十年に西洋菓子風月堂、十一年に小町水といって平尾賛平さんの広告が出ている。

変ったところで、明治二十七年に東京電燈会社が広告している。これは、電燈は二十年ごろから起ったのであるが、これがだんだん普及するにつれ石油が売れなくなるというので、その当時石油屋さんが電燈の流行に非常に反対した。これに対抗して「電燈は地震には安全なり、東京電燈株式会社」という広告を出している。これは広告を別の意味で出したものとしておもしろいものである。

それでは広告という字はいつから起ったかというと、明治五年に横浜の『毎日新聞』が「広告」と書いて以来、これがどうも最初のようである。だんだんと「広告」という字がみんなの目に親しまれてきて、明治十八年に福沢諭吉先生が『日の出新聞』に、「新たにその業を創め、もしくは改良し、苟《いやし》くも家の繁盛を求めんと欲せば、是非共この広告の利用に藉《よ》らざるを得ざるものなり。況して人事の繁多にして生業に活潑なる、あたかも戦地に於けるが如き今日に際してとてもグズグズした事では、営業の昌盛を得ることは六ヵ敷かるべし、諸君尚進んで新聞の広告欄を利用せられよ」ということを新聞に書いている。今日どこもかも広告ずくめで埋まっている現代からは、とうてい想像のできないようなことである。福沢先生は広告の非常に必要なことに着目して最初にこれを呼びかけている。

次に広告の場所がだんだん広がる。これは対象である公衆が増大するということがなければ、こういうことはないわけである。そこで前は、自分の家の中に広告した、あるいは自分の地方に広告したのである。そうした広告が新聞、雑誌以外に場所的に広がるということは、新聞雑誌と一つ違うことは、新聞はその日におしまいになる、ところが例えば電柱の広告となると相当長い間人の目につく、というのが一つの特徴である。野外がことに多くなる。電柱はもちろん、街頭、空間と広がっていく。

明治四年七月に『新潟新聞』に東京から新潟までの紀行文を載せているが、その中に「道々目を驚かしたのは小学校の校舎と岸田吟香の精錡水に守田治兵衛の宝丹の看板なり。到る処にして少しく村落の形状をなせば必ず此の三つを見ざるなし」と書いているが、まだ鉄道が敷かれていない時代に、街道沿いに至る所広告を出しておったということは、これは注目すべきことだと思う。後年鉄道沿線にわれわれが常に見るような建植広告がべた一面に出ているのと比べておもしろく思われる。

それから車内、今電車の中に盛んにやっている。これが最初に行われたのは、明治十八年に東京鉄道馬車の車内に広告が出たのが初めてである。

電柱が明治二十三年に公認になった。そこで『時之新聞』が東電の電柱に広告したのが初めてである。

街頭放送広告は昭和二十二年に初めて東京で起った。これがあまりガーガーやかましいので問題になり、とうとう二十五年に警視庁が乗り出して抑制したのはよく知られている。

アドバルーンなどは全く空間を利用したものである。

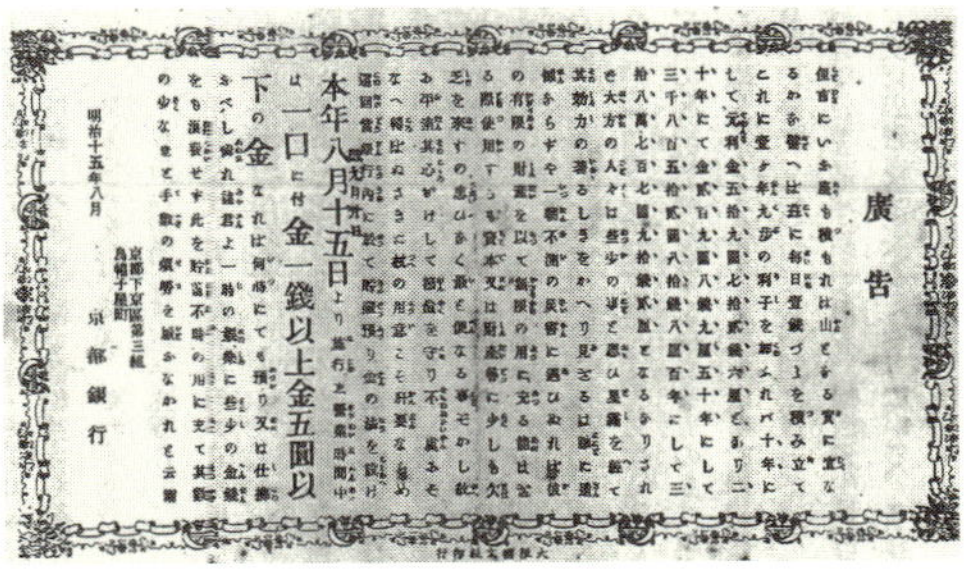
廣告

本年八月十五日より

一口に付金一錢以上金五圓以下の金

明治十五年八月

京都銀行

広告と明記したもの（祭魚洞文庫蔵）

昭和初年北海道開拓使物産局製の鹿肉の罐詰レッテル。当時北海道には無数に鹿がいた。大蔵省紙幣局の印刷にかかる。珍しいので広義の広告に縁あるゆえ敢て掲げた。VENISONは英語で鹿の肉の意（祭魚洞文庫蔵）

そういったようなわけで、場所はいろいろな変化があるが、広告の手段を考えてみると、昔からいろいろな変化がある。古いところでは看板娘、これは遊戯場やタバコ屋など看板娘で人を引きつけている。それからマネキン、これは昭和二年に高島屋で百選会をやって、ショウ・ウィンドーで女優に着付をさしたのが最初らしい。

開業に際してよく大広告をやるが、これなどはパチンコ屋が今一番目立っているようである。ときどき見かけるのですが、花輪に名士の名前を書いてある。しかしその名士御本人は全然御存じないといったようなのを見るが、これらは広告の倫理性からいうと非常によくないやり方である。

それから映画を用いた広告、明治二十七年に三井呉服店の店頭の繁昌しているさまを映画にちょっと出したのがハシリである。

今では普通になったネオンであるが、大正十一年に横浜の広島屋旅館が初めて用いた。これは旅館の主人がアメリカへ行って買ってきて付けたのであるが、ただしこれは滑稽なことには単に「ネオン」という字があるだけで、旅館の広告でも何でもなかった。これが最初である。私はちょうど大正十一年ごろロンドンに転任の途中、パリでネオンを見てほんとにびっくりした。ところがロンドンへすぐ行ったが、まだネオンはなかった。そのころもう気の早い人は横浜に輸入しておったというのですから、日本人はなかなかすばしっこいと思う。ほんとうにネオンを使って名前を出したのは大正十五年、白木屋である。それから、昭和三年ごろからずっと普及しだしたように考えている。

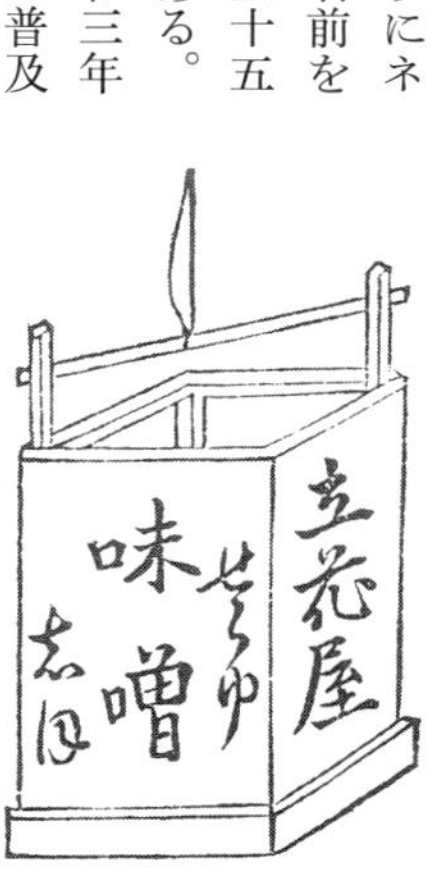

ネオン以前（守貞漫稿より）

ラジオの広告は、商業放送ができるまでは禁止されていた。これについておもしろい話がある。昔、亡くなった初代の鈴木三郎助氏のときにお料理の講座がＮＨＫにあって、その講義の中で教師も悪気なしに味の素を入れることをすすめ、ＮＨＫもこれが広告になるとはしばらく気づかずにいた。ところが時経てある日、鈴木三郎助氏が「おれの味の素の広告をＮＨＫがしてくれる」と言って喜んでいたのがＮＨＫの耳に入って、その広告をしてはならぬというので考えたあげく調味料という言葉が出来、それに変ってしまった。そのくらいの広告をしてはならぬというので一生懸命になったわけであるが、最近は商業放送ができてどんどん広告を出しているのは御承知のとおりである。

それから明治二十六年にマッチの広告を最初に使った話がおもしろい。これは、明治二十六年に福島安正という将軍が単騎シベリアを横断して帰朝され、東京市が主催で歓迎会を開いたことがある。そのときに、株式取引所の玉塚栄次郎という方が、「玉塚栄次郎」と書いたマッチを来た方に全部配った、これが広告マッチの最初といっている。

非常に散漫な話となったが、長い広告の歴史を振り返ってみると、現代の広告の中にほとんど全部が織り込まれており、それがまた近代的な意義と方法と技術で進展しつつある有様を見るのである。

最後に一つだけ、御木本真珠王の広告に対する一つの見識を述べたいと思う。これは私が御本人からの直話で詳しく聞いたものである。

御木本さんがまだ若い時分に鳥羽に来た英国の軍艦の乗組員に野菜を売ってもうけた話は有名だが、いっぺん東京に出てこられて、東京からの帰り道に箱根峠を三島に降りかかったときに、偶然連れになった人が気分が悪くなってあぶら汗をかいて悶絶した。そこで自分の持っていた守田宝丹を水に解いて飲ましてそれで助かった。それが新聞の記事に出た。特に守田宝丹が効いたと出た。そこで手を打って考えた。これだ、自分で広告をするよりは他人にさせるべきだと気がついた。これが御木本さんが一生持っていた見識である。これを一番効果的に使ったのは、アメリカにおける真珠王御木本さんの宣伝である。それは、実は私の祖父と御木本さんとはお親しく願っていた関係から、御木本さんが向うへ行かれたときに、当時まだ発明王エジソンも生きておられたので、私の祖父はエジソン翁に紹介状を書いた。ここが御木本さんの御木本さんたるゆえんだが、御木本さんはエジソンに対して全円真珠、これのできる生物学的の論文を英語で非常に詳しく書いた。それと私の祖父の紹介状とをエジソンのところに送って、自分は別にひとまずニューヨークに行った。そうしてそれをすっかり読んだころにエジソンに面会を求めた。エジソンはそういうものを送られているので、御木本さんを生物学者と誤認しておったらしい。学者として遇しておった。そしてエジソンは「あんな大切な発明の機微まで私に知らしていいのですか」と言ったときに、御木本さんは「あなただから申し上げた。ほかの人には申し上げない。あなたは世界的な学者であるから、あなたを信用してあなたにだけ申し上げた」と言ったので、エジソンも非常に喜んだ。するとその次の週の何曜かがエジソンのプレス・インタビューの日に当った。そこで新聞記者に向かって、日本の御木本が全円真珠を作っていると言って、非常に礼讃した。とにかく発明王がほめるのですから、全米の新聞がいっせいに御木本さんと全円真珠のことをエジソン談話として出した。とにかく発明王がほめるのだから、いっぺんにアメリカで有名になった。これなんかは広告の非常に上手な使い方である。一文も広告のためにはかけていない。ただでやっている。これなどは御木本さんの広告に対する一つの見識。だから亡くなられたときに、ちょっとどこかの新聞に出ていたが、新聞広告をしなかった御木本さんも九十六歳で亡くなられて初めて死亡広告だけは出したと笑って書いていたが、確かにそうである。『ライフ』という雑誌に、終戦後なにしろ九十歳以上というだけでも珍しがられた御木本さんの海で泳いでいるところや、その他日常生活や、また御木本さんはおもしろいことに寝ころんで足の先でぐるぐるから傘を回すのが上手であったが、こんな写真を真珠養殖等とともに相当頁数にわたって載っけたことがある。これらも全然ただ、広告はただでしろということを決して言うわけではないのだが、一種の独創的な、人がやるからやるというやり方でなく、御木本さんはここらに一つの大きなオリジナリティを持っておられた。広告に対して一見識を持っていたということを最後に述べた次第である。

（電通主催夏季大学講演、昭和三十年八月）

［本稿は電通が昭和三十年八月にも催した夏期大学に於ける特別講演の要領筆記である］

『瞬間の累積』あとがき

——渋沢篤二明治後期撮影写真集

明治二十六年ともなれば早撮り写真という言葉も廃《す》たれて、写真機は蛇腹のある暗函で三脚をつけてゴムのシャッターでうつした時分です。ガラス製の乾板はイルフォード、印画紙はピーオーピーと決まっていたように思います。その頃から明治四十三年にかけて、五百五十枚のこの写真集は、当時の写真機のシャッターで、平均五十分の一秒でうつしたとすれば、五十枚で一秒、五百枚で十秒にしかなりません。約十七、八年の歳月のあいだにうつしたこの写真の全体をあわしてもわずか十一秒間のもので、題して『瞬間の累積』としたのであります。

私の父篤二は、学習院をへて熊本の第五高等学校（当時まだ第五高等中学といい、第三期生）に入ったのですが、中途で身体を痛めて退学しました。少年の折に母を失ったので、穂積の姉に育てられていたが、明治二十六年頃から、穂積の一家とよく大磯へ転地していたらしい。写真に凝《こ》りだしたのはその時分からで、この写真集が大磯の部分から始まるのはそのためです。

父は非常に趣味のゆたかな人でありました。写真機も明治四十一年頃、はじめてイーストマンコダックのロールフィルムの手提げ機が現われると、すぐそれにうつっております。

父のうつした写真を通覧すると、たんなる家族だけを写したのでなく、一種の、今でいえばルポルタージュの写真の先駆者というくらいに各方面のことを被写体にしています。したがって、この写真集はよく当時の面影をしのんでおると思います。ことに明治三十二、三年にかけて欧米を廻り、その際、ロンドン、パリ、ローマなどでとった写真は貴重ですが、ロンドンなどをみると、ローマでは、まだ自動車もなく、電車もあまりない当時のロンドンをよく現わしています。フォロ・ロマノ（ローマの発祥の地）がまだ発掘の最中で、いずれも珍らしい写真だと思います。

父には、穂積、阪谷、尾高などの重要な親類がありましたが、なかなかこの間に、今の言葉でいうと、父の争奪戦が、ごく明らさまでなしに行われておったらしいので、父はそれを厭《いと》ってついに逃避をしてしまいました。明治四十一、二年からは、前からやっておった義太夫にも凝っておりました。写真の方は四十三年まででプッツリ切れて、それ以後のアルバムはありません。そんなわけで、余り実業界で働くことも大してしないで閑居の生活にうつってしまいました。

私が中学二、三年の時分、私の母はそういう風になった状態を大へん申訳なくおもい、かつ大きな家に住むのを済まぬとして、東京都内の諸所方々を転々と移りながら、一意、私たち兄弟三人の成人を見守っておりました。私は中学三年の時に病気をして落第をしたのですが、これは母にとって一つのショックだったと思います。しかしそれがまた逆にいい結果を生んだのかも知れません。

大正四年に第二高等学校を受けてみたら幸い入学しました。母はとても喜んでくれました。それからのち大学を出て、普通ならば、第一銀行にでも就職をする段取りだったのですが、私は他人の飯がくってみたく、祖父にたのんで正金銀行に入れてもらいました。そして三年のロンドン生活を終えて帰国しました。それから第一銀行の重役として迎えられましたが、私は実業に志してはいなかったので、銀行は大切だと思いましたが面白いと思ったことは余りありません。しかし真面目につとめておりました。が、人を押しのけてまで働こうという意志もありませんでした。

昭和六年に祖父が亡くなり、その翌年私の父が亡くなりました。そのうちに世の中が変って戦争に突入するようになったのですが、昭和十六年の暮、太平洋戦争の勃発直前に、第一銀行の副頭取に就任しました。そして翌年の十七年三月に、とつぜん賀屋大蔵大臣から日本銀行副総裁になるようにというお話がありました。私はもちろんその任でないからお断りをしました。当時の第一銀行の頭取はじめ皆は「これは跡取りだから養子にくれというのはひどい」と言って断わったのですが、賀屋さんはなかなか承知しないで、とうとう相談役の佐々木さんと石井さんを訪れてくどき落してしまいました。そこで万止《や》むをえなくなって、第一銀行をよして日本銀行にいくことになりました。

このことは私の母にとっては非常な驚きであったようです。しかも大変喜んだらしいのですが、そのことについてはつい素振りにも見せず、私も忙しかったのでノンキに構えておりました。そうして翌十八年の三月六日に母は亡くなりました。それから暫《しばら》くたって、母についていた幾《いく》という忠実な女中さんから洩《もれ》聞いたのですが、私が副総裁になった時に、母は、幾にたいして本当に声を出して泣いて喜んだそうです。「第一銀行の頭取になるのは親の七光りであるけれども、祖父が死んで十年以上たって、とつぜん日銀に迎えられたことはたんなる親の光りだけではない、これで自分も冥土へ行って、父や祖父にあわす顔がある」と言って泣いていたそうであります。私も思わぬところで――私は自ら日銀に行きたいと思ったのでもなく、またそれを得意にも感じておらなかったのですが、後になって、そう言われてみると、知らぬうちに一つだけは孝行をしたと思っております。しかし考えてみると、戦争中であったとはいえ、今はもう少し何か孝養をつくしておけばよかったと思っております。

父は昭和七年に死ぬまで、私ともしょっちゅう交渉が深かったのですが、なかなかいろいろな点で面白い趣味を沢山もっておりました。写真集からもうかがわれるように、狩猟も好きであったし、狂歌もよくしておりました。また義太夫も相当に上手だったし、犬などもなかなかくわしく、愛犬家としても一かどの人でありました。

来年は、父が死んでから三十三回忌になります。何か父を記念したいと思っていましたけれど、これという案もおもいつかなかったのですが、結局、古いアルバムの中から、父自身の撮影になる『瞬間の累積』をまとめてみました。残っていたアルバムは都合十二冊でしたが、むろん全部ではありません。移転を重ねたので散佚《さんいつ》したのも少くありませんが、その中から撰び出したのがこの写真集であります。これが一つの当時の社会史、風俗史をあらわすものとすれば、何らかの資料としてお役に立てるかと想い、これを印刷に付して、生前いろいろ御世話になった方々にさしあげて、三十三回忌の供養にしたいと思立った次第であります。

私の父の戒名は、寛永寺の長沢僧正が篤信院閑林自照大居士とつけました。私は戒名はあまり好きではありませんが、この閑林自照、まばらな林を自ら照らしているという文句は、何だか父の気持を出しているようで、この戒名だけは気に入っています。

外国の写真中、イタリーのものについては澤柳大五郎先生の御教示をえました。病臥中でもあったので、キャプション執筆のほか写真集の編集については河岡武春君の助力をえた。出版に当られた宮島秀氏とともに、あわせて感謝の意を表わしたいと存じます。

（昭和三十八年八月二十七日）

第二部

水産史と魚名誌

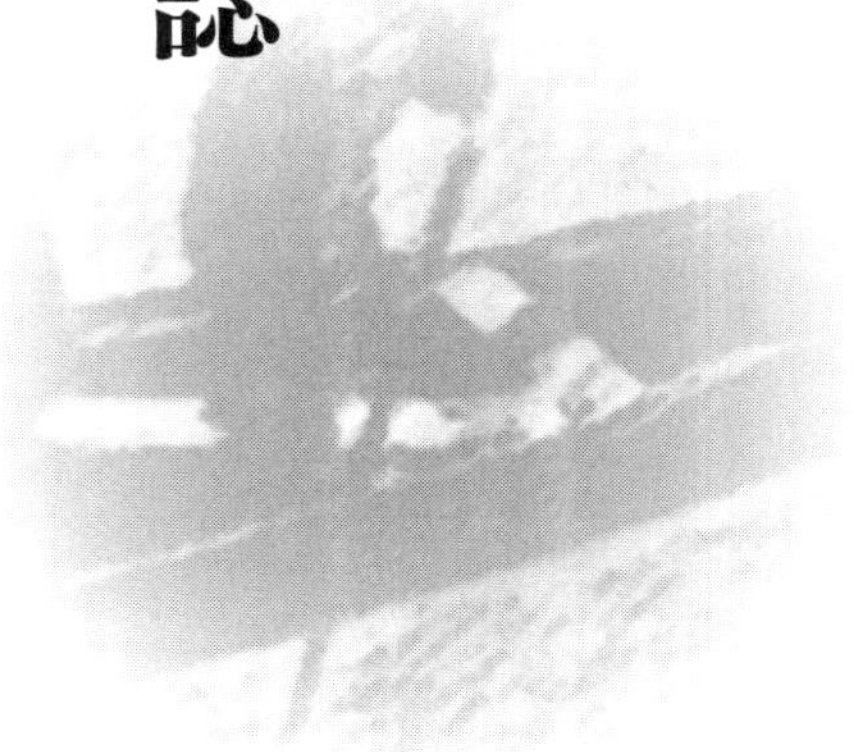

日本釣漁技術史小考

第一章　序説

装餌鉤《そうじばり》を糸につけて手に持ち、あるいは竿に結び、魚族を誘致かつ引っ懸け捕獲する釣漁《ちょうぎょ》技術の本質は、悠久なる歴史とともに渝《かわ》ることなく現代に至るまで一貫している。一本釣を多数集合して釣獲量産を狙った延縄《はえなわ》も理論上は一本釣からの二次的展開と考えられるが、これまた歴史のはじまりとともに一本釣と併存しつつ現代に及んでいる。

その間、工業などに見るごとき発展段階を画すべき技術的躍進はさらに認められぬ。この長期にわたる技術の渋滞とも目すべき不変性の最大原因は、釣獲対象たる魚族を人々が、農工業における原料や栽培植物、畜産動物のごとくその意志によって自由に管理することの不可能に近いことにある。現代における養魚すら、畜産業に比し、いかに未発達幼稚であることか。その大部分は単なる蓄養にすぎず、品種改良のごときわずかに金魚や鯉など数種を除いてほとんど達成しておらぬ。いわんや自然状態の魚族はいまだ人々がこれらを意のままに駆使するを得ぬ有様である。したがって釣漁技術は、極言すれば、歴史以前にすでに本質的に完成し、爾来一貫旧套《きゅうとう》を墨守して今日に至っていると称して過言ではない。

ゆえにわが国釣漁の歴史を技術史的に時代に分かち考究することは元来無理に属するが、もし強いて区分を設けるなら、およそ次の三期に大別できるであろう。すなわち、まず有史以来徳川前期までの永い歳月を原初的釣具時期とし、徳川中期以後明治中期の終わりまでを釣具細部改良時期とし、爾来現今までを釣獲力拡大の時期となしうるのではあるまいか。

第一期は必ずしも残存資料が貧困にして釣具実態の認識が困難なるためにあえて原初的というのではなく、第二期に属する各種資料から見て、前時代技術が長期にわたり渋滞不変なりしを明らかに推知しうるからである。第一期に属する資料が極端に少ないことも事実であり、稀覯のものも単に釣そのものまたは多少の釣具の存在を示すにすぎず、その技術面をつかむことが容易でない。

記紀に見る神功皇后玉島川アユ釣の記事、海幸山幸《うみさちやまさち》の釣鉤の話、国譲の条の延縄の記述、下って『類聚国史』に見る淳和、仁明、光孝、清和諸天皇神泉苑に幸し釣を垂れし記録や、慶仲なる者の釣技に優れたという特記のごとき、年月日も判然しながらそれ以上技術面を詳しく窺いえぬ。『日本霊異記』や『宇津保物語』などもまず釣の存在を示すにすぎぬが、西行法師の浮延縄を歌える和歌の序詞（後述）はかえってやや実態を示す珍稀な例の一つである。

一方、絵画資料の一つとして正倉院御物、麻布山水図（「御物図録」六所載第二図）に見える釣漁図がある。池中巌頭《がんとう》に一人大なる笠を被り釣を垂れ、竿と糸とが明瞭に画かれている。史前遺物を除いては本邦最古のものであろう。

他の一つは時代が下るが中尊寺経巻見返絵中の釣漁図である。別掲資料は『中尊寺大鏡』（第三巻経蔵篇「国宝金字大般若経」巻第一三九図版四一）に見る法華経安楽行品第一四の畋猟《でんりょう》し漁捕するもろもろの悪律儀に親近せざるを説くところで、作成期は石田［茂作］博士の考証によると藤原秀衡所願、高倉天皇承安二年（西紀一一七二）以後安元治承の頃（西紀一一七五―一七七）と推定される。釣人が上半身裸で湖畔に腰を下し、左手に持つ釣竿でいまや一尾の鯉様の魚を釣り上げ右手でこれを捕えんとしている。今を去る七百八十余年前の、しかも仏教美術に偶然記録された珍しい図なるゆえに前者とともに掲げた。

次に『延喜式』を見るに、魚族が供御、献饌、給与等に需要され各地からの貢献も相当量であるが、それらの採捕方式に至っては判然と記録されることはほとんどなく、また中世以降の日記類等に見られる贈答用各種魚族も、不幸にしてその名称を知るにすぎぬ。かくのごとき有様で徳川前期までは推移しており、少なくも漁業全般への関心すら一般は持ち合わせなかった。

しかるに、徳川中期に入り世の平穏、人口増加、都市の発達、経済および文化向上は一面、肉蛋白源としての魚族消費量増大をもたらしたためか、この頃より釣漁記録はやや活潑となった。これら資料に見る釣具は、その本質はなんら変化なきも、細部の改良考案が著しく目立ってくる。このことは前述消費量増大のみが要因でなく、むしろこの時代における他の産業技術の発達が釣具改良に異常の影響と可能とを与えていることが、特に注目さるべきである。絹麻等の釣糸への転用、テグスの輸入とその応用、鉛の錘《おもり》への進出、鉄加工技術の鉤への影響、造船術の発達と釣船ことに沖釣船構造の改良、また餌料においても活餌運搬の工夫や油漬工餌等の創案など、すべてこの時代の所産である。さらに各種魚族に関する知識の増大は、それぞれの釣漁法に前代より遥かに優れた分化と特殊性とを与え、同時にこれらの技術の各地への伝播もまた相当活澄なる進展を見せた。また漁場の新発見も増し、釣獲魚族の処理も多少は進歩し、活簀《いけす》による活魚輸送や乾塩両貯蔵法ならびに水産物加工にも改良が加えられた。

しかして世は明治に移った。しかし維新後の初期中期は水産博覧会開催や漁業制度の変化などから、幾多の見るべき施設改良が企てられたが、釣漁技術に関しては、概観するに依然として徳川時代からの延長にすぎなかった。釣漁技術の末端においては本質的にいっても、この状態は第三期以後今日までも同様であるといいえよう。ただ現代が前二期に異なるところは、釣漁技術上間接の面において異常の発達をとげたために生産力をとみに増進した点にある。船の航行力が機力化し出漁範囲を広め、かつ、漁場往復時間を短縮したことや、漁獲物処理が氷蔵、進んで冷凍による長期鮮度良好なる保存を可能ならしめたことなどは、釣獲力の異常な増大をもたらしたのであった。一例を現代のカツオ釣船にとるに、ディーゼル機を備え、極めて長距離を航行し、レーダー、発電機を装備、強力な冷蔵装置をしつらえ、海面への水の撒布はポンプによるが、いざカツオを釣る段になると、竿の先に糸と鉤があってカツオの口にその鉤をかけることは古来一つも変わっていないのである。すなわち、第三期を釣獲力拡大時期とした所以である。

しかして先述第二期において、釣具細部の改良進歩が行われるとともに、これらに関し熱心なる論考が見られ、部分的には多少とも科学的検討が加えられるに至った。しかしそれも概して幼稚なものであり、不幸にして釣漁法に関し真正な科学的研究はついに顕われずして現代に及んだのであった。そこで本書では、もっぱら釣漁法をひとまず釣具の観点から整理・解説するとともに、資料の許すかぎり、前代における萌芽的とも称すべき科学的論考を紹介することにつとめた。資料の制約と筆者の不敏からすべてにわたり不備不完は遺憾とせざるをえない。

なお次に本書引用資料中、主要なものについて必要な範囲でやや詳記しておく。

(一)『本朝食鑑』平野必大著

自序は元禄五年(西紀一六九二)、三十余年の研究の成果である。わが国民の食品に対する気味・主治を示すを目的としながら、「釈名《しゃくみょう》」において品目の古名や方言を、「集解」において形態、生態、捕採生産様式、使用法、また古老や民間

正倉院御物『麻布山水図』より

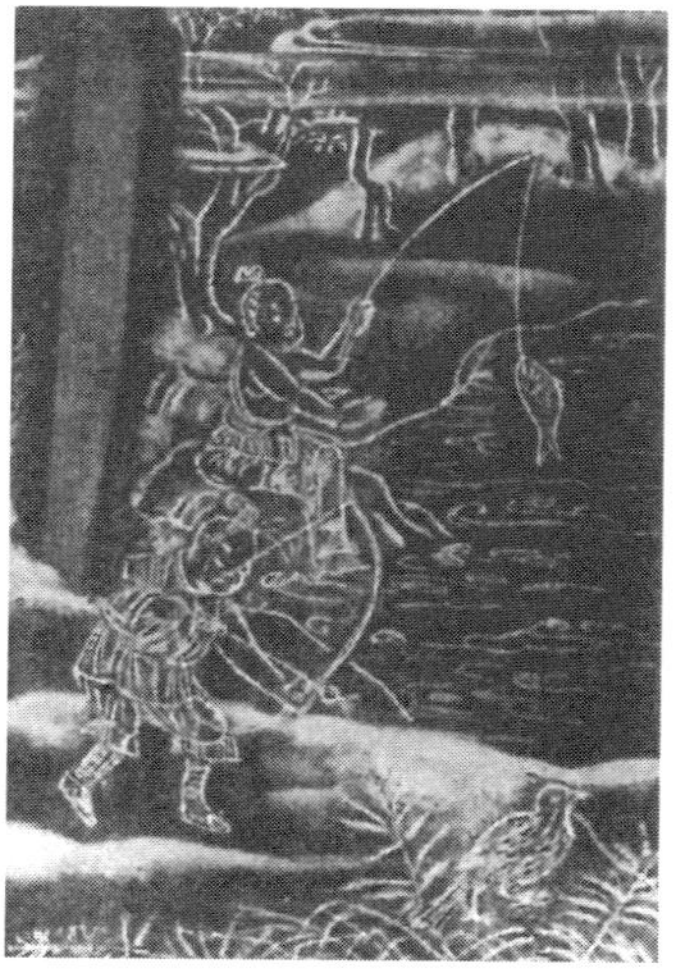

中尊寺経巻見返絵の釣魚図

の解釈を、極めて広範囲に、自序に「述而不作」とあるごとく作意なしに詳述したもの、「食鑑」とは名づくるも実態は立派な百科辞典として遇せらるべきであろう。魚族に関する「集解」に意外に正確なる漁法等の記事を散見するが、当時他にこれ以上の資料を求めえざる時、価値高く評価さるべきである。本書引用に際しては単に『食鑑』と略記した。

(二)『河羨録《かせんろく》』津軽采女正著、享保八年（西紀一七二三）作。時に「何羨録」ともある。

筆者の触目した本書は三部ある。織田完之旧蔵写本、明治二十一年中村利吉刊行活字本、および昭和五年刊大橋青湖編『釣魚秘伝集』所収本である。前二者とも著者不明として、後者はその解題に著者を陸奥黒石藩主一万石津軽出雲守采女正とする。その由来はついに編者よりの回答を得ず不明であるが、果たしてこれが真実とせば、この著者は吉良義央の女婿であり、彼の三十代ちょうど元禄快挙の頃より江戸湾キス釣に凝りはじめ、五十余歳にして本書を著わし、寛保三年七十七歳の没年に至るまで釣道楽を棄てなかった。財と閑とに加えて彼の教養と聡明をもってした記録で、その立論概して科学的なるは当時の書として異色であり、釣漁技術史上稀に見る貴重資料である。もし同様の著書が関西においても残存発見しえたらという望蜀の感を禁じえない。『春秋』の筆法によれば大石内蔵助が本書成立の契機を作ったとも見られるであろう。本書引用に際しては、すべてひとまず普及本と目せられる『釣魚秘伝集』の頁数のみをもって出所を表示した。なお前記三者には多少の異同を見るゆえ、引用する時、比較検討のうえ妥当性を認めたものによったゆえ、『秘伝集』とはいささか異なる場合もできた。

(三)『釣客伝』黒田五柳著、天保末の著

大体に体験を基とし、忠実に釣技の細部にわたって丹念に記した資料価値高き良書である。『秘伝集』に収む。

(四)『魚猟手引』城東漁父著、天保五年（西紀一八三四）の自序ある刊本。

川漁、海漁の様式および漁具を一括して大きく区分した最初の著である。『秘伝集』所収。

(五) 他の『秘伝集』所収本四部

(1)『漁人道知辺《みちしるべ》』（明和七年〈西紀一七七〇〉自序、玄嶺老人著）『河羨録』の粉本である。(2)『釣書ふきよせ』（著者不明、天保末か）名種釣関係の記事の集成。上記二書の価値は乏しい。(3)『釣竿類考』（著者不明、文化中の作か）。(4)『於加釣《おかづり》手引草闇《やみ》の明里《あかり》』（浅井、里旭等共著、天明八年〈西紀一七八八〉序あり）。上記両書はおのおの独自の記事あり、前二者に比し資料的価値は高い。

(六)『嬉遊笑覧《きゆうしょうらん》』喜多村信節著

文政十三年（天保元年、西紀一八三〇）自序あり。随筆なるも釣漁記事やや豊富。

(七)『日本水産捕採誌』

明治十九年（西紀一八八六）編纂着手、二十八年（西紀一八九五）脱稿。第二編「釣漁業」は、明治以前より明治へかけての釣漁技術の一大集成でもっとも信憑性ある資料であり、前代の技術を巨細に推知するに本書以上のものはない。引用に際しては単に『捕採誌』と略称し頁数を示した。

〔『日本釣魚技術史小考』角川書店、一九六二年〕

テグス小史

理想的な釣糸

表面が滑らかで水の抵抗が少く、太さに比して張力が強く、瞬間的な衝撃に対し充分な弾力性を持ち、透明に近く魚族の警戒を避けることができ、使用中容易に縺《もつ》れないでまた水にふやけることなく、強靭で機械的な摩擦に耐えそのうえ耐久力ある釣糸があったら、しかもその上わりかた安価に入手できたら、釣師は万歳である。こんな理想的な諸性能をほぼ兼備している釣糸は最近のところテグスを措《お》いて他にない。そのため昔からテグスの優秀性への認識と憧れとは深まっていった。その本質の探求や製法の改良に永い間学者の注意を向わしめた。その足跡が各種の文献を通じて窺える。今やナイロン糸の釣糸出現でテグスは遂に終焉を告げんとしているが、永い間我々と親しかったテグスの歴史を顧みてみよう。

テグスの原虫

テグスの歴史を探る前に一応その原虫についての予備知識を確かめておかぬと、先人のテグス論考をたどる上に不便がある。絹糸を吐く虫のうち、家蚕《かさん》以外の天蚕《てんさん》蛾科に属するものを野蚕《やさん》というが、本邦産では天蚕（ヤママユ）、柞蚕、樟蚕（シラガタロウ）、樗蚕（シンジュサン）、桑蚕（クワゴ）等がある。しかし昔からテグスを採ったのは殆ど樟蚕に限られていた。ところが右野蚕と近似種であるが本邦に原産しない全く別種のテグス虫がある。この虫は、南支の広東、広西両省と海南島から北部印度にかけて、虫の食葉たる楓、樟の分布と一致して生育する。中国で天蚕、天蚕子、蚕虫、楓蚕、樟蚕等といろいろ称えるが、混乱を避けるために『応用動物図鑑』に従いここでは「楓蚕《ふうさん》」と呼んでおく。我が国一般に昔から愛用されたテグスはおおむねこの輸入された楓蚕テグスであった。しかも楓蚕テグスの材質は樟蚕のそれに比し極めて優秀なるがために、我が国に於て国産テグスが苦心して研究されたが、遂に舶来品に及ばなかった。

文献から見たテグス

元禄八年の「本朝食鑑」は書名が「食鑑」とあるため食物

の本と考えられがちであるが、事実は食物以外にもわたった立派な百科全書といってよい。著者平野必大がその序に「述べてつくらず」と云っているように客観的態度で書いているが、当時誰が云い出したことか、テグスは真《ま》桑瓜《くわうり》の蔓だと伝えている。淡路由良のテグス製造過程を経ない輸入したての原材料は白く乾いて硬ばっておって、一見植物の繊維と見誤ったのであろう。虫の糸腺から造ること等夢想もせぬ当時、これが植物かと思ったのもまんざら笑えない。『食鑑』の植物原料説はひいて寺島良安の「和漢三才図会」（正徳二）に「水中に生ずる水草」となり、津軽釆女正の『何羨録』（享保八）になると「瓜蔓でしかも白く太きは根」と主張し、更に『何羨録』を粉本とせる玄嶺老人著『漁人道しるべ』には多少遠慮して「瓜蔓海草何れとも定め難し」とあり、更に下って文化七年谷川士清の「和訓栞」は名称の上から瓜蔓説を認めるとともにテグスは「てぐすね」から出ていると脱線し、これが喜多村信節の「嬉遊笑覧」（文政一三）にまで影響を及ぼしている。

もっとも士清は繭糸と思い、信節は糸腺糸たることは認めていた。田宮仲宣の『橘庵漫筆』（享和元）には「北海漁人テグスを鯨の節と云うは非なり」と紹介しながら自分で否定した。しかるに『食鑑』と同じ元禄八年に書き下ろされた西川如見の『華夷通商考』には「広東福建両省ベンガルより産する虫糸」と云い、貝原益軒の『大和本草』（宝永五）は「異邦から渡来」したと云っているが実態について明確に把握していない。青木昆陽すら『昆陽漫録』（宝暦一三）で「虫糸」の字句から「蚕に似た虫」とした程度であった。テグスが野蚕の糸腺糸たることを明記せる最初の書は小野蘭山の「大和本草批正」と宮地郁蔵の『常毛採薬録』で、前者は寛政・享和の文、後者は享和二年の著である。何れも薩人山本栖介が琉球人の秘法を或る程度知って原虫や繭の図録を得て帰来したのにその発端がある。それ以後の諸著はどれも糸腺糸に確定したが、文献上元禄八年の『食鑑』及び『通商考』にテグスが初めて紹介されてからここに約百年を経た。糸腺糸たることは認めながら蘭山の博識を以てしてもなお楓・樟両蚕の区別がつかなかったのは、原虫を見なかったのでその時代としては余儀ないことであった。次いで文政十年佐藤信淵は『経済要録』に於て四種の野蚕を論じ、そのうちヤママユと樟蚕からテグスを採る旨を説いた。ただし支那文献を裏に蔵し我が国諸地方の聞書を巧みに織込んでいる信淵一流の記述は、論述の堂々としたのに比べて内容は細かに調べると不明確な点が気付かれる。即ち多くの学者がテグス原虫を樟蚕に限って論ずるのに、信淵独りヤママユを主として樟蚕を従とした点や、その製法を説くに第一の要訣たる酢酸使用に一言も言及しない点等、訝かしく思う。明治十八年の『水産博覧会審査報告』に於ける「家蚕もヤママユも皆テグスは採れるが、同時に繭から糸がとれる。しかるに樟蚕の繭は繰糸に適しないのでテグスを製す」との常識に反し、果して信淵の時代に繭から糸のとれるヤママユをば主としてテグス製造に用いたかは疑わしい。またこの所説が実験による裏付を持つかはにわかに定め難い。或いはおよそ別種の天蚕（ヤママユ）と天蚕糸とを文字の上で直接結びつけ、或いは野蚕全体をヤママユと称する慣習の混入が、所説を曖昧に陥らしめたのかも知れない。しかし一方、『草木六部耕種法』（天保三）に於て国産野蚕を以てテグス自給を計るべきに舶来品に依存するの愚を嘆じているのはさすがであり、この考え方はその後明治中期まで幾多先覚者の継承するところとなり研究考案に多くの苦心が重ねられた。

　テグス原虫の実態を明確にし得た最初の人は蘭山門下の逸材小原桃洞であった。彼曰く「今漁人釣糸に用うるテグスは国によりグ、スヂ、グス等いう。漢名天蚕糸、楓蚕、虫糸ともいい舶来品多し。其の品種は一ならず。大抵はチモトとヤマの二名に分ち、其の中より糸の大小、色の異るにて又品名を分つ。チモトは糸円く、中にもシナメというのを上品とす。ヤマは糸微に扁し稜あり。またサカテグスというは節のようなものが著く。常のテグスは白根のもとで、これは白根の末のところである。この末より裂けば苧屑のようになる。下品にして其の値段やすし。昔はこのテグス何物とも知らず、或は海草の茎とし或は根とす。誤甚しきもの。其の後テグスを焼くと絹糸の臭気がすると明清の諸書にのせた説を併せ考えて虫糸なるを知れども、どの虫より生ずることか知らざれば本邦に産せざるものとす。（中略）漸く享和二年、土佐の宮地郁蔵維則常毛採薬録を撰して其の附録に始めて、伯耆の方言スカシダハラなることをいう。されど、其の製法を識らず、只伝聞のまま記せし者也。其の文に曰く、先年薩州の人琉球に在りて虫糸を作るを見てうつし帰る。其の繭伯州のスカシダハラと全く同じ。しかし既に繭をなしたものは糸とならず。其の虫を養い繭を作らんとする時をうかがい、虫を煮て糸とす、是れ琉人の極秘にして薩人にも知らしめざる由を聞けりとあり。按ずるに、此虫今諸州深山中に在り多くは栗と漆の二樹に産す。（中略）俗にワリプックリ（下野）、シナン太郎（信濃）等いう。（中略）総身に皆白毛ありて毛虫の如し。（中略）四五月の間この虫生き乍ら刀にて裂けば腹中に柔なる二条の縮糸あり、暫く醋中に浸し置き採り出て緩引すれば大なる者大抵長五六尺にも至る。（中略）此の虫を其の儘養い置けば口中より糸を吐き繭を作る。伯耆辺にてスカシダハラという。又神ノガラガラ、ヘチマ等の名あり。（中略）此の繭にてテグスを製すると誤つて思う人が多し」。

　即ち彼がテグスの焼臭により絹糸に類する虫糸なると断じ、楓蚕と樟蚕とを識別、前者の本邦に産せざるを確認するとともに樟蚕原虫を研究かつ製法を明瞭にした点、極めて科学的で敬服に値するものである。

　次に製法の伝来を文献上綜合すると二つの伝播経路を見る。

一は『本草批正』及び桃洞を参考とした宮地の『採薬録』にある山本栖介の齎《もた》らした琉球経由の伝来であり、他は屋久島漂着の唐人教示に発する薩摩への伝播説で、これは、『百草』に引用した足代弘訓（安政三歿）の『伊勢の家苞』に水戸の物産家佐藤某談として出ている。その伝来の年次は山本の帰来が寛政・享和を去るほど遠からず屋久島伝来が天保末より下るまいと推測されるに止まるのみであるが、何れにせよ薩州に受けた伝来が国産テグス出現を促すに至ったことは文化頃の『它山石』なる松井輝星の著書に「蕃国より出。今は薩摩にて造る」ということからも窺える。ここに残念なのは天保五年の『魚猟手引』に書名のみ引用せる阿部櫟斎著『テグス製造考』を未だ披見し得ぬことである。

楓蚕テグスの種類

上記各学者のテグス研究に引用せる中国の文献を見ると、必ずしもテグスは釣魚用に限っていない。即ち「以レ之繫二腹弓刀紈扇一」（『嶺外代答』）、「以作二蒲葵扇縁一」（『広東新語』）、「中糸可レ縫二葵扇一」（『東安県志』）等あり、透明かつ柔軟なガラス様の糸が器物の装具に用いられたこと、あたかも現代の樹脂プラスチックに似たところがあろう。これらの各書は釣糸用には触れていない。その他に「海浜蛋人鬻レ之作二釣緡一其適子用」（『彙苑評註』）、「蛋人貨為釣緡」（『月令通考』）、「用二以レ釣緡一」（『漳州府志』）、「漁海者用二以繫釣一」（『漳浦県志』）等と釣漁用を明示するが、皆海漁を主としている。要するに中国ではテグスに二用途があるがどれが本源的かは不明であるが、何時の頃か長崎貿易の興起に伴って我が国へ輸入された時分当初から専ら釣漁用として交易されたかはにわかに断じ得ない。或いは釣漁利用は中国とは別個に我々祖先の創案に俟って生じたかも知れない。台湾総督府技師素木得一著『テグス蚕試育報告』に「中国広東省東定県に於て調査するに倭人より其の製造初りたりと（中略）要するにテグス製造及び使用は本邦人の手により広められ其の広東省地方にテグス製造の初りたるは徳川幕府時代の初期にある如くこれよりして広く世界に使用且つ知らるるに至りたるものなる可けん」（大正六年殖産局刊）とあるも、右調査の実情や年代考定等には不詳の点多くそのまま賛同出来かねる。後年我が国テグス需要に刺戟され急速に南支にこの製造が興隆拡大したことは推量出来る。そのため中には日本人から教えられた例も出てきたことは必ずしも否定出来ない。ちなみに素木技師は明治四十一年佐々木忠次郎博士と共に海南島よりテグス種繭を台湾に移入したが、その後の努力にもかかわらず成功しなかったのは季候の関係からといえ残念であった。一体中国大陸では揚子江はもとより内陸も沿岸も清澄な河潮海浜は想像以上に少いので、釣にテグスの透明さを利用する必要は殆ど生じないと見られる。前記文献が殆ど南支蛋民［中国南方の水上生活民］の海漁に限られているのもまた故なしとしない。しかし『華夷通商考』等にも既に南支方面で釣漁用に向けられている旨の明示があり、テグス釣糸利用創案をば総て我が国に求めるは少々無理である。ただ利用発展が我が国によって興ったことは、輓近南支産テグスの九割八分まで我が国に輸入されたことや、南支、仏印等の漁業試験報告またステッド著『英領馬来の漁業』等を見てもテグスは極めて限られた範囲にしか利用されていない点から判然とするところで、大づかみにいってテグスは我が国に到って初めてその所を得たといって過言でない。

輸入テグスの材質は不明ながらもなおその品種の鑑別に意を用いたことは桃洞も述べているが、享保の『何羨録』に詳しい。「テグスに丸と平と二品有。また其の中にも善悪あり。先丸テグス吉。去乍丸にても平に劣るあり、平は悪しけれど丸にまさる有。新テグスの水色成を吉とす。本丸テグスとは漢土おくというところより出る。最もよし。ぢんというよしの説有。並よりは色黒く太し。西国にてハマチ等いえる大魚を釣り、四斗俵を釣ても切れずといえり」等と述べている。右の「ぢん」がどんなものか未詳であるとともに、現在の称呼に系統的なつながりを求め得ぬ。岡本延太郎氏著『テグス読本』による現今の品名を略記すると、（一）ヘチマ　広西省産品質最良、（二）カントン　広東省主産、（三）マテまたはマテグス　海南島産、（四）アイス　広東省及び海南島産中流品、（五）ヘソ　ヘチマ以外の比較的上物、等である。右のヘチマは、遠く『食鑑』の瓜蔓はその淵源を求められぬとしても、スカシダハラ別名ヘチマに関係なしとはいえぬであろうか。

楓蚕テグス批判

『何羨録』の著者津軽釆女正は吉良義央の婿で、齢三十余の頃元禄快挙に遭い、世俗を避け釣道に精進、七十を超えるまで釣三昧に耽った。五十余の頃、本書を著した。『春秋』の筆法でいえば大石蔵之助が『何羨録』を書かしたことになる。しかし驚嘆すべきは釆女正の説述全般が極めて科学的態度を持していることである。この著の書かれた元禄・享保の頃、江戸に於けるテグス使用はまだ試験時代で、彼は『食鑑』を通じ瓜蔓説を鵜呑にしていたし、西国でハマチはおろか四斗俵も釣るとの誇大な吹聴を真に受けていたが、実験上テグスの性状はよく見ていた。「光よくしない有よし。其の中にも太と細有。糸に継ぐテグスは太きよし。鈎の根巻には細め成を用う。畢竟魚の目にさえぎらざるため也。其の上太きは強き故魚のつき悪し。細いのは魚の付きはよし。乍然細過ぎたるのは糸にからみ第一弱し。テグスと糸の結目大事也。是よりきれること有。さればとて結目が高きは水にせかれて水草類流れかかりて妨げ多し」。テグスの透明と水当り及び結目に注目し、更に「総てテグスは乾を嫌う。火気を忌む。火気に当ればきれる也。（中略）テグスは釣る前に水によくひたし和げて用いてよし」。これは現在でも大切な注意である。また「テグスを強くするに魚と共に醤油にて煮てよし糠味噌にて煮ても強くなると言う。或は蛤の汁に一夜漬置てもよしという。何れも湿を残す利同前か。亦白水を煮え上る程に沸し、鍋底にテグスの付かざるように浸し置き取り上るとやわらかに成を手拭にて水気を拭い取置くと何時までもしなやかになりて強し。是大阪猟師町のテグス問屋の秘伝という」と湿りの大切を説き、なお強化法を述べている。大阪の問屋がテグスのみならず取扱法まで江戸に伝えた点が注目される。またテグスの耐久期間につき「テグスの二年越のは弱し、一年切りに取替えて吉という説非也。ふるテグス用いて弱きことなし。渡来のテグスは年数の程計り難い」とて自信ありげに述べるとともに、舶来品の年数知れざるを論理的に主張した。また「或る人曰く、テグスの継たる糸吉。去ながら鼻曲りの大鰭、大黒鯛、大鰈などかかりたる時危しとてテグスを継ざる方よしと。心得難し。西国にては大鯛、大鱸等をテグス継たる鉤にて釣ると云えば是にて察すべし」。当時江戸ではテグスの効力に対し半信半疑の向きもあったらしいが、釆女正はその特性をよく認め蒙を啓《ひら》いた。この記事から見て関西のテグス使用による釣漁技術水準は江戸より遥に優れていたことが窺えるが、惜しいことにはこの時代はもとより関西に於ける釣古書が見当らないために比較研究するの術がない。また江戸に於ても本書以後これに続く精密な体験に基く論考を見出されない。幕末から明治へかけ独り樟蚕テグスの試製試用論が専らで、明治中期以後に至って再び詳細なテグス研究に接するのみである。

樟蚕テグスの製造

舶来テグスの効力は早くも認められながら、何分稀品であり高価なため一般漁民間への普及には相当時日を要したのであろう。一方国産テグス製造は山本の伝来を契機に各地異常の熱意を以てその試みは進められた。中村利吉が「或る書物に嘉永六年美濃国宗九郎なる者始めてテグスを造ると見たり」（「水産会報」三巻二六号）と述べたる如きはその一例である。幕末、楓・樟蚕の区別が判らず、国産品が劣るは専ら製法の未熟にありと思い鋭意研究に勤めたが、糸腺原質の差は如何ともなし得なかった。しかるに中村利吉講義「釣」の項に「日本にても中国産の如きもの全く製造し得ざりしに非ず。嘗て吾郷観一なるもの今を去る凡そ十年前に中国産の如き強きものを造りしことあり。其のテグスを余は試験せしに四百七十匁を保持し中国産の上等なるものに匹敵せり。しかし其の製法は世に絶えたり。之を造るに薬剤等を使用せしと雖もその何たるかを知らず、その上秘密にしていたうち氏は旅行中コレラにかかり俄に死したるため其の遺族のものにだも之を伝ふるに由なかりき」（「日本百科大辞典」には吾郷貫一とある）とあるは誠に残念であるが、現代の技術を以てすれば吾郷の発

明は容易に出来るのではあるまいか。中村氏の明治中期に試みた国産と中国産テグス強度試験表から抽記すると、

最上等支那太白色　五〇〇匁保五二〇匁断
上等支那太黄色　四五〇匁保五〇〇匁断
下等支那太　二六〇匁保二七〇匁断
最上等支那細　二一五匁保二二五匁断
日本産肥後並　一九〇匁保二〇五匁断
同　阿州　一四〇匁保一五〇匁断
最上馬毛白　六五匁保七〇匁断
人髪　二〇匁保二五匁断

右により吾郷の造出せる四七〇匁の強度ある樟蚕テグスは一の驚異たるを失わない。これを要するに、テグスは釣糸としてその本来の真価を、清澄な海水や内水の環境に於ける我が国民の卓越せる釣技により初めて発揮し得たのであった。

（昭和二十一年九月）

［『祭魚洞襍考』岡書院、一九五四年］

『豆州内浦漁民史料』序

——本書成立の由来

静浦と三津

本書は、昔時、東海駿河湾奥の一僻村たりし豆州内浦六ケ村（重寺《しげでら》、小海《こうみ》、三津《みと》、長浜《ながはま》、重須《おもす》及び明治以後西浦村に編入されし木負《きしょう》）に於ける漁業史料を中心とした常民古文書の集成であり、時代からいえば永正十五年北条早雲の晩年から明治初葉に至る四百余年間の記録である。

右の如き史料を自分が発見するに至るまでには主観的にはいろいろな因縁が考えられる。学生時代に静浦へ毎夏行っていたためこの辺一帯の海や海村の様子には昔から何となく特別な親しみを持っていたこと、自分の釣道楽は海に偏していて自然と海の漁業につき見聞するところが多くなっていたこと、祖父［渋沢栄一］の逝去が自分をして偶然にも三津に長期滞在を余儀なくせしめ、ために本史料発見の端緒を得しめたこと等、何れも一つの重り合った因縁としか考えられない。また、自分としては海の生物学や海村の社会経済史等に対し素人ながらも多少の興味を持ち得たことも本史料発見の一つの原因を成しているので、この意味ではこれらの学問に少しでも近寄らせて頂いた故穂積老博士、丘浅次郎博士、故伊丹繁博士、学生時代特にゼミナールで御指導を頂いた山崎覚次郎博士、石黒忠篤氏、柳田国男氏、その他多くの諸先生の学恩をただ心の中だけで感謝していたのでは相済まぬ気がするのである。こんな気持から少しく冗々しくなるとは思うが、これらの因縁話の一端を述べ、同時に本史料の大部分を学界に提供された長浜の大川四郎左衛門翁のお話や本書の整理編

纂・組織等について一応書き留めて序文に代えたいと思うのである。

自分に釣の面白さを知らして下さったのは第一銀行の石井健吾氏で、確か大正十四年の夏お勧めによって初めて本牧へ出懸け最初から運よくスズキの三年ものや四年ものを釣り上げたのが病みつきで、爾来石井さん、杉山さん、西条さんのお伴をして本牧の漁師綱さん・留さん兄弟の家に厄介になった度数も数え切れぬくらいである。その翌年の夏休みを頂く時、また石井さんから今度は豆州の三津を勧められたので、同僚の小平省三君がさいわい先方をよく知っていたので同君の世話で三津の松濤館へ一週間ほど泊り込んで、ひたむきに釣をして遊んだが、その時はそれなりで帰ってしまった。

話は少し古くなるが、明治三十九年の夏が最初であったと思う。その頃から自分は穂積陳重先生御一家に率いられて阪谷、尾高、大川等の従兄弟達とともに、三津よりは手前の静浦へ毎夏約一ヶ月くらいずつ、大正八、九年頃まで十年ほど滞在しておった。その頃の海の様子が今になってこの古文書を調べるにつれてまざまざと眼の前に浮ぶのは、自分にとっては殊更懐しい想い出である。自分が静浦に行っている間に鯨が二度駿河湾に来たことがあった。一度は非常に大きい奴で、午前十一時頃突然瓜島沖二町ほどの所へ巨軀を現わし、潮を吹いて遊泳していた。漁夫どもは船を出し大勢その廻りを取り巻いていたが、別にこれを捕獲しようとしていないのを子供心に奇異に感じたことであった。ところが本書の中に、鯨、鰹、鮪、宗太鰹等の浮魚を連れてくるのでこれらの魚類を鯨子と称し鯨に対して一種の親しみと尊敬を持っているのを知り、今になってなるほどとも思ったことであった。この鯨は暫時遊んでいたが、そのうち一度沈むと見るや今度は遥か西浦の古宇辺の沖へひと泳ぎに行ってしまったのを見て、非常に感心したのを覚えている。梶木鮪が夕方浜の近くで数尾海面を離れて飛び上ったこともあるし、また一度海亀が卵を生むため海岸に現われたことがあった。それは自分が中学の二、三年の頃で、月があり風も相当吹いている夜の八時半頃であった。当時大学生だった穂積真六郎さんと二人で海辺へ出ると波打際に大亀がいるので二人でひっくり返そうとして努力したが、何分棒も何も持ち合さないのと、何しろ二十貫以上もあったらしい亀で背中の大きな藤壺をつかまえ片手を横腹に入れてもビクともしないうち、海へ向けそろそろ歩き出したが、その強力に引きずられているうち、波をかぶると急に身軽になって沖へすべり出てしまった。武勇伝を作り損ねた残念さにこれを東京の父［渋沢篤二］に報ずると、その返事に「中学と大学生と二人して正覚坊を取り逃しけり」とあった狂歌は、今だに一つの語り草として残っている。現在では大瀬崎の砂浜にはごく稀に来るようであるが、静浦方面では海亀の来游を聞かない。あの時分から見ると、同じ海でもその内容は確かに変化して淋しくなったようだ。前述の鯨子のうち、鰹は以前からとんと姿を見せないし、鮪すら近年はとみに少くなったようだ。自分は淡島に生かして囲ってある鮪漁を二度見た。一度は穂積一家と、一度は当時幼年学校の先生だった人見忠次郎氏が静浦に我々を訪ねられた時であった。淡島から木置戸へかけて大きく張り廻した藁網の中には無慮何千というシビやキワダが游いでいた。その中にまた更に小取網を入れて、二百尾もあろうと思われるその一群を囲んだのである。網が島の岩浜へ近寄せられるに従って、鮪は海が浅くなるために背鰭や尾鰭を水上に出し入れして入り交りつつ矢のような速さで逃げまわる。網の外側に船をつけ大の男が二人で手カギを持って船側に立ち、鮪が具合よく当方向けて游いでくるのを利用してカギで両側から引掛けると、魚は夢中になって尾を振るためひとりでに魚体は船側へのし上ってくる。すると他の一人がかけやで頭を殴りつける。鮪は苦しさのあまり想像以上に巨軀を震動させ、瞼のないあの大きな眼を血走らせて白黒させるあたり、いささか残酷である。鮪は船の上に横たわった。そのうち震動も弱くなるが、それでも宗太鰹を釣り上げた時、船板を尾鰭で打ちたたくあの音の数倍もある。機関銃の音にも似た最後の喘ぎは続くのである。たまたまカギを掛ける時、魚の方向がはずれて魚の力で大の男がカギの柄を両手に持ったまま海中へ引きずり込まれ、魚はこれを引きずって游ぐその力の強さ。海岸にも数名の漁師が足を痛めぬように厚い足袋をはいて、これも鮪と戦っている。壮絶な戦がものの一時間半も続いた頃には、所要の魚は捕えられて船や岸に並べられる。ここから沼津までまだ発動機船のない頃、手押しで押し送る時間を見て、ギリギリまで漁師と商人との談判は続く。遠方で捕って死んだ魚が沼津へ来たのと事変り、値段によっては捕らずに生かしておいて最も値頃高き機に売る当地の漁師は幸であった。しかし現今は昔日ほど魚が第一、来なくなったようである。こんな鮪捕りを見に来るほかに、静浦時代には一夏に何度も淡島へは釣や遊びに来たのであった。そして何時も三津や長浜を見ながらつい一度も上陸しないでしまったのである。あの当時の淡島の自然界も今から見るとずっと賑やかであった。舟でゆらゆら岸に近付くと蟬が降るように鳴き、鷹が小鳥を追うのも見た。狢《むじな》が夕方海岸に出る話も聞いた。カサゴでも釣ると、よくあの辺でジャウナギというウツボが懸った。少し沖でこのウツボの筌《うけ》を引き上げる舟をちょいちょい見かけたし、手繰網がそこここで悠長に網を曳いていた。イトヒキアジやアマダイやキス等が網を揚げる度に光って見えた。海水は清澄で岸に近づくとムラサキウニが無数に居を構え、ウミウシが無言で這いまわり、石の間にボンケイやウミキンギョやスズメダイが際立った色取りを見せていた。岸の間近に海月《クラゲ》が何の屈托なげに海面へ浮び上ると、これはまたサヨリやヨウジウオが忙しそうに游いでいく。ところが淡島もあの綺麗な錦蔦の這った扇岩も人手に壊され、今はウツボはもとよりカサゴすら数少く、そのウツボの筌等は全く見られなくなった。手繰網の舟も、もう殆ど見受けない。ボンケイすらイナダの餌に捕りつくされようとしている。思いなしか淡島の松の色も昔ほどの冴えがなく、海水こそ満々としているがおよそその内容は貧弱になってしまった。たしかに昔の方が海が生々していたと思う。

古文書を釣る

不甲斐ない話ではあるが、昭和六年十一月祖父の逝去した前後、看病から葬式へと約一ヶ月間、睡眠不足が原因をなして急性の糖尿病に罹ってしまった。入沢博士や林正道国手の厳命で治療にかかったが、病院ではすぐに退屈してしまうし、家ではストレングが難しいという不信任から、柴豪雄博士と御一緒に三津浜へ出掛けることになった。最初、石井さんにお勧めを受けて以来、杉田さんや西条さん等とも出掛けたし、その後いろいろな方々と釣をしに来た三津で、漁師も長浜の伝ちゃん父子、重寺の平さん、その息子の金蔵、猪のさん、その息子の松男、三津の常さん等と馴染も多いので、昭和七年二月松濤館へ来てしまった。初めて三津に来た頃おいから見ると魚は少いようであったが、それでもまだ昨今ほどのこともなく、海へ出れば手ぶらで帰ることは少かった。内浦から大瀬崎にかけての海はまず大体穏かであるし、殊に早春の朝、白雪を着た富士の姿は平らな駿河湾から直立して美しかった。晴れた日には大正七、八年にわたって踏破した南アルプスの山々が聖岳、東岳、赤石岳から北方へ連山がクッキリと見え、静浦の裏の鷲頭山の後には箱根外輪山から丹那峠が査え立ち、枯草の山肌には所々青い色がにぶくはあるが浸込んで見え若草の萌え出る春の近きを思わしめていた。或る日、漁師の伝次郎君にこの浦の古いことを聞いているうちに、いろいろと面白い節があるので誰か昔のことに詳しい人の話は聞けまいか、と云ったところ、しばらくよそしていたが丁度最近帰ってきた長浜の大川老人なら知っていますから、その旨を伝えておきましょう、ということであった。ところが、その日の夜、大川四郎左衛門翁が宿へ訪ねて来て下さり、「こんなものが家に伝わっていて太閤様のものだというがほんとでしょうか」と云って拡げられたのを見ると本書〔『豆州内浦漁民史料』〕に収録してある天正十八年四月の秀吉の朱印状で、しかも例の丸い朱印がさかさまに捺してある。こんなものがお家にまだほかにありますか、ときくと、長持にいっぱいある、と云うので、それは後日拝見することとしてこの浦の故事を伺った。翁の話は極めて巧みで長くもあった。またその後も度々にわたって或いは浦の来歴を、或いは我が家の歴史を、また或る時は変化に富む数奇な一身の経歴を語られ、その度ごとに時のたつのも夜の更けるのも忘れて聞き入った。その巧みな話振りを伝えることは到底出来ないし、また当方の問に応じて答えられる場合は勢い断片的ならざるを得ない、ここでは翁の話の概要に多少文書内の材料を取り入れて本内浦史料のごくあらましを翁の口から語ってもらおうと思う。

大川翁の話

私の家の言い伝えでは、何でも鎌倉時代の頃、祖先に児玉日賢という人がいて、どういうわけかわかりませんが、この長浜に落ちついて、当時律宗であったここの住本寺の坊さんと宗論し、とうとう勝ってその寺が日蓮宗に変り、日賢もここに永住することになったといいます。児玉という家はその後もずうっと続いているといわれ、私の親類にもその家が沢山あります。ところが後北条氏の頃、どういうわけあいからか、児玉の家から大川兵庫というものが母方の姓を名乗って分家して一家をなし、三津の大川隼人と二人でこの内浦の実権を握ったといわれております。また言い伝えでは兵庫と隼人とは兄弟だともいいます。その後、連綿として私の家は漁師の親方となって明治まで続いておりました。

昔はこういう漁師の頭を「村君《むらぎみ》」といって、平漁師の衆から大変尊敬されておりました。

ところが「村君」の「君」はあまり恐れ多いということから「津元《つもと》」というふうに名が変りました〔これは以前から村人の解釈で、事実ではない〕。

私の若い頃でも平漁師、即ち網子《あんご》どもは我々を「旦那」といい、被った手拭も必ず取って挨拶をし、それはそれは階級的な区別があったものです。

お正月の七日には網子どもは津元の家に集って飲み喰いをしましたが、この時、津元は「首つり粥」という粥を出しました。これを喰べると、その一ヶ年は、その津元に忠誠を誓うことになるのでした。また津元の云うことを聞かなかったり、悪いことをしたりすると、津元はその網子が船に乗ることを禁じました。これは網子にとって一番恐ろしいことで、この制裁は非常に効果があったようです。

長浜では津元が幾人かいて、網子を指揮し、魚を獲っておりましたが、その組は五組あって、その名前をあげると、大網《おあ》舟《ふね》方、四郎次方、五郎左衛門方、三人衆方、法舟《ほうせん》方の五つであります。各々六人の網子が乗組み、そのうち二人は「ヘラトリ」といって支配人のような格で、津元と網子との間に立って魚を獲る指揮をしたり、魚を売る時商人と交渉をしたり、また網子の世話をしたりしました。つまり網子はヘラトリを含めて三十人いたわけで、これも世襲的にこの村に住んでいました。もっとも魚を獲るには人数が余計いるから、これらの本網子のほかに手間としてその家族やまたは網子の雇人まで大勢いたわけです。

また長浜の浦は漁場として五つに分かれていて、重須

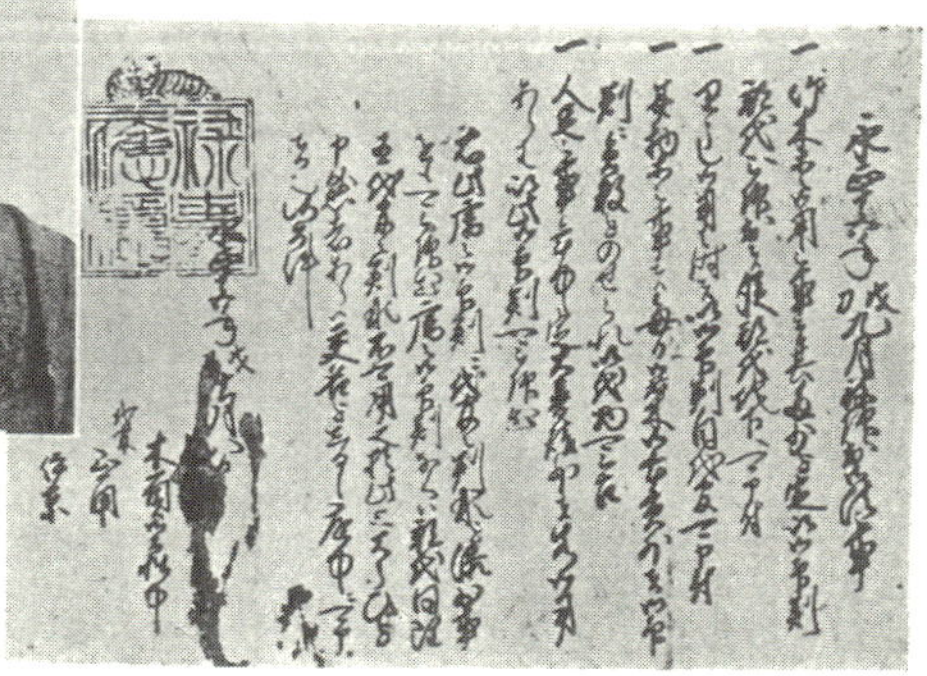

虎之印朱印状と大川四郎左衛門翁

拙編著『豆州内浦漁民史料』の大部分を永年保管してきた大川家の当主（昭和十七年九月十八日九十四歳で物故）。掲出文献は最古のもの。

永正十五戊寅九月被仰出御法之事

一竹十等之事者其多少を定、以㆓御印判㆒郡代へ被㆓仰出㆒者従㆓郡代㆒地下へ可㆓申付㆒

一りうし（粒子）御用之時者以㆓御印判㆒自㆓代官㆒可㆓申付㆒

一美物等之事者毎日御菜御年貢外者御印判ニ員数をのせられ以㆓代物㆒可㆑被㆑召

一人足之事年中定大普請外者若御用あらは以㆓此御印判㆒可㆑被㆓仰出㆒

右此虎之御印判ニ代官之判形を添小事をも可㆑被㆓仰出㆒、虎之御印判なくハ郡代同雖㆑有㆓代官之判形㆒不㆑可㆑用之、於㆓此上㆒はらひを申懸者あらハ交名《キョウミョウ》をしるし庭中ニ可㆑申者也、

仍如件

永正十五戊寅十月八日

木負御百姓中

「長浜」（後筆）

代官

山角

伊東

と訓まれる。内に禄寿応穏とあり頭に虎形を有つこの朱印の捺された年代は本文書発見までは伊豆最勝院蔵の永正十七年の文書が最古であり、北条早雲は十六年に韮山で物故しておる故、果して早雲在世中にこの虎之印を用いたか否か不明であった。この文書で早雲生前捺印が確認されたもので、この点史料編纂所の故相田二郎氏も強調された。

村との境から順にいいますと、小脇、網代、宮戸、小沢、二又となっており、これを「網度」といって、この一つ一つ網場である網度に先に述べた組がついていたのです。ところが漁場によっては魚の捕れ方に不公平があるので、何時の頃からか各組が順繰りに各網度を廻り持ちすることになりました。委しくいうと三月一日から九月の終りまでは二日目ごと、十月の初めから二月の終りまでは五日目ごとに順次交代して持場につき、魚の来るのを待っていました。これを「網度日繰り」といい、この日繰りを書いた帳面もあります。

網度のうちでは小脇網度が一番魚の来るところであったので、魚の大群が来た場合には、小脇を守っていた組が「見掛寄合」と声を掛けると日繰りを毀して一斉に共同して魚を獲り、その魚の水揚げが済むとまた次の日繰りに移りました。見掛寄合は小脇網度だけが持つ特権で、ほかの網度からはこれが云えませんでした。

魚群は淡島とナガイ崎との間の水道から内浦湾に入り、多くは小海、三津の沖を廻って小脇につっかかり、それから重須の沖を通ってまた外へ出てゆくのでした。魚群が来ると海面の色が変りますので、これを常に注視するために宮戸の山の山腹に魚見小屋があります。これを「峰」といい、ここを特に「大峰」と唱え、峰の総元締をしていました。小脇から網代へかけて高い丘や松の木の梢や、或いは櫓を作って沢山峰が出来ています。これを「助け峰」といって、魚を網で囲う場合上からその様子を見て海で働く者にそれぞれ指図をします。この信号法にも特別に面白いものがありました。

魚が網で囲われると、津元は蜻蛉笠《とんぼ》を被って手に竹の杖を持ち舟に乗って、その魚の水揚げの世話をしました。魚を満載した舟は岸へ着く時は、きっと舳《へさき》の方を岸へ向けて勢いよく漕いできて、どんと岸へ打ちつけました。すると舟の中の魚はいっぺん岸の方へ動いてから、反動で艫《とも》の方へぎっしり詰ります。舟が着くと女や子供が大勢出てきて網子と一緒になって魚を岡へ運びます。それをヘラトリがいちいち数えます。津元は舟の上に頑張っていて、これを監督していました。中には夕方薄暗くでもなると魚を盗むものも出てくるので、津元は見張っていて、あまり程度のひどいのが見付かると手に持っている竹の杖で擲《なぐ》ることも稀にはあったようですが、それで通っていたから、驚いた時勢もあったものです。これを「盗み魚」といって、少々ばかしは大目に見ていたのです。大部分の魚が陸揚げされると、舟の中は魚の血で赤くなった潮水の中に魚が隠れてしまいます。それを津元は足で探がして、足に魚が当ると、まだあるじゃないか、とヘラトリを督励します。この時津元は決して手で探さないのが定則でした。ヘラトリは、もういいでしょう、と云って津元が許すと、先に述べた舟の艫にぎっしり詰っていた魚を引出します。これを「艫の魚」といって、網子の特別賞与みたいなものにしました。私の若い頃には先に述べた盗み魚も随分あって、翌朝山際の竹藪の中から大きな鮪が何本となく現われたことさえ何回もありました。

また見掛寄合などして沢山魚が網で囲ってある時などは水揚げをするのに十日も二十日もかかったことがあり、こんな時の夜などは魚が怖《お》じてはいけないと燈火も点《つ》けず、騒ぐどころか遠慮して、一村しんとして番をしていたことも何度かありました。

魚が五十両も獲れると、津元の家では「津元膳」といって御飯のほかに鱠《なます》を造って網子に振舞いました。百両以上の時は御飯や鱠のほかに酒が出て、俗にいう「大盤振舞」をしました。もっとも津元も抜目なく、この時とばかり網子の衆に米を沢山搗《つ》かせたりしました。網子はヘラトリから順に並んでたらふく食べたり飲んだりした上に、鱠を皿に山盛りにして各自の家に持ち帰ったりしました。

昔は津元同志の博打《ばくち》が盛んに行われたものでした。漁師などは貯蓄心のない仕方のないもので、大漁のあった時などは袋物が一晩で三百両も売れたことがあったと聞いております。また大漁の後は、津元も網子も舟を押して勇んで沼津の料理屋へ繰込むのが唯一の楽しみでした。その代り少し不漁が続くとすぐに困ってしまって、網子は皆津元に寄り掛っているという始末でした。

魚の種類はシビ、メジ、カツオ、ハガツオ、ソウダガツオなどといって、鯨に附いて来るために「鯨子」といわれる類、即ち浮魚がその主たるものでした。昔はヒラメでもイシナギでも沢山いましたけれど、これらの底魚は一本釣で釣っただけで、この浦の漁業としてはそう大して重要でもなかったようです。

このうちでもシビやメジが捕れると、三津にいるナマシ（生師）がこれを買って江戸へ送りました。それは大部分青竹を割ったもので魚を荷造りして、大小に応じて馬の背につけます。馬は、魚が捕れると三津の荷宰料《にざいりょう》や馬頼みが、駈足で裏山の奥の長瀬小坂、即ち今の長岡温泉あたりの百姓に触れ歩いて集めるのです。荷が出来ると馬の列が続いて、三津坂を越し今の長岡から湯ヶ島を通って天城を越えて網代へ出て、そこから押し送り船で相模灘を乗切り三浦岬を廻って江戸へ入りました。私の記憶では一晩にメジが四千七百本、百七十頭の馬に積んで出たのを覚えています。何でも夕方の七時頃三津を立って、この時分はまだ狼が出るとかいって荷宰料は沢山松明を照らしていましたが、網代へは午前の三時か四時頃着いたといいます。

また或る部分は「スキミ」といい、鮪を大きな切身にして塩に漬け、樽に入れて沼津へ出し、それから富士川筋を遡って身延を通り中馬の背を借りて甲州にも入ったそうです。また或る部分は、この辺の漁師の家族がいわゆる「ボテフリ」として近郷へ売り歩いたようです。

生師が魚を買う時は皆海岸に集まり、石ころを手拭いに包んでそれを入札したものでした。

捕れた魚の分配は、まず神社やお寺への初尾、船網の諸掛り、峰や網子の手間、津元の賞与の如きえびす等をそれぞれの歩合に応じて引き去った残りの三分の一は浮役として幕府へ上納し、残りの三分の二の約四分の三を津元がとり、四分の一を網子に分けました。網子はこれと、網子貰いと鱸の魚と盗み魚とが漁のあった度の収入になった訳です。また漁猟ごとにおおよそ三分の一を取り上げてしまうという税も、全く馬鹿にならない金高に昇ったものです。この税は一般の高のほかの特別税だったのですから、韮山の代官所としては誠によい収税の源泉だった訳です。

津元も大勢ありましたが、重寺の秋山・加藤・室伏・土屋、小海の日吉・大沼、三津の大川ほか四軒、長浜では私の家ほか二軒、重寺の土屋、木負の相磯などが中でも大津元といわれ、その年に初めて捕れた魚は互に届け合って祝ったりしました。しかしその生活を振返ってみると、勉強もしなければ貯蓄もしない、ただ馬鹿噺をしたり博打をうったりするのが能だといったふうで、今から思うとお恥しいような生活振りでした。

御一新前後からは世の騒がしいのにつれて、網子が段々網元の云うことを聞かなくなってきました。その上、明治になってから、政府では海は公のもので道路や空気と同じだというような議論が出て、明治九年に海面を取り上げられることになりました。何しろ昔から大層な勢力で、大瀬崎から清水港を見通した線から奥は皆、自分の海だくらいに考えていたのですから、この達しには一同驚いて大変な騒ぎになりました。

ようやくのことですぐ取り上げられることが止まった代りに、十年間海面借用という形式でその権利は延びましたが、それから後は津元の勢力もめっきり弱りました。

私は明治八年にカソリックに入りましたが、それでも今まで顎で使っていた網子に馬鹿にされてくるのが、口惜しくてたまりませんでした。そこで明治十何年か頃に長浜の三十軒の網子の外にいた人々を糾合して六人で一組を作り、一時県庁から許可を得て漁業をやってみましたが、多勢に無勢、とうとう敗けてしまいました。今、長浜の漁業組合が三十六戸から成り立っているのはそのためです。

その後私はここに居るのが嫌になったので東京に出て

ニコライに行ったり、当時、盛名を馳せた大井憲太郎を基督教に引込んだり、油屋をやってみたりしていましたが、そのうち縁あって伊豆の大島へ移り永らく同地で暮していまして、近年帰ってきたのです。

今考えても惜しいことをしたと思うのは、明治八、九年の頃断然、今時はやりの生活改善といった気持から、古い大きな家を毀してしまったことです。その台所の大黒柱には、網子が来ては縄を綯《な》ったために、幾筋かの溝がついていたのを覚えています。家はよほど古いものだったといいます。買った大工が、材木を鋸で引くのに木が堅くて損をした、と云ったのを覚えています。

大体こんな話を何回にもわたって聞いた自分は、非常に興味を覚えたことであった。殊に村の古さ、家の継続、地割制度にも似た海上慣行、また翁の話にはあまり出なかったが、この村が天領であった関係上幕府の特殊税源となっていたこと、また魚の豊富なことは現在のカムチャッカのような有様であったこと、従って意外に江戸日本橋との関係が深かったことなどを考え、どうしても翁の有するこの古文書をひと通り見たいと思った。

日を期して翁の家を訪れると、古文書は永く人の住まなかったために相当風通しのよくなかった蔵の長持や、門長屋の箱類の中に蔵ってあった。その他、翁の手許にあるものなどを見て、その量と年代の古さとに驚嘆してしまった。

早速宿屋へ持ち帰ってみたが、古文書に馴れぬ自分には到底正確には読めずもどかしくは思ったが、容易ならぬ史料であるということには気が付いた。そこでこれは他の津元の家にも保存されてあると考え、内浦六ヶ村の津元や旧家をいちいち訪ねて探索し或る程度の収穫を得たが、要するに大川翁の手許にある文書が量に於ても質に於ても一番であることが判った。

これは畢竟《ひっきょう》、徳川時代から明治へかけて津元の総元締としてあらゆる訴訟にまた歎願に際してその資料として、證拠として用いたため当家に集ったので、翁の所にあるものは全部が翁の一家のもののみでなく、他家の史料もすでに蒐集包含されていたためである。

古文書の整理

大川翁が持参した天正十八年の秀吉朱印状に驚いた自分は、その翌日、早速翁の家を訪ねると、翁も多少の整理はしてあったらしく、右の文書そのほか、北条氏虎印三、四通と慶長・元和・寛永頃の文書十四、五通が黒い漆塗りの文箱の引出しに入っているのを最初に見せられた。古文書に全く素人の自分にもこれらが珠玉のような気がして、無造作に摘《つか》み出される翁の老いた手にハラハラしたものだが、これが終って次に案内されたのは門長屋の中にある六畳の部屋であって、その押入から出された各種の木箱を開けてみるに及んで、翁の無造作な取扱も肯われたのであった。或る箱は漁業上の帳面で埋まっており、或る箱は天正、慶長、元禄、享保、明治等各種の時代の文書とともに大きな紙帳までが雑然と入っていて、全くどれから手をつけていいか判らぬくらいであった。翁の住まっている母屋から二十間ばかり離れた奥に土蔵があって、その中の長持にも古書、帳面、古證文その他が一杯詰っていた。

不思議に感じたことは、これだけ古い年代の古文書がまず大体、虫に喰われ方が少く、また往々百姓の旧家に見かけるようにくすぶりもせず、割合ウブなままに保存されていたことで、これは全く僥倖ともいうべきことと思った。

翁は、自分の家にとって恥になるようなことも書いてあるものがあるか知れぬが、それだけは気をつけてほしい、しかし後はどう写されても構わぬから御覧なさい、と極めて寛容な態度で自分を信頼してくれたのは本当に有難い気がした。そこで自分は一部分ずつを風呂敷に包んでは宿へ持ち帰り貪り読んでみたが、何分にも素人の悲しさで、判読出来ぬところが多かったが、ただ目を通しただけではいけないと思って、片端から写し始めた。しかし何分にも量が多いし、思い付いて早川孝太郎君にも来てもらって柴博士等と共に午前七時半頃から夜十時頃まで夢中になって書写したことが約二ヶ月間も続いたかと思う。そのうちに早川君も帰ったり、また来たり、時には見舞いに来てくれた人達まで捉まえて写してもらったりしたのでびっくりした向きもいたようであった。

大川翁は、何故に自分が一生懸命になって古文書に没頭しているか、初めは極めて不思議な面持であったが、そのうち我々の熱心さだけには痛く感激を持つようになり、また我々が古文書から得た知識をもとにしての質問振りの変化に或る種の感激と興味とを持たれたらしかった。大川の家の分を大体一覧してしまった後は、翁や松濤館の主、その他の伝手《つで》を求めて他の津元や旧家を訪れては古文書を漁った日も多かった。

自分の病気も殆ど快癒したので五月の初めまさに帰京せんとしていると、ひょっこり翁が訪ねてこられて、自家の文書を大学へでも寄贈したいが、御配慮を仰ぎたい、と云われたので、「善い哉《かな》、言や」と自分は膝を打って賛成し、翁に向って「翁《あなた》の所の文書は日本として非常に貴重なものであり、御志の通り今後これが国家の手に保存されて永久に残るならば、翁としても死なれた後、四百年このかたの御先祖に会われて立派に責任を果たし得たと云うことが出来るであろう。もしこの儘にしておいて翁の亡き後、滅失または分散してしまっては実に悔いても及ばざるものであり、早速その手配をしようが、ただ直ちに寄贈してしまっては或る種の文書はすぐにも学者が利用出来ようけれども、自分はこの文書は一つの村の四百年間の記録の集大成であって纏《まとま》ったところにまた別種の価値があると思う故、願わくは自分にその出版を委ねられ、しかる後、現物を寄附することにされてはどうか」と答えたところ、翁は快諾されたので、ここに自分として、その意をかため、帰京後、穂積重遠博士とも相談の上、自分のかつて学んだ東京帝国大学経済学部研究室を選定し当時の学部長森荘三郎博士にその旨を伝え、翁の名に於て寄附することとし、その実行はしばしの猶予を求めたのであった〔この点は、その後の情勢の変化より一度は帝大農学部に寄託され、今は文部省の庶民史料館に納めている〕。

何分にも文書の数量は多いし所蔵者も一様ではないので、古文書も読め物事に丹念な藤木喜久麿君が当時大阪に居たのを帰京前に思い出し、同君に交渉し三津へ来てもらい、自分の帰京後約二ケ月にわたって充分整理もしカードも取りしてこれを東京へ持ち帰ってもらったのである。

自分としては発見者でもあり、また翁に出版を約した関係上、責任を痛感し、これはただ素人がいじくっては相すまぬと思い、穂積博士とも相談し、前から穂積家とも我々とも泥《じっ》懇《こん》の間柄であった植木直一郎博士に相談を持ちかけ、同博士の手によって国学院大学講師祝宮静《ほおりみやしず》氏にこの仕事を担当して頂くことにした。

祝さんは社家出身の学徒、現に国学院大学や立正大学で国史を講ぜらるる傍ら、専門の神社経済史を研究しておられる。まだ少壮にして元気旺盛なるとともに丹念細心、しかもいたって謙譲、学問的良心の鋭い同氏を迎え得たことは、自分にとっては勿論のこと、本史料そのもののためにもどんなに幸であったことか解らない。

論文を書くのではない、資料を学界に提供するのである。山から鉱石を掘り出し、これを選鉱して品位を高め、焼いて鍰《からみ》を取り去って粗銅とするのが本書の目的である。これを更にコンバーターに入れ純銅を採り、また圧延して電気銅を取り、或いは棒に或いは板に、或いは線にすることは我々の仕事ではない。原文書を整理して他日学者の用に供し得る形にすることが自分の目的なのである。しかして学者の用たる、目的により、種類により、時代により、研究の視野・角度の変化により、今から何が一番価値があり何が全く無駄であり屑であるかは予想し得ない。一方、文書は一村としては時代的にも量的にも纏っている。多少鉱物としての品位の点は落ちても、これは他日学者の精錬法に委すとして大部分を出版してみたい。この考え方につき祝さんは十分理解して仕事に取りかかられたのであった。故に品位の落ちた点ありとすれば責任は自分にあるので、祝さんが学者としては幾分の議論もあったろうが己を殺して全く自分の主張を容れられた寛容さには深く感侃《かんぱい》しているところである。なお一応の整理は現地に於て藤木君の手によってなされはしたものの、その後大川家からもまた少しばかりの史料の提供があり、祝さんが来られてからは根本的にやり直すこととなった。最初のうちは金子総平君が助手として働かれたが、その後に小松勝美君や野沢邦夫君が来られ、何れも全的に信頼し得る正確さと勤勉さで、ともすれば混乱しやすい古文書の整理に努力された功績は大きい。

上梓に際して

魚を釣るつもりでかえって古文書を釣り上げてしまったのも、もう五年も前の過去へと後ずさりしてしまった。爾来、庭前の梧桐も幾度か繁っては散った。その間この文書の整理が着々進められると同時に、これが動機となって祭魚洞文庫には漁業史研究が熾烈となった。祝さんの近江国野洲川簗漁業史資料、山口和雄君の九十九里旧鰯網漁業及び富山県氷見の鮪鰤漁業、伊豆川浅吉君の土佐捕鯨漁業、桜田勝徳君の各地漁業民俗、大西伍一君の旧漁民事蹟略等次々と研究が重ねられてゆく。これらの研究の跡を見るにつけても当内浦漁業も大きなものだと思う一方、その発生や形態が極めて特異な色彩を持つことも知られ、一口に漁業史とはいうものの究明すればするほど簡単にはゆかないとつくづく考えさせられるのであった。

また本書は永正年間から明治初年まで約四百余年間の一村に起った出来事の記録である。このほかに滅亡消失した文書も多量であったろう。しかし現在蒐集し得たものだけについてもその量は相当なものであるが、これを通覧してこの内浦から見る富士山の美景どころかその存在すら一言半句も言及していないのは実に意外であった。もっともこれは文書の性質のしからしむるところでもあろうが、本文書を研究するに当ってもし地図を開かず、また実地を見ないなら、あの国立公園にも一度は擬せられんとした駿河湾の絶景は想像も出来ないであろう。かく考うると本書は、あまりに常に見るもの常に為すことは記録されず何事かの事件のみ書き残される歴史の影をまざまざと見せている如き気がする。一方、学問に於ても社会的な仕事に於ても日常の何でもないことを忘れてはならないという反省を起さずにはいられない気がするのであった。

さていよいよ上梓に際して思い起すと、ここまで仕上るについて祝さん始め非常に骨折られた人または少しでも関係のある多数の方々の顔が眼に浮んでくる。これらの方々に自分は心から感謝の意を表したい。と同時に、組方、校正その他に多大の労力を惜まれず、気持良く仕事をしてくれた開明堂の人々の労も多としたい。

また内浦で大川翁のほか、文書を借用させて頂いた旧津元その他の方々、大川文作、秋山晴一、日吉俊三、大沼健作、土屋荘平、松本辨策、大川次郎、金指勝見、大村民三、相礒進、久保田大三郎の諸氏、またいろいろ御話をして下さった り資料を提供して下さった大川忠助、小松てふ、石和弥平次、岩松市之助、増田ます、小川喜作、菊地兼吉、同伝次郎、相磯松濤館主の諸氏や、住本寺住職黒崎政信氏に対しても衷心感謝を捧げたいと思う。

終りに本書は、本書の根幹をなす大部分の史料を学界へ寄贈された昔時の津元として唯一の生存者である大川四郎左衛門翁、ならびに内浦六ケ村の津元衆、網子衆、その他過去四百年にわたってこの内浦に生活した全村民男女の各位に謹んで捧げられたものであることを附言して筆を擱《お》く。

（昭和十二年六月記）

〔『祭魚洞襍考』岡書院、一九五四年〕

海村の郷土資料

海村と郷土研究

今日までのいわゆる郷土研究は、概括的に見て、その関心がとかく農村山村に比較的多分に向けられていたと思います。必しも対象をそこに決めて掛かったのではないが、そういう結果を齎《もたら》した。農山村に対する海村――山中や平野の村に対して仮に名付けました――即ち海辺に土着して専ら漁業のみに携る人々を中心とした村々と、海辺に居住しながらおよそ漁業には全く手を出さぬ村、或いはその中間を往くところの半農半漁、更に七農三漁等の村々を初めとして吾が国には殊に多い海の島々――孤島については海村の中でもよほど研究が進んでいると思う――の研究もまもた決して等閑に附し得ぬものであります。その他、特種の伝統を有《も》って、集団を成していた琉球の糸満の人々、九州長崎地方の家舟《えぶね》、豊後沿岸地方のシャアの部落、更に三重県の志摩を中心とした蜑《あま》とか北陸地方のアマベ等のように特異な生活形態を営んでいる団体、また、これらの中にも土着をせず季節的に、または一時的に移動性のあるいわば一種のシイ・ジプシイの如きものもあります。これらの総てを引っくるめて漁村と云わずあえて海村と申したのであります。このほか、海そのものに関係はないが主として漁業の観点から忘れてならぬものは湖村と河村とであります。

この海村の生活慣行等に対する調査とか研究は前に云う農山村に比べて比較的注意の向けかたが少なかったと思います。もちろん一部の熱心家はあっても多くは外部からの観察者であったために結果から見て内面生活の把握に不便があった。これを海村の立場から言えば研究の対象として置去りを食った形でむろん水産業そのものの研究は偉大な発達を示しているのですが、海村を民俗学的または経済史学上の問題として追究することは不思議なほど少なかったようであります。結果をそこに導いた原因は多々ありましょうが、その一面の理由は、概括的に吾々日本人の海に対する関心が強いて云えば皮相的であったことであります。我が国は四面海に囲まれて常に海を見ており、海との交渉は生活と切り離すことは出来ない。例えば殆ど全部の人が海から獲た魚なり海草なり殊に食塩なりを口にしていながら海を想う機会は尠《すくな》かった。漁夫と舟乗りは別として、民俗学や経済史に興味を持ってこんな方面を研究されている多くの学者と素人も、海に対する時は一般人の海との交渉が単純に汽車の窓から眺めた景色としての海とか船客として、また海水浴客としての海に止っているのと大差なかったように思われる。陸上の古墳や塚や、または河の淵等に対するとは反対に、海ではその海面のみでその下を思う機会は尠かったようであります。即ち海の深さ、潮流の動き、海色の変化から更に海底のいわゆる根や暗礁の状況、春夏秋冬に経る植物の生態、魚類の棲息状態及び海面に変化を起す風等は海面を一渡り眺めただけでは識ることが出来ない。山で云えば恒《つね》に霧や雲に閉されている以上の謎の世界である。これを魚について言っても、底魚と浮魚（廻遊魚）とだけでも著しい相違がある。これらの智識は単に陸上の経験だけでは享《う》け入れにくい。従ってそれらを対象に生活する者の思想や態度や生活様式に対しても充分な認識を得んとするには以上の予備的概念がこれ必要であります。

　更に別の立場から云って海は総じて朗らかで明るさが強い。これにはもちろん南海の潮と北海の水にはその間に著しい差違はあるが概して明るい。一時的の暴風雨とか津浪とか特種の現象を除いては、深山の湖水や渓谷に見るようなミスティシズムが少ないのであります。果しない茫洋とした海の明るさに対していると、山中の陰冷に当面しているような切実感が起り得ない。従って思索に導く機会も乏しかったように思われます。内に生活回顧の機運が興らず、ひいてこれらに対しての認識が具現しないとなると、外部からの観察もその真実性を捉《つか》む便宜に遠ざかる。これらのいろいろのことが海村の研究をわりかた閑却せしめていた理由と申せましょう。

海村と山村との比較

　海の明るさに引きかえて山の生活は陰鬱であった。しかも如何に交通不便な山の奥までも人が住んでいる。木曽の薗原とか飛騨の益田郡の奥等に千年以来の村が展けていたことは既に知られていることでありますが、しかし、開発が古いからといって最初から山の中にポツリと人が生れるはずはない。日本は四方環海の国である。これは何れかの海辺から何らかの連絡を辿って永い永い年月の間に段々と移住したと解すべきであります。この考え方から直ちに思われることは、山地に対する海辺は開発が先であった。即ち故郷であったということで、或いは海村は農、山村に比べて古すぎたとも言えるのであります。中世以降の正史の教える事実によると、吾々の文化は山中の台地から一部は更に奥にも行ったが、大体漸次平地へ平地へと進出したと解せられる場合が多い。しかして平野海辺の村は交通文化の浸潤を受けて次第に変化する。従って山村そのものはその周囲の文化圏から取り残され、古いもの、昔の姿を偲ぶものは総て山岳の陰に巣喰うていた様に考えたのも自然であります。そのため山村の生活その他を昔時の標本として取扱うことになったとも云えましょうし、またそれは決して嘘ではないのであります。

　ところが海村に於ては島を含めてその中央文化との交渉や交通関係が山村とはよほど趣を異にしていると思います。ちょっと考えると、奇体なことには海の交通は吾々が想像している以上楽であり頻繁であり諸々の物品の輸送量に至っては土の上では思いもよらぬほど多かったのであります。海岸を伝い山越え野越えて行かねばならぬ半島の先へも舟によると僅かな労力と時間とで行き得るところに、海村の孤立性が確かに見えて、実は極めてこれに怪しい点があるのであります。これは島についても同様のことが云えます。例えば伊豆大瀬岬にある江梨村は一見孤立した存在で沼津まで陸路二日は充分かかるのに舟で駿河湾を横切れば手押の櫓でも三時間以内に到達します。羽後飛島から対岸まで追手《おいて》に帆を上げれば数時間にして目的のどの点へでも着く。糸満の人は小さな舟で金華山までも来るのである。海上の交通は陸上とまるで勝手が違うようで暴風時以外は海ほど楽な道路はないのであります。しかしその一面、海村には極めて保守的な方面が強く、他所の文化に対する排他性と抱容力過小性及び忘却性が至る所に見えるためか、山村にも似た古さは認められます。何れにしても海村から河川流域の平野へ、その平野から山村へ、山村からまた広大な平野へという人々の移動は必しも同一過程と時代とを通じなくとも極く大まかに云えたので、海村は概して山村よりも古く、しかもその古さが色々の事情で早く洗い去られたと申したいのであります。

（執筆時期不明）

帆影七里

人々がせまい海岸に居をかまえ、アワビをとり、コンブを刈ったり拾ったり、また塩を焼いていた時間も相当永くつづいたであろうが、船の構造が沖へ乗り出すに耐えるほどに進歩してくると、沖へ沖へと漁場を求めるようになるのが自然である。こうした時、陸地の山々がまず何よりの目じるしであり、それらによって距離や位置を測定した。中でも金華山と早池峯は、何よりもよい目じるしであった。かかる山や岬を主とし、その他の目じるしなどを補助目標にして三角測量して、海岸からの距離をはかり位置を見定める。これを山アテなどというところが多い。

　そして多年の経験は、それぞれの位置における海底の有様を、つまびらかにしている。どこが高く隆起しているゆえ舟からは浅くなるか、またどこが海底の棚の端に当るか、またどこが岩間でどこが砂地だなどと研究しており、巧者なものは山アテをにらんで、一尺と位置をずらすことがない。浮き魚は別として底魚の釣などには、この技術なしには稼ぎにならないのである。

漁師の子弟の教育のうち、この山アテのごときは最も大切な職業教育の一つで、しかも時にはその家のみの秘伝もあったのである。筆者の西伊豆におけるせまい経験でも、寺の松の枝が切り落されたため、その後少しの間は、三角測量の精度が減じたことがある。

沖には海幸が多かったが、何といっても動力のない船の時代は、急に時化《しけ》でも来ると命を危うくすることもあるので、沖ではなるべく船は集団をして、特に仲のいい船とは互いにカタフネを組んだ。カタフネとは助け合いをする船のことである。そして視野の中に船一艘も見かけぬようなところでは、漁をしないことにしていた。船と船との距離は「船影三里、帆影七里」といって、船の姿が水平線に没して見えぬほどはなれていれば三里、立てた白帆が見えなくなる程度のところにいれば七里は距たっているとし、これを基準にお互いの船の距離をはかったのである。

また海岸から帆影七里の内は陸の領地の内、それから外は誰のものでもないと言い慣わしていたところもあって、昔から領海と公海との観念は、おぼろげながら芽生えていたようである。そして右のいわゆる領海には、それぞれその海をおさめる神があり、高い山の上に祭られているものが多かったが、中には金華山や羽前大山善宝寺、津軽深浦の観音のように、海から近くにあるものもある。

また高い山の神としては早池峯、岩木山、鳥海山などがそれで、これらの山の見える範囲の海は、この山の神が見守ってくれていると考えた。その信頼がまた人々を、安心して沖に稼がせたものであろう。ゆえにこんな山々はその山麓の人々にもまして、かえって海岸の人々の信仰の厚いのが通常であった。

島や岬に神が祭られて、信心されているのも、一つにはこうした沖からの目じるしとして、つよく船人に印象づけられていたことにも原因があろう。岬の沖でわざと帆を下げて通る信仰は、どこにもあった。北前船が男鹿半島の本山の沖を通る時は、船をわざわざ一周させた後で、帆を下げる風さえあった。それは敬虔な心に満ちたものであった。

〔『東北犬歩当棒録』産業経済新聞社、一九五五年〕

魚名分布に見られる一傾向

拙著『日本魚名集覧』に採録した資料に比し量において数

倍し質においてはるかに精緻な集成がなされた上でなくては判然たる推論を下し得ないことはもちろんであるが、ここでは現在の貧弱なる資料により、わが国沿岸に普遍的に産する魚類やある程度稀覯種と目されるもなお人々の注意にのぼった魚類のうち若干種について、その魚名の分布状態に一瞥を与えてみたい。まず資料のそれぞれにつき表示しつつ多少の説明を加えることとする。

A表　イワナ（#127）

北日本	イワナ	奈良	キリクチ
東北	イワナ	紀ノ川	キリクチ
東京	イワナ	吉野川	キリクチ
信州	イワナ	滋賀	イモナ、イモウオ
美濃	イワナ	広島	コギ、ゴキ、ゴギ
和歌山	キリクチ	中国	コギ、ゴキ、ゴギ

イワナは淡水魚で、アユが棲まなくなるくらいの低い水温を好み、したがって多く川の上流に限られて産する。イワナなる魚名は文献的にも古い。中国地方岩国川と山陰益田川へ注ぐ高津川支流匹見川を南限とし、これより東北にわたり産す。アメマスの陸封型で、イワナなる魚名は信州美濃以北に限られ、奈良紀州でキリクチ、滋賀県でイモナ、中国地方でコギとなる。

B表　サメ、フカ、ワニ

東北	サメ、アオナギ、モウカ	北陸	ワニ
東京	サメ、フカ	丹後	ワニ
愛知	ノソ	島根	ワニ
鳥羽	サメ	長崎	ノオソ、ノオソオ、ヤエジ
紀川	フカ、イラギ、サベ、サメ	壱岐	ノオソオ
大阪	フカ	鹿児島	ノオクリ、フカ
広島	ノオクレ、ノオソブカ	四国	イラ、フカ
山口	イラギ	沖縄	サバー、サバ
越後	フカ、ワニザメ		

サメ類は種類も多く従って形態も分布もさまざまであるが、古来特定の種類を限定しない場合は通称としてサメ、フカ、ワニ等自由に用いられている。ここでは魚種を限定せず、上記一次的魚名と目さるべきものを基として地方による称呼を配列してみた。例えば東京でのシュモクザメはサメを採り、同種を長崎でカセノオソオと呼ぶ場合ノオソオを、また北陸でこれをカセワニという場合ワニを採用した。かくしてサメ類の魚名と魚種とを見比べてみると、中には例外もあるが主として大型魚はフカ、主としてやや小型のものはサメと呼ばれ、これはやや通念として全国的に通用するようである。所によっては歯のあるものをフカ、ないものをサメという場合もある。またワニは日本海沿岸に主として見出される。ワニザメという語は古来文献的には多く用いられているようであるが、主としてサメ、フカの強猛性を示しやや観念的であり、実例は越後の報告ぐらいである。大国主命神話のワニは明治

になって南方の爬虫類のワニとして挿絵にまで書かれたことがあるが、これは『和漢三才図会』等に基づいたものかあるいは早合点かで、実は魚類のワニがその内容たるべきであろう。現今でも出雲でワニと呼び、ワニナワを配える等といっている。北九州のノオソオはオナガザメ等が主としていわれており、南九州のノオクリはホシザメ類に多い。ホシノクリ、マノクリ等皆これに属し、長崎のヤエジもまた小型のサメに用いられている。いつか白鳥庫吉博士がワニはオニ、アニ等と同義であるしまたサメはサベ（刀身）の変化であるといわれたことを記憶するが、『和名抄』や『新撰字鏡』にサバとあり、現代においては紀州にサベが残っており、沖縄でサバまたはサバーといっているのは面白いと思う。

C表　マカジキ（#367）

宮城	ハイハゲ	堺	ノオラギ
千葉	ネエランボオ、ナイランボオ	富山	サシ、サス
東京	マカジキ、カジキ、カジキマグロ	石川	サシ、サス
相州	マザラ、マダラ	五島	バイ
紀州	ノオラギ、ナエラギ	鹿児島	マゲ
対馬	ハイオ		

カジキは普通「梶木」等と書くが、実は舟の下敷でカジキトオシが本名だと説く人もある。大体にあの嘴を見ての命名が多いようであるが、カジキなる魚方言の地域が案外に狭いのは意外である。もっとも現今ではカジキは優勢魚名としてほとんど全国に通用していると思う。

D表　マンボオ（#685）

北海道	ギナメ、キナボウ	伊豆	マンボオ
茨城	ウキキ	紀州	シオリカ、マンボオ
三崎（相州）	マンボオ、マンザイラク	土佐	オキマンザイ
小野田	バラバア	壱岐	マンブ
周防大島	ババラボウ	鹿児島	シキリ
新潟	ユキナメ	喜界島	シチャー
富山	クビザメ、マンボオ		

稀観種であるわりには全国万遍なく現われている。形態の異様なると習性の奇異なるため古くから本草学者等に注意さ

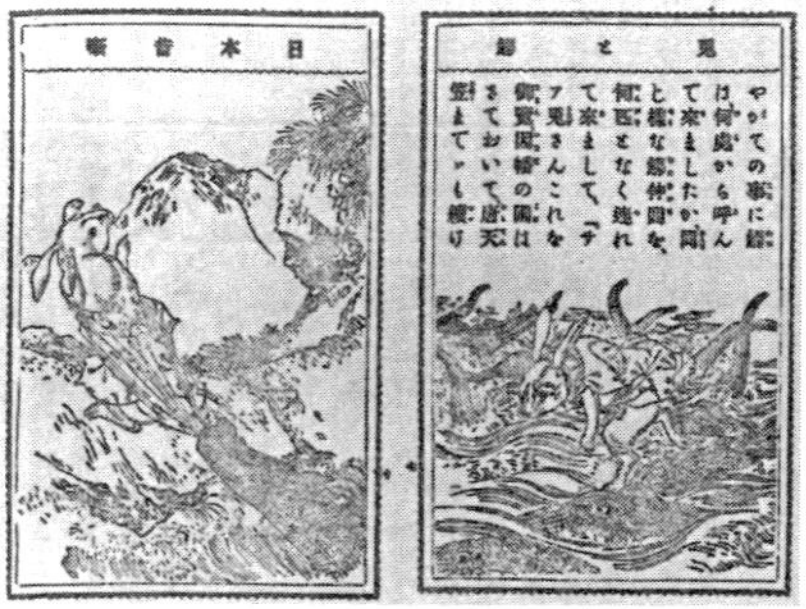

巖谷小波編著、日本お伽噺、因幡の白兎（明治31年刊）より

小学校 こくご 二年下（昭和31年5月発行、定価75円）の挿絵。「わにざめのせなかにとびのりました」とある。

れた魚で、これらの人々の間では「楂魚」と書かれ、マンボオよりはウキキの方が広く用いられていたようである。

E表　スズメダイ（#563）

三崎	ゴンゴロオ	防州	ヤタイオ
豆州	ガンモオ	能登	ゲンチョオ
勢州	シシヒ	舞鶴	モモセ
紀州	オセンコロシ、ヤエダ、ヤハチ、ヤハギ、ナベコサゲ	高知	アブラウオ、スミヤキ、クロイオ
淡路	オセンコロシ	博多	カギキリ
広島	ヤハギ、ヤハンドオ	対馬	カジキリ
		壱岐	ボタツ

スズメダイは重要魚でないし一次的魚名と判然認めらるべきものも見当たらない。また近似種の魚名と共通しているものもある。

F表　コバンザメ（#901）

宮城	ピンピク	小名浜	ゾオリッペタ
茨城	ツチウオ	東京	コバンザメ
千葉	コバンザメ	富山	フナドメ、コバンイタダキ
紀州	コバンウオ、ヤスダ、ヤスダイ、ヤスラ、ヤイチャ	舞鶴	コバンウオ
		沖縄	フナヒッツイ
高知	ヤスナ、スイツキ	肥前	スナジトリ
新潟	フナスイツキ、フナスイ、フナスリ		

田中博士は博物の教科書等にコバンイタダキとあるのを、この種がサメ類でないのでコバンザメといってはまぎらわしいとて特に改名したものがいたと思う、といっておられるが、教科書編纂者がかく考察改名したとの想像も許されるし、また富山県では事実コバンイタダキと古くからいっており文献にも出ているのでかかる魚名が採用されたとも考えられる。初等教科書としてこのコバンイタダキの初見は明治十五年で、その以前明治七年から十三年までは印魚としてのみ現われている。なお古魚名として文献上から見ると、この魚を加州でアヤカシ、丹後でフナイトリ、筑前でフナシトギ、土佐でヤスダ、薩州でフナトリ、水戸でワラジザメ等と見えている。この魚は他の大魚の腹や船の腹に吸着して他力で移行する習性があるので南洋ではこれを利用し海亀の捕獲に用いているぐらいであるが、この種の生態観察によって成立したと思われる魚名、すなわちフナドメ、フナスイ等が新潟、富山、丹後、南北九州、沖縄にかけて分布するに反し、紀州以北の太平洋沿岸には捕魚された魚体観察により頭部の吸盤に注意せるに基づいて成立した魚名、すなわちコバン、ワラジ、ゾウリ等が見えて、大体に二次的に魚名分布区域が二分されていることは注目に値する。

G表　アマダイ（#548）

東京	アマダイ、オキツダイ	大阪	クズナ
紀州	アマダイ、ビタ	富山	グチダイ

丹後	クズナ	鹿児島	クズナ
舞鶴	グジ	宮崎	コズナ
出雲	コビル	大隅	クズナ
伊予	コズナ	奄美大島	クズナ
土佐	アマダイ、ビタ	沖縄	イズキン
長崎	クズナ、アマダイ		

アマダイは美味なるため上等食魚として珍重されているが、関西では一般にクズナの方が通用しているし、クズナまたはその系統の魚名域が広大である。

H表　アイナメ（#740）

北海道	アブラコ	淡路	アブラメ、アブラ
東北	アブラメ、ネウ	紀州	アブラメ、トッパ、ツムギ、ハタ
宮城	ネウ、ネウオ	広島	アブラメ
水戸	アイナ、エイナ	庄内	アブラコ
東京	アイナメ、クジメ（幼）	新潟	アブラメ、シジュウ
横浜	アイメ、モロコシ	佐渡	シジュウ
三崎	アイナメ	富山	モイオ
駿州	ベロ	丹後	シジュウ
上総	ダボ	鳥取	モズ
尾州	グジメ	長崎	ヤスリ
勢州	コモズミ、ナメイオ	壱岐	アブラメ
関西	アプラメ	沖縄	シュク

この魚の全国的に称呼されている魚名はアプラメまたはアブラコであって、本州中部の太平洋沿岸の一局部にアイナメ、日本海沿岸中部の所々にシジュウという魚名があると見てよいであろう。

I表　メヌケ、メバル、ソイ（#687a–709）

北海道	サガ、ソイ、スイ、メヌケ	明石	オコゼ
岩手	サガ	瀬戸内	メバル、ネバル
宮城	メヌケ	広島	ワイナ
塩釜	メヌケ	下関	モブシ
水戸	ソイ	秋田	アゴウ
館山	カサゴ	越後	ハチメ、スイ
東京	モヨ	富山	ハチメ
三崎	アコウ	魚津	ヤナギ
浜名湖	ワガ	四国	ガシラ
熱田	ワガ	高知	オコゼ、ギツト
鳥羽	ワガ、モイオ	大村湾	モプシ、メバリ
紀州	メマル、ガシラ、アタガシ	鹿児島	ホゴ、オコゼ
淡路	バトウ	沖縄	ミーバイ

J表　カサゴ（#710–727）

茨城	アカウ、アカゲ	舞坂	オコゼ
東京	カサゴ	鳥羽	アカ、キツ
三崎	カサゴ	紀州	アタガシ、ガシラ、マス、オコゼ、アカガシ、カキ、カガネ、ゴッチョウ

駿河湾	カサゴ	高知	ガシラ、ガガニ、フゴ、オコゼ
神戸	メバル	筑前	ゴウザ
広島	ホゴ	壱岐	アルカブ
小野田	ガラカブ	島原	アラカブ
富山	ハチメ、ハツメ	熊本	ガラカブ
能登	ハチメ	鹿児島	ホゴ、アラカブ
島根	ボッコオ	奄美	ゴッチョウ
伊予	ホゴ、オコゼ		

K表　オコゼ（#728–739）

房州	オコオジン	岡山	オコゼ
相州	オコゼ	広島	オコゼ、オコオジン
三崎	オコゼ	富山	オコゼ
東京	オコゼ	越後	オコジョ
小田原	オコゼ	大分	オコゼ
静浦	カサゴ	長崎	オコゼ
近江	オコゼ	伊予	オコゼ
鳥羽	オコジ	高知	オコゼ
巨椋池	オコゼ	鹿児島	オコゼ、オコオジン
紀州	オコゼ		

前記ＩＪＫ表は一括して見る方が都合がよい。それは、いずれも動物学的に見ると種類を異にするが、それでも分類学上の配列も前記のごとくメバル類#687aより#709の約十三種、カサゴ類#710–727の十八種、及びオコゼ類#728–739の十二種は種類番号も一貫して続いていて同一系統の種属に属し、ことに普通一般の人々からはその差別を明確にされているとは限らないからである。またこの三表に掲げた魚は多少とも共通の属性を有している。すなわちこれらの魚には毒棘あるもの多く、またその強弱の度合はメバルの類最も弱くカサゴ類はこれよりやや強く、オコゼにいたっては強烈となっている。また概して容貌怪異なものが多い。

次に前掲表に出した魚名はいずれも一次的な部分を採用したのであって、例えばメバル類のI表ではバラメヌケ、タケノコメバル、クロソイ、オオサガ、モハチメ等からメヌケ、メバル、ソイ、サガ、ハチメ等を抽出したのである。この類では前記のごとく必ずしも一種の魚でなく数種の魚族を一括して見ると、東北地方ではメヌケ、サガ、ソイを見、静岡県より三重県にかけてワガ、紀州、四国にガシラ及びアタガシ、瀬戸内海にメバル、越後、越中にハチメを見る。しかるに館山、紀州、明石、高知、鹿児島等においてはJ表またはK表に現わるべきカサゴ、オコゼ、ガシラ、ホゴ等の魚名の混入を見せている。次にJ表を見るに、これも前述のごとくカサゴ類#710より#727にいたる十八種の魚族中より一次的魚名を抽出したのである。カサゴなる語は東京近傍では古くから有名な魚で、江戸時代には五月節供等に特に用いた習俗の記録もあり（『アチックミューゼアム彙報』第三九、「片山家日常雑記抄」一六ページ参照）、また海中の根の名にもカサゴネと称する所は相当多く各所に見うけるところであるが、この魚をカサゴという地域は案外に狭く東京湾から駿河湾にかけて限られているようである。紀州から高知にかけてアタガシ、ガシラに代わり、広島、四国、鹿児島でホゴ、フゴとなり、九州西海岸ではアルカブ、アラカブ、ガラカブ等と変じ、北陸でハチメという。この類にもメバル、オコゼ、アコウ、ハチメ、ガシラ、アタガシ等はI表やK表の類と共通に称えられているのを見る。しかるにK表のオコゼの類になると状態は一変し、全国的にオコゼで統一されている。K表にI表やJ表における魚名の侵入なくかえってそれらの表にオコゼが侵入しているのは、他の近似種が真個のオコゼ類に代位しているためである。これらの表を見ても先述せしごとくオコゼなる魚名は更に複雑な意味を持つことが明らかとなる。

L表　ベラ（その一）（#581–591）

三崎	ベラ、イノシシ	但馬	グンジ
小田原	マタホ	伊予	グジロ
鳥羽	キツ、ベラ、イガミ	高知	モミス
紀州	ベロ、ベラ	豊後	ギダミ
広島	ギザミ	長崎	クサビ、クサブ
山口	ギダミ、ゴンニュウ、ノメリコ	壱岐	イモホリ、ヒメトコ、ヤナギバ
周防	クサビ、ギザミ、タテ	対馬	モミス
能登	カマタキ		

M表　ベラ（キュウセン）（その二）（#592–604）

青森	メグク	富山	モクジ、モクズ
三崎	キュウセン、ベラ	舞鶴	ヤギ
三重	ネブリ	高知	モミス
紀州	ベロ	長崎	クサビ
中国	ギザミ	壱岐	クサビ
広島	ギザミ	熊本	ベラ
周防	クサビ、ショーモン、ギザミ、ヒョコタン	沖縄	クサバー
越後	ヤギ		

N表　ブダイ（#607）

東京	ブダイ	駿河湾	ブダイ
新島	ブダイ、カシカミ、カシカメ	三重	トネ
紀州	イガミ	高知	イガミ、エガミ、バンド
堺	クズナ、ウシ	熊本	モハン
大阪	イガミ	鹿児島	モハミ
関西	イガミ	甑島	ハッチイ

前記LMN三表もまた一括して見た方が便宜である。LM二表を見るに、両者ともベラ類に属するが、M表の方はキュウセンといわれる種類が中心となっている。ベラという魚名は概して紀州以東に多く、ギザミの系統は関西、中国に広くわたり、四国にモミス、日本海沿岸にヤギ、九州以南にクサビが広く分布されている。モミスが対馬に、ベラが熊本に、

クサビが周防に見えているが、大勢は前記のごとくであろう。N表のブダイは駿河湾以東、東京近くに見え、紀州以西はイガミとなり、九州南部でモハミとなる。ベラとイガミは形の大小の差は多いが近似種であり、そのためかイガミがベラの表に現われたりする。前記諸表の魚名はいずれも一次的魚名のみ採録したこと、前例と変わりがない。

O表　ブリの幼若壮魚名

	ブリ(幼魚名)O1	ブリ(若魚名)O2	ブリ(壮魚名)O3
青森	フクラギ	イナダ	アオ
岩手	ショノコ	イナダ、ニサイブリ	アオ
宮城	ワカナ	イナダ、ニサイアオ	アオ
福島	イナダ	サンザイ	アオ
茨城	ワカナ	イナダ、サンパク	サンパク、ワラサ
千葉	ワカナゴ、ワカシ	イナダ	ワラサ、サンパク
東京	ワカシ	イナダ	ワラサ
静岡	ワカナゴ	イナダ	ワラサ
愛知	ワカナゴ、アブゴ	イナダ	ワラサ
三重	セジロ、ツバス、ワカナ	イナダ、カテイオ	ワラサ
和歌山	ワカナゴ、ツバス	イナダ、イナラ	ハマチ、メジロ
大阪	ツバス	ハマチ	メジロ
広島	ヤズ	ツテ	ハマチ
山口	ショオジンゴ	ワカナ	メジロ
秋田	ツバ	イナダ	アオ
新潟	ショオノコ	フクラゲ	イナダ
富山	ツバエソ、コズクラ	フクラギ	ニマイブリ、サンカ
石川	ツバイソ、フクラゲ	ガンド	イナダ
福井	イナダ	フクラギ	ナル
京都丹後	マンリキ	イナダ	マルゴ
兵庫但馬	ヒデリコ	ハマチ	マルゴ
鳥取	ハマチゴ、ワカナ	ハマチ、マルゴ	スベリ
島根	ショオジゴ	ハマチ	メジロ
徳島	ツバス、ワカナ	ハマチ	メジロ、モンダイ
高知	モジャコ		ハマチ、ネイリ
愛媛	ヤズ	シントク	ハヤチ
福岡	ワカナゴ	ヤズ	コブリ
佐賀		イナダ	ヤズ
宮崎		ハマチ	ハラジロ

前記の表はブリの成長段階名より採録したものである。ほとんどすべての地方でこの魚が成長しきった時分をブリと呼ぶに一致している。しかるに幼魚、若魚、壮魚時代における称呼は多少の入り交じる場合も見られるが大体地域的に異なっており、ことに壮魚の場合にわりあい判然としている。すなわち東北地方でアオ、茨城、千葉でサンパク、茨城、千葉から三重にかけてワラサとなり、紀州、関西、中国、四国においてはメジロとハマチが現われ、日本海、北陸地方にいたるとナル、マルゴを見、南九州ではハラジロとなる。これら

沿岸特殊魚名表

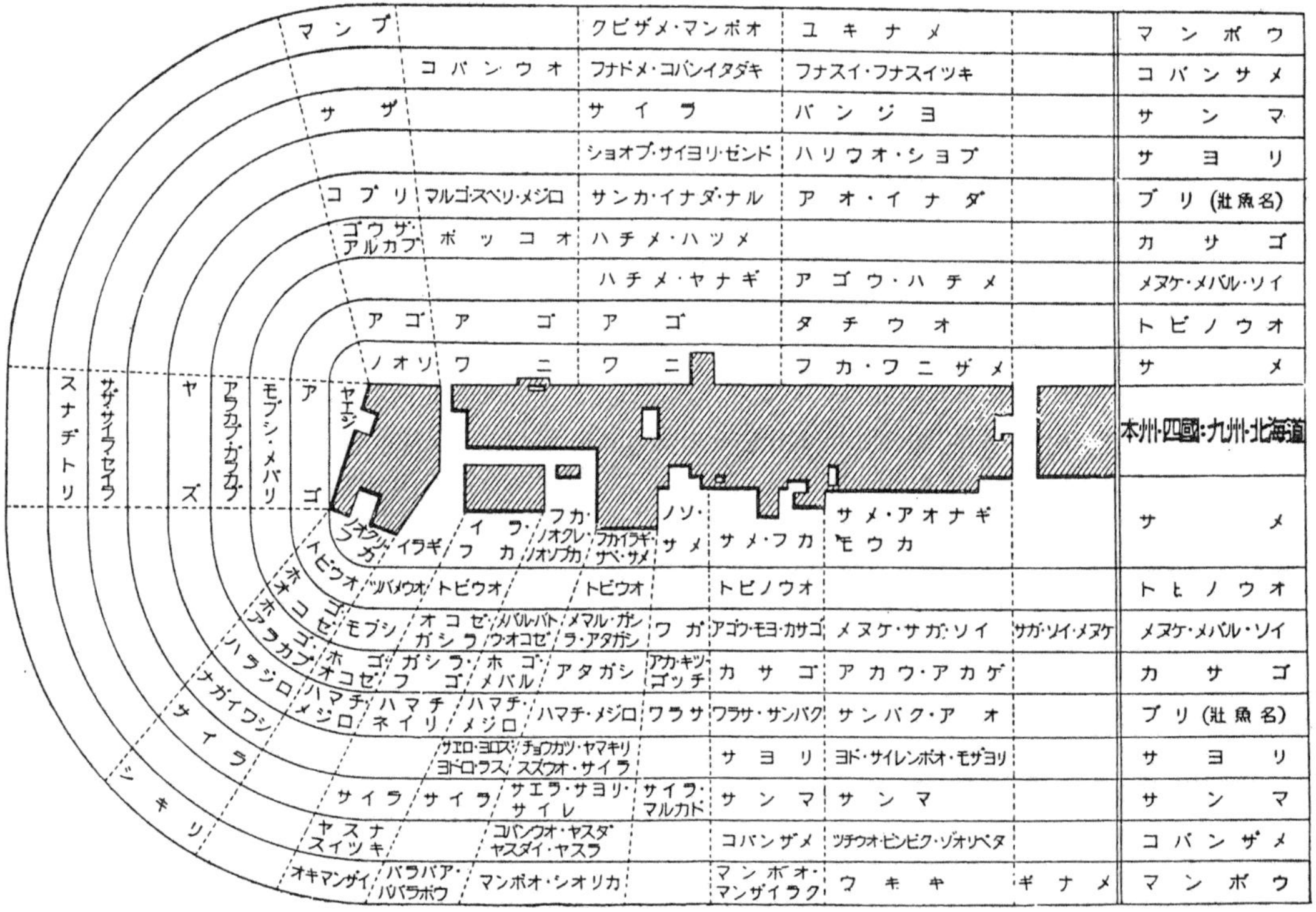
マンブ
クビザメ・マンボオ
ユキナメ
マンボウ
コバンウオ
フナドメ・コバンイタダキ
フナスイ・フナスイツキ
コバンサメ
サザ
サイラ
バンジヨ
サンマ
ショオブ・サイヨリ・ゼンド
ハリウオ・ショブ
サヨリ
コブリ
マルゴ・スベリ・メジロ
サンカ・イナダ・ナル
アオ・イナダ
ブリ（壯魚名）
ゴウザ・アルカブ
ボッコオ
ハチメ・ハツメ
カサゴ
ハチメ・ヤナギ
アゴウ・ハチメ
メヌケ・メバル・ソイ
アゴ
アゴ
アゴ
タチウオ
トビノウオ
ノオソ
ワニ
ワニ
フカ・ワニザメ
サメ
スナヂトリ
サザ・サイラ・セイラ
ヤズ
アラカブ・ガガカブ
モブシ・メバリ
アゴ
ヤエジ
本州・四國・九州・北海道
ノオクリ・フカ
イラギ
イフ
ワカ
フカ・ノオクレ・ノオソブカ
フカイラギ・サベ・サメ
ノソ・サメ
サメ・フカ
サメ・アオナギ・モウカ
サメ
トビウオ
ツバメウオ
トビウオ
トビウオ
トビノウオ
トビノウオ
ホオゴ・コセ
モブシ
オコゼ・ガシラ
メバル・バト・ウオコゼ
メマル・ガン・ラ・アタガシ
ワガ
アゴウ・モヨ・カサゴ
メヌケ・サガ・ソイ
サガ・ソイ・メヌケ
メヌケ・メバル・ソイ
ホゴ・アラカブ・オコゼ
ホゴ・フ
ガシラ・ゴ
ホゴ・メバル
アタガシ
アカキツ・ゴッチ
カサゴ
アカウ・アカゲ
カサゴ
ハラジロ
ハマチ・メジロ
ハマチ・ネイリ
ハマチ・メジロ
ハマチ・メジロ
ワラサ
ワラサ・サンパク
サンパク・アオ
ブリ（壯魚名）
ナガイワシ
サエロ・ヨロス・ヨドロ・ラス
チョウカツ・ヤマキリ・スズウオ・サイラ
サヨリ
ヨド・サイレンボオ・モザヨリ
サヨリ
サイラ
サイラ
サイラ
サエラ・サヨリ・サイレ
サイラ・マルカド
サンマ
サンマ
サンマ
シキリ
ヤスナ・スイツキ
コバンウオ・ヤスダ・ヤスダイ・ヤスラ
コバンザメ
ツチウオ・ビンビク・ゾオリベタ
コバンザメ
オキマンザイ
バラバア・ババラボウ
マンボオ・シオリカ
マンボオ・マンザイラク
ウキキ
ギナメ
マンボウ

の壮魚名はあるいは先に述べしごとく、かつてはこれら地方地方の成魚名ではなかったろうかという推定は、かく表示してみると更に肯定的に思われるのである。若魚時代には壮魚ほどの明瞭さはないが、それでもイナダとフクラギとハマチとはかなりの地域的特徴を見せている。幼魚時代のワカシ、ワカナゴの系統に属する魚名は各地にわたって圧倒的に多いことは注目すべきであろうが、それでも北陸を中心として日本海にツバエソやショオノコが見えてワカシ、ワカナゴが見当たらないことも興味を惹く。

以上の諸例を通覧すると次のごとき傾向が看取される。

（1）同一種属に属する魚類の一次的魚名は地域的に見て相当多様性を示している。

（2）その多様性たる、同根語よりの発展変化と見るよりも各自が独自性を有すと見らるべきものが多い。

（3）前記の地域的多様性は、その地域が大別して南北日本、あるいは太平洋沿岸と日本海沿岸とにおいて対蹠的に変化するものを相当認める。

（4）ただし同一沿岸線においては近接地域にある程度の食い合わせを見せる場合が多い。しかもそのあるものは沿岸交通系統の影響を認め得る。

（5）前記多様性現象は一種類の魚に限らず若干の種類においてそれぞれ相並行するを見る。

（6）ある種の魚名においては地域的多様性を見ず全国的普遍性を示し、またあるものは遠隔なる地域に同一魚名が対蹠的に顕われる場合もある。

前記傾向の観察は資料の貧困と不整備からくる早期想定であるかも知れないが、ここに注意すべきは、今後資料の集大成がなされたとしてもこれらの傾向を見る上には、現代のごとく急速活潑なる魚名伝播の影響を受けつつある魚名分布状態と交通不便にして地方的孤立の著しかった数十年前またはそれ以前の分布状態とはよほど区別して慎重に取り扱いをせぬと、事の真相を捕捉するに困難を感ずると思うことである。しかし今はこれらの点につきいちいち調査する暇なきをもって、まず現在の資料のみにつき簡単な考察をなすにとどめたのである。

〔『日本魚名の研究』角川書店、一九五九年〕

若干魚名註記一束

一　フナとコイ

フナは「鮒魚」と書く時、朝鮮ではBung-oあるいはPu-oまたはPung-oと発音し、北支満洲［中国東北］ではPu-yüと発音する。また「鯽魚」と書く時は朝鮮ではChyok-oまたはChuk-o、中国ではChi-yüと発音するという（村田［懋麿］氏編『鮮満動物通鑑』)。また岸上博士採集の揚子江魚類の報告“Description of the Fishes Collected from the yangtzekiang, China. by S. Kimura”ではフナは「鯽魚」のみをDialectとして記載しChi-yüとのみ読ませ、更に北満鏡泊湖では「湖鯽」と書きFu-giという由、山川〔洵〕博士『満洲国及中華民国に於ける魚介の研究』に出ている。フナはこの二字で単一語根を成すか、ナはサカナのナでフとナに分かち得るかは筆者にはわからないが、素人考えから上記鮮満支の発音を見ると多少の疑問を抱きたくもなり、またフナがそのままの形で素直に原始日本語へ溯るとのみ言いきれぬ気もする。

コイも『和名抄』をはじめとし昔からコヒと書かれているが、このヒもレンヒー（鰱魚）、サバヒー（虱目魚）、ツォーヒー（草魚）のヒに関係なしと断言できるかいささか思いまどうところである。

フナもコイも太古からわが日本に産したと思うのが自然のようであるが、事実コイ科の魚類の化石は第三紀層から発見されているから、いくら淡水魚で海魚より輸送はやや可能であったとしても金魚のように歴史時代に入ってから舶来したものではないことは確かである。

しかしその自然分布がはたして現代見るほど日本国中に普遍的であったかどうかということ、及びこの二魚においては日本人との交渉が古く外来文化の侵入とともに急に濃厚になってきたのではないかということの二点は、次の事例から考えられはしまいかと思う。

フナは『古事記』にも『書紀』にも出てこない。『万葉』に芸文上、『風土記』（常陸、出雲、播磨）に物産として、また『延喜式』に祭祀関係上出てくる。『和名抄』や『新撰字鏡』等は語彙として採録してある。またコイは『古事記』に見えず、『書紀』に一ヶ所、景行天皇が美濃で弟媛を妃にせんと欲したがなかなか果たせずついに弟媛が池に浮くコイを見たくて出てきた機をとらえた記事があるのみである。しかして『万葉』にコイは見えず、風土記では『常陸風土記』にのみ記録され、『延喜式』にはフナと等しく祭祀関係として出ている。上記二辞書にはフナとともに採録された。しかもコイの記事は他の『類聚国史』や『三代実録』等に天皇が特に池中のコイを観賞した旨を数次にわたり年月日まで明らかにして特筆しているのは、いかに大きく立派な魚体であったとしてもいかにも物珍しげである。『延喜式』のコイとフナはこれまた特別な場合で、釈奠《せきてん》の祭に三牲及び菟のいけにえの代用として鮮潔なるコイフナ各五寸以上のもの五十隻を用うる記事で、全く外来文化に伴っている。

コイ、ことに生きたコイが現時の諸祭祀に神饌とし普遍化したのは明治以後に属し、それも維新直後に祭祀方法統一の気運から小杉、小中村、井上諸先生の考案により水戸藩の釈奠の儀を参考として導入、明治九年太政官布告として神饌中に川魚を加えたに始まるので、昔時の古い神社の供御はほとんど熟饌のみで生鮮魚類や生野菜等を用いないことは『延喜式』におけるわが固有神の祭祀神饌形式以来の仕来りである。わが国でコイがめでたい魚として人々に親しまれたのはずっと後世で、武士興隆以後、中国の故事等が大きく作用してからである。柳田［国男］先生が大正十五年秋田図書館で披見された石井忠行著『伊頭園茶話』の中に「鯉文化頃より段々増えたり、享和の末年これを放てしものあり」、また文化十三年田中美清著『佐渡志』に「鯉魚は近年始めて湖水に放てり」とあるごとき、確かにコイは文化の中心地は別として昔時においては現代ほど隅々までは行きわたってはいなかったのであろう。

千葉県下金鈴貝塚において特に土器の中に収められたフナの骨を識別したのが今までの記録では稀なるものの一つである由、直良信夫氏の話である。

コイの遺体を出土した貝塚の主なものを直良氏の教示により列挙すると、

茨城県北相馬郡花輪台貝塚	早期縄文
大津市石山寺山門石山貝塚	同右
横浜市港北区下田町下組貝塚	前、早期縄文
同右　磯子区杉田貝塚	中、後期縄文
大田区下沼部貝塚	前、中、後、晩期縄文
板橋区志村宮ノ前貝塚	後、晩期縄文
埼玉県北足立郡新井宿貝塚	後期縄文
茨城県北相馬郡立木貝塚	同右
同右　中妻貝塚	同右

右の他にもたくさんあると思われる。ここに注意すべきは、総じて魚骨は小形で識別困難なうえにコイとフナの区別は咽頭歯以外に拠り所がないということも厄介な問題であるが、今まで全般的に魚類遺体への注目の度合が他の獣骨等に比べうすかったこともこうした記録が少ない原因であろう。なお直良氏は『古代の漁猟』において、日本史前の貝塚から出土する魚骨はおおむね海魚で淡水魚は全体の一割一分に当たり、その大部分はコイ、ウグイ、ウナギくらいでどういうものかフナが出ないと書かれている。

以上のごとき断片資料でとやかくいうことはできないが、フナもコイもわが国ではその昔外来文化を受容してからとみに人々との交渉が増えた様子がうかがわれこの点アユやカツオとはいささか趣を異にしているので、魚名フナもコイも無条件ただ一途《いちず》に原始日本語に溯及するとのみいうのもあまり素朴すぎる気がするのである。

二　カジカ

松園真揖は文政九年『河蝦考《カジカこう》』を上梓し、『万葉集』等の古典類に出てくる「カワズ鳴く云々」のカワズはカエルとは両棲類の一科としては同科に属するも全く別種に属するものであることを論考し、更に、そのカワズが後世カジカと呼ばれるようになってしまったのは、人が夜間美声で鳴くカワズを渓流に探し求めその居所をつきとめた途端カワズは暗に跳んで逃げて姿を消しちょうどそのほとりの川の中に川魚のカジカがいるのを見つけ、この川魚カジカが鳴くものと誤認した――あたかもブッポウソウとコノハズク、またはイトド（カマドウマ）とコオロギとを誤認したと同様に――のが基となっていると主張した。その間、文政七年に友人小林信継太郎兵衛等と武州玉川国領村辺における川原で鳴くカジカをつきとめる体験談を綴りこれを実証している。この書物の目次が面白い。

河蝦《カハヅ》と河鹿《カジカ》との差別《けぢめ》
川津《カハヅ》とかへるとのけぢめ
春の蛙《カハヅ》と秋の河蝦《カハヅ》とのけぢめ
河鹿に魚と虫と二種ある事
蝦蟇《カヘル》の種類
鮖《カジカ》の種類
いしぶし　ぎぎ　ぎぎう
ちちかぶり　からかこ　はぜ
ぎばち　ぎんぎょばち　すなほり
だぼはぜ　ごり　ごろう

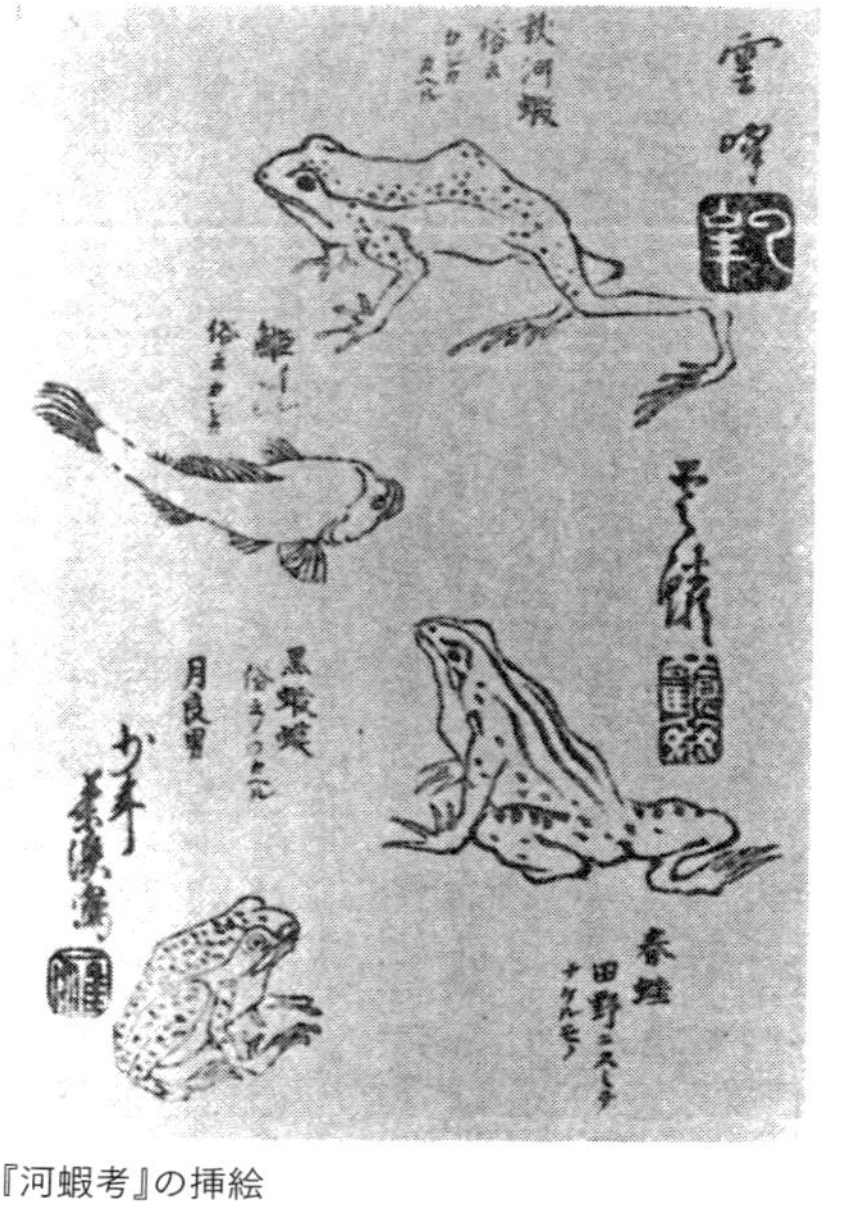
『河蝦考』の挿絵

水中の物はすべて鳴ざることの考
水に住ても陸《くが》に出る物は声を発する事
都ての鳴器《なりもの》水中にては鳴さる事
万物《よろづのもの》の音声《こゑ》は風気によりて響《ひびく》事の考

幕末の書としては生物学及び物理学的考察を加えての科学的な論考といえよう。ところでこのカジカなる魚類は河川湖沼にもいるが海に多い。コオリカジカ科とカジカ科合わせて学者は六十八種も分類しているがその大部分は海産かつ北洋に偏在し、二、三種（オニカジカやナベコワシ等）が北海道で人々に親しまれ魚方言を持つぐらいで、他の海産カジカは学者の材料としてのみ興味がある。淡水産はこれに反し種類は少ないが、カジカ、カマキリ等は人々の眼に多く触れ各種の魚方言を持つ。これにドンコ科のドンコ（イシブシ）、ハゼ科のヨシノボリ（ゴリ）、ウキゴリ、マハゼ、チチブ等を合わせると、魚体に大小の差はあるがいずれも頭の大きい鈍重で醜い薄汚い格好を共通に持つ一群の魚族がかなり広い分布で浮き上がってくる。魚類学上の分類を気にしなければ昔の人々が大雑把にそのどれへも勝手に同様な渾名的魚方言を命名し得る体のもので、従って魚方言から見ると全く混乱している一群である。その混乱の中にも魚名を集めてみると二つの類別が見られる。一つは一次的魚名の混乱で、例えばオコゼカジカ（オニカジカ）、アンコカジカ（ガンコ）、オコゼ（カジカ）、ガコ（カジカ）、ゴリ（カジカ）、ハゼ（カジカ）、カジカ（アナハゼ）、ゴリ（ドンコ）、ゴリ（ヨシノボリ）、カジカ（マハゼ）、ゴリ（チチブ）等である。他の一つは二次的または譬喩的魚名に属するもので、ヤマノカミ、ウシヌスト、グズ、ドロボウ、その他これに類するおびただしい種類の魚方言が各種のこれら魚類に共通に混交されて命名されている。このうちウシヌスト、ドロボウ、ドンコ等は藪重考氏が「高槻方言ガンドー考」で論考された（「上方」昭和七年、第一五号）。

三　サケ

金田一［京助］博士によるとアイヌ語でサケのことを、その夏獲れるものをShak-ipe、秋獲れるものをChuk-chep、また背が張れるものをIchaniuというと教えられるが、シャキペとサケとはたして関連があるか否か。ことにアイヌ語にも日本語の浸入が相当多いのであって軽々には論じ得ないようである。新村［出］博士は「日本語かアイヌ語か」において、サケはシャケンベから出たのではないかといわれている（『東方言語史叢考』一一六頁）。わが国のサケと似た発音では更に面白い報告がある。U. S. Commission of Fish and Fisheries が一八八四年に報告した"Fishery Industries of the United States" の Section 1, History of Aquatic Animals において、"The Food Fishes of the U. S. by G. Brown Goode" に次のごときDavid Jordanの報告を載せている。"The Blue-back Salmon-Oncorhynchus nerk（ベニマス、#119）——This species is known as the 'Redfish' to the English-speaking inhabitants of Alaska and Kamtchatka, and to the Russians, now as in time of Pennant and Pallas, as 'Krasnaya Ryba,' which signifies red-fish, the name having reference to the color of the flesh. On Frazer River, where this species is the most important Salmon, it is known as the **'Suk-Kegh.'**" また同書において "The Californian Salmon または Quinnat（マスノスケ、#121）の条に Livingston Stone は "In Alaska and Kamtchatka writes Jordan, this species is known as the King Salmon, and as Choweecha or Tchawytcha, a name easier to pronounce than to spell, to Russians. In Frazer River it is called by Musquam name of **'Sah-Kwey.'**" と

ある。Suk-Keghといい Sah-Kweyといい、あまりにも偶然に現今のサケまたはスケと一致している。『常陸風土記』では助川の条に「国宰久米大夫の時に至りて、河に鮭《さけ》を取らむとして、改めて助川と名づく。俗の語に鮭の祖《おや》を謂ひてスケとなす」とある。サケのおやをスケというスケは、現今のマスノスケすなわち上記のKing Salmonである。サケまたはスケがただちにFrazer川へ結ばれると見るのは早計であるが、魚種は全く一致しているのであるから偶然の一致としてはいささか似かよりすぎている。ついでをもってJesupの報告でKoryakやKamtchadalもひととおり見たが、サケの音に似たものは見当たらなかった。これは筆者の不詮索のためかも知れぬ。また鳥居〔龍蔵〕博士は「千島アイヌ」において神保〔小虎〕、金沢〔庄三郎〕両博士の「アイヌ単語集」に準じ千島アイヌ語を載せられ、それにはサケをアイヌはShibe、千島アイヌはShichepとし、更に明治二十四年色丹島のラウレンチなる者よりの聞取書においてサケをSakeと記されている。もっとも最後のSakeはおそらく内地から更に逆に移入した伝播であろうか。また木下虎一郎氏は「長万部《オシャマンベ》アイヌの水産動物呼称」として、ベニマスはウループ、サケはシベ、アキアジをカムイ・チェプまたはチュウ・チェプ、マスノスケはメトチベ、マスをイチャニウまたはシャキベー等と報告されている（「動物学雑誌」Vol. 46)。

四　金魚

金魚のわが国への渡来に関しての調査はまだ確定されたものはないようであるが、最も懇切なる解説を与えられているのは松井佳一博士著『科学と趣味から見た金魚の研究』であろう。同書では渡来に関する白鳳年間説、文亀年間説、元和年間説の三者を究明せられ、大体文亀年間説に左袒されておられる。詳しくは同書を参照されたい。同書では金魚の名が文献上初見されるのは寛永八年（一六三一）刊林道春の『多識篇』とされている。なお金魚の輸入のごとき生物の渡来は、同書にもいわるるごとくただ一度ということはなく何回にもわたり成功と失敗の繰り返しを通例とすることは忘れてはならぬ。ただこの輸送に用いた容器がいかなるものであったかということと、どこからどこまでどのぐらいの時間が費やされたかが知り得たらと思う。

五　実名敬避性魚名

次にきわめて特殊に成立をした魚名につき一言、言及しておきたい。それは等しく魚方言の一種であるが特に実名敬避性魚名とでも名づくべきもので、女房詞のタラをユキ、イワシをオムラというごとき、また仙台でムツを陸奥守に不敬として特にロクノウオと称したごとき、またあるいは愛媛でシイラが稲作の不出来なるシイナに似ているとてこの称呼を忌み特にマンサクと名づけているごとき、これである。かかる現象は一般言語としては山詞や特殊職業者間用語または特殊集団間用語として多数認められ報告されているところで、その中にもいわゆる民間信仰に強い繋りを持つものは特に忌詞として注目されている。これらは穂積陳重博士の『諱に関する疑』において避称及び美称と名づけられた複名の概念に整理さるべきものであろう。『日本書紀』海の幸山の幸の条に「海神大く小き魚ども集へて逼《セ》め問ふに僉《ミナ》識らず、唯赤女（赤女は鯛魚の名なり）此《コノゴロ》、口の疾あり、来ずと白しき」、また「海神赤女口女を召して問ひし時に、口女口より鉤を出して奉る、赤女は赤鯛なり、口女は鯔魚《ナヨシ》なり」とある。タヒに対するアカメ、ナヨシに対するクチメはいずれも、この条の前後から見て尊者たる彦火火出見尊《ひこほほでみのみこと》に対し両魚の卑位を意味する避称として用いられている観があり、特にその魚種を註記して明らかにしている（もっとも宣長は、右註記は後代手を入れたものであろうといっている）。アカメやクチメがはたして忌詞であるかどうかは判然しないが実名敬避性魚名であることは認めらるべきであり、古くからかような事例は随分と多かったであろうことは想像し得る。ヒラメ等も『和名抄』にカレイとともに出ているが、ことによるとヒラメは平たいやつとしてカレイその他平たい魚の避称であったかも知れない。かくのごとき社会集団内における実名敬避習俗から生成した複名的魚名の存在が、後世に魚方言の多様性とその混乱を惹起している一つの原因となったことも争えぬであろう。

ここには上記実名敬避性魚名特異例の参考として、『貞丈雑記』に記された女房詞のうち魚名に関係あるものを示してみよう。

おなま　（魚のこと）
えもじ　（エソのこと）
おかつ　（カツオのこと）
やまぶき　（フナのこと）
ひらめ　（カレイのこと）
むらさき　（イワシのこと）
おほそ　（イワシのこと）
あかおなま　（サケのこと）
おひら　（タイのこと）
しらなみ　（エソのこと）
かつかつ　（カツオのこと）
ながいおなま　（ハモのこと）
かなめ　（カレイのこと）
きぬかつき　（イワシのこと）
さもじ　（サバのこと）
くちほそ　（カマスのこと）
ゆき　（タラのこと）
ふもじ　（フナのこと）

こもじ　（コイのこと）
（ナマコ、タコ、イカ等は略す）

六　語尾にメのつく魚名

ちなみに上記避美称からは逸脱するが、この機会に魚名における接尾語メについていささか触れておく。前記アカメのメは、単一なる一種としてアカダイのタイを直接指称することを避けて赤い者（奴）として一般化して避称している。しかるに魚名中語尾にメのつく場合はなかなか多いのであって、そのいずれもが上記例のごとき淵源を有するかは判然しないが一応注目すべきと思う。一方古くから、魚に限らずまた美称避称に限らず語尾にメを用いた例は多いようである。現に伊豆七島ではウシメ、ネコメ等と呼ぶこともある。以下挙例の魚名におけるメ個々の意義については筆者には未解のものが多い。

中には上記のごとき避称を原因としたものもあろうし、また愛称的に用いられたものもあろう。またヤツメのメは明らかに「眼」であり、ハカリメのメは量目の「目」であり、更にハ、ベ、ミ等からの音韻変化の結果からくる各種のメもあるであろう。ここには単に参考としてその例若干を羅列しておくにすぎない。

（下記中＊印はメダカの方言のみに見えるもの。＊＊印はメダカならびに他の魚類に異種同名として現われるものを示す。＊印なきものはメダカに関係ない他種魚名）

アイメ　アイナメ　アオメ　**アカメ　アジメ　**アブラメ　アメ　アユ
ナメ　イシバリメ　イチメ　*ウキメ　*ウノメ　*ウルーメ　*ウルゴメ　*ウ
ルジメ　*ウルズメ　*ウルゾメ　*ウルヂメ　*ウルヅメ　*ウルドメ　*ウ
ルノメ　**ウルメ　*ウルンズメ　*ウルンツメ　*オコメ　オトメ　*オドメ　*オ
ンゴリメ　カイメ　*カカマメ　*カナメ　ギザメ　キモズメ　ギリメ　キ
ンメ　**ギンメ　クチメ　クジメ　クロメ　コシタメ　*コジョメ　**ゴ
マメ　コメ　*コメメ　*コンコメ　*ゴンノメ　*ザコンメ　サメ　*ザメ
*ザンメ　*ジゴメ　*ジジャメ　**シマメ　*ジャコメ　*ジョジョナメ　*ジョ
ナメ　シラメ　シロメ　シウトメ　スグメ　スココメ　*ズーナメ　*ズ
ーラメ　*ズナメ　*ズマメ　*ゾーアナメ　*ゾーゾーナメ　*ゾーゾナメ
*ゾーナメ　*ゾウナメ　*ゾナメ　*ゾマメ　*ソトメ　*ソラメ　*ゾラメ　*タ
カマメ　*タカメ　*タカメメ　*タカラメ　*タノコメ　**タバメ　*タブラメ
タマメ　*タンチンコメ　*タンドロメ　*チチンメ　*チュチュメ　*チョママメ
チョンノメ　*チンコメ　*チンタンコウメ　*チンタンコメ　*チンタンゴメ
*チンダンコメ　*チンタンコンメ　*チンチコメ　*チンチツコメ　*チンチ
ロコマメ　*チンチンコウメ　*チンチンコメ　*チンチンゴメ　*チンメ
ヂンメ　*デメ　*テンテコメ　*テンテメ　*ドザメ　*ドゾナメ　*トトノメ
*トトンヌ　*トビメ　*ドマメ　*ドメ　*ナナツメ　*ニシノクボタメ　ヌメ
*ノーザメ　*ノオザメ　*ノザメ　*ノタメ　*ノダメ　ノメ　ハチメ　ハツ
メ　*ハカリメ　ハリメ　*ハリコメ　*ハリノメ　*ハリメメ　*ハルメ　ヒ
メ　ヒラメ　*ヘコタノメ　ホソメ　*メ　*メーメ　*メザカメ　*メザコメ
トトノメ　*メザツコメ　*メメ　メヨオゲメ　ムギメ　ムツメ　モムカメ

ヤツメ　ヤマメ　ヤモメ　ユキナメ　*ユキノザメ　ユルメ　ヨツメ
*ヨノメ

七　魚方言命名者と本草学者及び漢字魚名

A　魚方言命名者

一次的魚名はしばらくおき、二次的魚名または自然状態及び社会事象よりの連想を基とした魚名の成立は日本民族のいかなる部分において行われたか。そのほとんど大部分はわが国沿岸または内水の傍らに住む漁民団または魚類に関心のあった人たちの中で成立したのである。彼らほど魚類に関する知識の豊富な者はないし、魚類に関する観察の精緻な者はない。また彼らは漁民団であると同時に社会民衆の一部でもあり凡百の社会生活を営んでいるのである。すなわち豊富な魚類の知識が多彩な社会生活を背景として織り出したものでなければわが国に見るごとき多岐多様な魚名は成立しないであろう。ことに現地における習性動作に基づく魚名や、文化の中心地にいまだかつて送り込まれたこともないような各地の雑魚類の魚名等に想を致す時、わが国の漁民団の魚名命名技術の巧妙なるに驚嘆せざるを得ないのである。

しかしながら今後の魚名はいかがなるであろうか。後述する優勢魚名はほとんど永久に存続してゆくであろう。一方、劣勢魚名においてはおそらく前述せるごとく譬喩的魚名が、魚種のいかんによりまた場合のいかんによって成立更改してゆく現象は時に見られるであろう。ただ今後の問題としては、もういかに命名技術に巧みな漁民団でもコイ、アユ、サッパ、ワチのごとき一次的魚名を現代において造出し得ることはないであろう。また将来は外国からの移入種への日本語命名その他僅少の特例を除いて一般の漁民団が二次的魚名を作り出すこともないであろう。すなわち将来における魚方言としての魚名の成立はそのほとんど大部分は時代精神により裏づけられた譬喩的魚名に限られるであろうと思うのである。

B　本草学者と魚名

徳川時代における本草学者の研究対象は博物のうちでも主として植物にあった。しかもその研究の多くは食用、薬用、救荒ならびに繊維、染色等の有用または時に観賞用などの観点からなされたものであった。しかし彼らはその研究を植物に限らずして諸動物ことに魚類に対しても相当行き届いた観察をなし記録にとどめておかれたことは、我々後人にとっても幸いなことであった。しかしてその観方はやはり植物におけるとやや等しく、大別すると医薬学的、分類学的、及び言語学的の三つになる。医薬学的とは食物としての魚の研究である。すなわち食べ得るか否か、ことに滋養を摂取することまたは臓器薬的な積極的方面として魚肉や内臓に関しての処方的な取り扱いを研究し、一方、中毒性の有無やまたは産婦病人には毒になる等とて食養生から見て排斥を教えた消極的方面からの研究である。次に分類学的とは、一面きわめて大雑把ではあるが形態学的記載をなし、他面中国の文献との比較研究により魚種のIdentificationをなすことをいう。解剖学も発達せずまたアルコールやフォルマリンなく更にガラス瓶さえない時代において、きわめて稀な好条件の下に鮮魚体を見る機会以外は塩漬か乾魚または写生図のほか良好な標本を多数入手して比較研究することができなかった彼らとしては、その主力が主として文献や聞き書に向けられたこともやむをえない。かかる条件の下に研究したのであるから無論誤りも多いことは避けがたかったが、漠然たる記述の中によくもあれほど研究し得たものだと敬服せざるを得ない節がある。最後に言語学的といったのは、各地の魚方言の採録と漢字魚名の詮索である。中国から直接に魚の標本が入手できなかったのはもとより、上述のごとき条件の下に主として文献による比較研究であるのに加えて、多くの場合まず典拠となったわが国最古の博物辞書たる『和名抄』や『新撰字鏡』がこれまた漢字の援用において今から見ると随分不思議に思われるものが多かった。そのためこれらの古典から脱却もできなかった本草学者の手によって研究された漢字魚名なるものは議論多岐にわたりその用法もかなり各自勝手気儘なところがあって、極端な言辞を弄すれば全然用をなさぬとまでいえるであろう。少なくとも混乱の状態において現代にまで引き継がれていることは確かである。これに反し本草学者の本邦産魚種そのものに対する認識は、現代科学からはもちろん批判の余地はあるけれど案外に確実である場合多く、ことにその魚方言の採録は多少の混乱を許せばその量と的確性とはむしろ驚嘆に値すると思われる。栗本丹州の『栗氏魚譜』(未刊行)における観察の正確、描写の精緻、魚方言採録の態度等感服せしむるに足る。また小野蘭山の「重訂本草綱目啓蒙」や畔田伴存の『水族志』や『古名録』のごとき、その記載の豊富にして各種方言の収録の豊かなる点まさに驚くべきものがある。わが国の魚名が文献上保存され歴史的に見ても豊富になり、今後わが国の魚方言研究においてそのChronologyの概観を許容せしめ得るのは、全く本草学者の努力の賜物であったのである。我々魚名に興味を持つ者はこの機会に、平野必大、貝原篤信、寺島良安、小野職博、栗本丹州、武井周作、狩谷望之、深江輔仁、小原桃洞、奥倉辰行、畔田伴存、山本亡羊その他多数の本草学者の努力に対し衷心から敬意と感謝とを表しておきたいと思う。

なお参考としてわが国の漢字魚名の混乱の一端を示しておく。中国における魚類の記載そのものがすでに非科学的なところへ実物の認識なしに漢字を当てはめたのであるから、漢字の援用において誤用、悪用の多いのは無論であり、しかもその淵源たる、『和名抄』や『新撰字鏡』に始まっているから始末が悪いのである。それに本草学者としては漢字名をもって現今の学名のごとく基準的に扱わんとした傾向があるにかかわらず、人により漢字の取捨を異にしたためかなりの混乱を来した。のみならず漢字だけでは不足していわゆる国字なるものを造出している。鮎(ナマズ)、鮟鱇(アンコウ)、鮲(コチ)、鯒(コチ)、鱈(タラ)、鱚(キス)、鯐(スバシリ)、鯰(ナマズ)、鰯(イワシ)、鰰(ハタハタ)、鱩(ハタハタ)、鮗(コノシロ)、鱠(エソ)等はその顕著な例で中国には見当たらない字である。更に中国にあるもののかの国の意味とは全く違った意味で用いられたものがこれまた相当多い。普通見うけるものの若干を例示すると、

漢字	わが国の魚名	中国本来の意味
鮎	アユ	ナマズ
鰤	ブリ	老魚、毒魚
鯖	サバ	寄せ鍋、ニシン
鯛	タイ	骨の脆き魚
鯡	ニシン	魚の児
鯥	ムツ	牛状蛇尾翼ある動物
鯷	ヒシコ	ナマズ
鮏	サケ、ウズワ	なま臭しの意
鮭	サケ	フグ、肴、調理せる魚菜
鮠	ハエ	小ナマズ
鰍	イナダ、カジカ	ドジョウ
鰒	フグ	アワビ
鰹	カツオ	鮦(ハモの類)の大なるもの
鯵	アジ	鱢の誤字、なま臭し
魬	ハマチ	カレイ

等であり、また「鱠残魚」はキスにもなりシラウオにもなった。魚類以外の水産物を加えると上記のごとき漢字の援用、転用、誤用は非常なものとなる。そこで明治十九年三月水産共進会が上野公園で開設さるるを機として農務局では「水産俗字集」を作り、出品してこれら水産物名の整理を試みた。これを大日本水産会では農務局に請い允可を得て同年十二月付の序文で二十年五月に出版している。

次いで明治三十四年四月に大日本水産会は田中芳男編纂、藤野富之助補輯として『水産名彙《めいい》』を編纂した。これは『大日本水産会報』に連載され翌明治三十五年同誌第二三七号の付録として刊行されたが、稀本であり、また農林省で作られたこの本の謄写刷も多少流布《るふ》している。更に『岩波動物学辞典』も巻末に難解漢字水産動物名を掲げている。以上はこの乱雑な漢字水産名詞の整理を試みられた明治以後の主なものである。『日本魚名集覧』第二部索引篇巻末は上記諸書その他を基とし、参考のため不完全ながら漢字魚名若干を付記してある。更に最近、西武男編『水産動植物漢和辞典』が出版された。

[『日本魚名の研究』角川書店、一九五九年]

式内魚名

一応掲題の如くしたものの、今ここで『延喜式』に見えた魚名全部を精密に調査論考しようというのではない。元より解読力なき自分としては何れそのうち祝「祝《ほおり》 宮静《みやしず》」さんや各位の示教を仰ぎ、魚名のみならず式に見ゆる水産物全部にわたって調べもし考えてみたいと思うが、ここでは主として『延喜式』のうち巻の二十四「主計式」に出てくる魚名についてのみ大雑把に取扱ってみる。故に「主計式」に見える他の水産物即ち烏賊《イカ》、鰒《アワビ》、保夜《ホヤ》、各種の海藻類、または塩等は全部省略する。まず「主計式」に書かれた順に従って国名とその所産の進貢魚類を左に摘出してみよう（史料は『校訂延喜式』昭和六年版を用いた）。

国名　進貢魚類
伊勢　雑魚腊腊、年魚、雑魚鮨
志摩　雑魚楚割、雑魚脯、雑魚鮨、鯛楚割、乾堅魚
尾張　雑魚腊、煮塩年魚、雑魚鮨
参河　雑魚楚割、鯛脯、鯛楚割
遠江　与理等魚脯
駿河　煮堅魚、火乾年魚、煮塩年魚、堅魚、煎汁
伊豆　堅魚、堅魚煎汁
相模　堅魚
安房　堅魚
上総　雑ノ腊
近江　醬鮒、阿米魚鮨、煮塩年魚
美濃　煮塩年魚、鮨年魚、鯉、鮒、鮨
信濃　鮭楚割、氷頭、背腸、鮭ノ子以上主計、鮭楚割以上内膳及宮内
若狭　鯛楚割、雑腊以上主計、小鰯腊以上民部
越前　雑魚腊
加賀　雑魚腊
能登　雑魚腊、鯖
越中　鮭楚割、鮭鮨、氷頭、鮭背腸、鮭子、雑腊
越後　鮭内子、鮭子、氷頭、背腸
丹後　雑魚腊
但馬　煮塩年魚、雑腊、鮐皮
因幡　火乾年魚、鮐皮、雑腊
伯耆　鮐皮、煮乾年魚、雑腊
出雲　雑腊
石見　雑腊
隠岐　雑脂
播磨　雑腊、煮塩年魚、鮨
備前　許都魚皮、押年魚、煮塩年魚、雑魚

備中　許都魚皮、押年魚、煮塩年魚、大鰯、比志古鰯
備後　押年魚、煮塩年魚、許都魚皮、大鰯、雑腊
安芸　比志古鰯
周防　煮塩年魚、鯖、比志古鰯、小鰯
長門　雑腊
紀伊　堅魚、押年魚、煮塩年魚、鯛楚割、大鰯、久恵腊
淡路　雑腊
阿波　久恵鱐、年魚、煮塩年魚、雑魚腊
讃岐　鯛楚割、大鰯、鯖
伊予　煮塩年魚、鯖
土佐　堅魚、雑魚鱐、煮塩年魚、鯖
筑前　押年魚、鯛腊、雑魚楚割、鮨鮒、醬鮒、塩漬年魚
筑後　醬鮒、雑魚楚割、雑腊、押年魚、煮塩年魚、鮨年魚、漬塩年魚、鮨鮒
肥後　押年魚、鮫楚割、塩煮年魚、鮨年魚、漬塩年魚
豊前　漬塩年魚、鮨年魚
豊後　押年魚、堅魚、雑魚腊、鮨年魚、煮塩年魚

以上の如くで、「主計式」では山城、大和、河内、摂津、和泉、甲斐、武蔵、下総、常陸、飛驒、上野、下野、陸奥、出羽、陸前、陸中、佐渡、丹波、日向、大隅、薩摩、壱岐、対馬等には他の水産物は出ているが魚類は見当らない。

次に前記抄出中、水産製造に関する面はしばらく措き、魚類の観点から多少の註釈を加えつつ、ついでにその進貢地を併記してみよう。

（1）年魚　アユ　「アユ」の漢字論は別として、史に見えだしたるは古い。紀記万葉にも表われているが、『延喜式』について見ても進貢地の分布はその諸魚中一番広い。即ち伊勢、尾張、駿河、近江、美濃、但馬、因幡、伯者、播磨、備前、備中、備後、周防、紀伊、阿波、伊予、土佐、筑前、筑後、肥後、豊前、豊後〔以上「主計式」〕、美作〔「宮内」〕、伊賀、太宰府〔「内膳」。以上何れも重複進貢地は省く〕であり、進貢地として太平洋斜面の北限は駿河で、紀州、近畿より中国、四国を経て九州中部以北にわたり、日本海斜面では但馬より伯者に見えている。大体当時の我が国勢力範囲と一致するのであろう。ちなみに風土記では常陸久慈河、出雲伯太川、豊後日田川、大分川、肥前等に見えているようで、範囲は多少拡大する。

（2）堅魚　カツオ　「カツオ」なる魚名はシビ、クエ、アユ等の如く純粋な一次的魚名であり、たまたまその製造品が乾いたために巧妙に「堅魚」なる宛字が古くから行われたものか、またはこの「堅魚」なる字を見て『貞丈雑記』に「かつをと云ふ魚はなまにては食せずほしたる計用ひし也（中略）かつをはかたうを也かたうをを略してかつをと云也」という如く解して可なるかは軽々には定められぬ。『貞丈』の

解釈のみに従うとカツオなる鮮魚または海に遊泳中の該魚は、初めは無名で、製品が出来てから逆に魚名が附与されたことになる。或いは然りで、「堅魚」なる命名以前の魚名はよしやあったとしてか、この「カツオ」なる優勢魚名のために駆逐忘失されたのかも知れない。しかし『延喜式』の進貢魚類の製品を見ても「かたいうを」はカツオに限らぬようであるから、この問題は簡単に解決はつくまい。カツオの進貢地は志摩、駿河、相模、安房、紀伊、土佐、豊後とあり、何れも後代まで同魚の名産地である。日本海に産地のないのも自然分布とまず一致しているのであろう。なお式にいう「カツオ」は必ずしもカツオのみでなく、ソウダガツオ、ハガツオ、セガツオ等が含まれているように推測される。ことによるとメジマグロ等までにも及んでいるかも知れない。『延喜式』にシビの類の名のないこともいぶかしいが、近世にいうナマリブシまたはタレに属するものを総て「カツオ」で総称していたとも考えられぬでもない。

(3) 久恵　クエ　現今和学名で「クエ」と呼ばれているものはEpinephelus moara Temminck & Schlegel（『魚名集覧』番号#458. 以下これに準ず）で、ハタ科に属し、高知、大阪、和歌山県で「クエ」、三重県二木島で「クエマス」という。クエまたは近似種の五寸くらいの幼魚を高知で「アオナ」という。成魚は幼魚時代の斑紋を消失するため、マハタと区別しにくくなる。南日本産で美味と田中［啓爾］博士は報じておられる。このほか方言で「クエ」と呼ぶ魚を列挙すると、

和学名	魚方言	称呼地	番号
アラ	クエ	紀州串本	#440
キジハタ	クエ	高知	#452
カケハシハタ	クエ	伊予	#457
ホオセキハタ	クエ	高知	#462a

となる。要するに現在の資料では「クエ」は上記ハタ科の魚類に共通して用いられ、称呼地にも南日本かつ太平洋斜面に限られている。なお二木島で「クエマス」というのは、志摩、伊勢、時に伊豆方面でハタの或る種を「マス」というための複合語であろう。「延喜式」の「クエ」が前述のクエと等しいか否かは確證出来ぬが、反證もない故、一応上記クエまたはその近似種を指すものとしてよいであろう。「主計式」に於ける貢進地は紀伊と阿波で、大体前記魚方言及び分布と一致している。

(4) 鮒　フナ　進貢地としては中部地方の近江、美濃と北九州の筑前、筑後（「内膳」では太宰府とある）のみが挙げられている。自然分布は勿論広いものであるが、上記の国々が特にフナの名産地ということは近江以外には確言出来ない。

(5) 鯉　コイ　進貢地としては美濃だけを挙げている理由は不明である。

（6）**阿米魚　アメノウオ**　進貢地は近江。現今「アメノウオ」という称呼は琵琶湖、四国、紀州等でいわれ、アマゴ、アマミ（越中）、アメ、アメゴまたはアメマス（信州、富山、岐阜）等ともいう。アメノウオは関東以南、ヤマメは関東以北として分類学上魚種を区別している学者もいるが、何れにしてもマスの陸封型で議論の多い種である。

（7）**鯛　タイ**　進貢地には志摩、三（参）河、若狭、丹後、紀伊、讃岐、筑前とある。マダイの主産地と大体一致している。ただ瀬戸内海方面で讃岐のみ挙げられているのは淋しい。

（8）**許都魚　コツウオ**　進貢地は瀬戸内海の備前、備後のみである。この魚は果して何を指すか分明でない。『倭名類聚抄』〔『和名抄』〕によると「コツヲ」と訓し「鮀」と当てである。『箋注倭名類聚抄』では「按備後鞆、浦二許都宇乎一、蓋是小野蘭山曰、許都宇乎、色皀白、口在二頷下一、小者長四五寸、大者至二二丈余一、尾如二燕尾一、（中略）錦小路蠵山君曰、燕尾鯊俗二左賀菩宇一」とある。これで見ると鮫《サメ》の一種の様である。現に『延喜式』でも上記三国の進貢は「許都魚皮」としてあり、魚皮を納めている点から見ても鮫の類であろう。なお「主計式」のほか「斎宮」では「月料乞魚皮十五斤又内膳供御月料乞魚皮二十斤十三両」とある。「鮀」を「マナガツオ」と訓ましている場合もあるようであるが、式に見えるものは鮫らしい。現在「コツ」という魚方言は二個の報告がある。一つは紀州田辺でシノノメサカタゼメ（#69）を「コツ」という。他の一は土佐でモツゴ（#197）を「コツ」というが、モツゴの皮では問題にならない。要するに式に見ゆる「許都魚」は、産地や用途から見て鮫類のうちのあるものを指すのであろう。

（9）**鮐皮　ツサキハチ**　進貢地は但馬、因幡、伯耆で、何れも日本海沿岸である。これは魚名でなく魚皮の名であるらしい。「鮐」は「フグ」と読ませたものもあるが、「サメ」とも読む。皮が主である点から、やはり鮫の類であろう。

（10）**鮫　サメ**　進貢地は肥後とある。これは皮でなく肉を目的としたものである。鮫肉の楚割《ソワリ》だからである。他の個所には地名はなしで「鮫膓」とも見えている。

（11）**鮭　サケ**　進貢地は信濃、越中、越後を示している。鮭のみは、後述するが魚肉以外には、氷頭《ヒヅ》、セワタ、ハララゴ等に至るまで区別して示されている。

（12）**鯖　アオサバ**　進貢地は能登、周防、讃岐、伊予、土佐を示し、割合にその分布が限られている。

（13）**与理等魚　ヨリトノウオ**　「与治魚」と書き「ヨロト」とも読ましてある。このほか「与理刀」（「大膳」及び「践祚大嘗会」）、「与理度」等とも書いてある。この魚は『延喜式』では「大膳」その他にも見えるが、進貢地としては遠江のみを示している。「ヨリトノウオ」は現今のサヨリである。他書を省き『重修本草綱目啓蒙』のみを引用すると、「ヨリトウヲ（延喜式）、ヨロト（和名鈔）、ヨロヅ、ヨリツ、ハリヲサヨリ（京）、サイヨリ（越前）、ナガイワシ（薩州）」（下略）とある。現在の魚方言では「ヨリトウオ」はまだ発見しない。「ヨロト」及び「ヨロツ」の系統に属する魚方言はヨド（霞浦）、ヨロヅ（摂津）、ヨドロ（広島）であって房州を主とし、東京方面ではサヨリが主で、遠江等もサイリという報告がある。その他各地でサイレンボオ、サエロ、スズ、ラス、サイヨリ等といい、越後ではハリウオ、秋田や能登でショブという。ところがこの魚に似た別称「サンマ」は東京方面を主とした魚方言で、これが他地方ではサヨリと混同され、サヨリ、サエラ、サイラ、セイラ等と呼ばれていることは注意を要する。とにかくサヨリを正確に「ヨリトウオ」と呼ぶ所は既にないらしい。

(14) 鰯　イワシ　進貢地は丹後、備中、備後、周防、紀伊、讃岐であり、紀州と丹後以外は瀬戸内海となっている。

(15) 比志古鰯　ヒシコイワシ　カタクチのことである。進貢地は備中、安芸、周防を示している。当時からマイワシと区別していることは注目に値する。

以上のほか『延喜式』には（16）比佐魚（「四時祭」）という魚も見えているが、何魚か判然しない。また「内膳式」にはアジも見えている。このほか全巻を精読したらまだ多少の魚類が示せるかも知れない。

次に、「主計式」に示されし魚類の多くは鮮魚でなく製造されたものが主である故、これらについて一応観説しておく。

脯　キタイ　乾した肉、ほしじ。

楚割　ソワリ、スワヤリ　魚肉を細く割いて乾したものをいう。

脯　ホシジ　乾した肉。

鱐　ホシジ　乾した肉。

腊　脯何れも乾肉をいい、魚肉に限らず鳥獣にも用うる。また字文の義では、その製法に於て日乾、風乾、火乾等の差も見出し得ない。後年サメダレ、シビダレ、イルカダレ等いう「タレ」もホシジであるが、上記何れに属するか不明である。

鮑　くさり魚、ひらき魚、しほ魚等と解せられている。「鮑堅魚」は堅節ではなく開いた塩カツオのことであろうか。

鮨　スシ　辞書には「酢に漬けた魚肉」である。後年は米飯が共用されているが、この時代の鮨の実際は如何なるものであったか。古酒から出来た酢か。麴や米飯の発酵か。

煎汁　イロリ　堅魚等を煮出した汁をいう。鰹節のエッセンスであり味の素であった。

年魚製品　年魚製品は種々見えている。「煮塩年魚」の「煮塩」は、塩水で年魚を煮た意か、または煮て採った塩即ち精製塩とでもいうべき塩で乾製した塩引の如きものか、判然しない。「漬塩年魚」は塩漬で湿性のものであろうし、「火乾年魚」は今でも行われている如く炙《あぶ》って乾したものであろう。「押年魚」は重しで圧したものであろうか。

以上を通覧して次のようなことが考えられる。

(一) 魚の種類

もともと諸国からの納税としての進貢魚の記録であり物産誌ではないから、地方に於ける魚産一般は表われていないのはやむをえないが、それにしても魚称は意外に貧弱である。

淡水魚では

アユ、コイ、フナ、サケ（漁獲地が河として淡水とした）、アメノウオ

海産魚では

カツオ、クエ、タイ、サメ（コツウオを含む）、サヨリ、サバ、イワシ、カタクチ（ほかに不明のヒサウオあり）

で、分明のもの僅かに十三種である。「万葉集」に見える魚種と比べてみると、アユ、タイ、カツオ、フナ等は共通であるが、シビ、ウナギ、スズキ、コノシロ等の重要魚が洩れている。その他ちよっと考えると現われそうな魚名、即ちヒラメ、フカ、ボラ、クロダイ（チヌ）、トビノウオ（アゴ）、マス等も見えぬし、魚ではないがクジラやイルカも見えない。

現今と異り当時にあっては沿岸に於ける魚類の数量は夥《おびただ》しかったであろうが、中央に於ける要求が特定地に特定魚を指定せるため、式内魚として一応限られていたと見るほかはない。また進貢地と魚種との関係に於ても同様で、サヨリが遠江のみに産したのでもなく、コイが美濃のみから進貢している理由は分明でない。

(二) 捕魚

当時に於ける捕魚は網と釣とが主で、基本型としては現今とあまり大差ないことは想定出来る。どの魚がどの漁法であったかは分明でないが、イワシ、カタクチの類は網漁が主であろうし、サメや岩間に棲むクエは釣るほかはなかろう。カツオやタイは必ずしも何れかへ定めることは出来ない。釣もあったろうが、カツオの夜焚網やタイの素朴なシバリ網の存在も否定出来ないからである。サケ等は簗《やな》が主であったと思われる。アユは網も釣も簗も筌《うけ》もあったろうが、鵜飼によるものが最も盛んであったのではなかろうか。

(三) 水産製造

進貢物として遠方へ運輸する関係から、「主計式」に於ては鮮魚と覚しきものは僅少で、大部分は製品である。それもその多くは乾性品で、湿性品は少い。乾性品としては楚割、腊、鱐、脯、火乾と明かにしたもの等で、湿性品としては醤《ひしお》につけたもの、鮨、鮑、煎汁等である。何れにしても長期保存可能の状態にしたものである。ただ一応注目されるのは、楚割にする魚種はタイ、サケ、その他雑魚であり、アユには腊等の用字なく煮塩、水乾、漬塩等細分され、またカツオも鮑、煮等を明記し腊等の一般的称呼は用いていないことである。

恐らく「堅魚」なる用字は既にホシジなることを意味していたであろうし、小形魚のアユ等は製法は種類多きために区別したのであろう。

魚体の製品は上記の如くであるが、このほか部分品の製品がある。それは鮫皮と鮭の各種製品がある。前述せる如く許都魚皮（コツウオのカワ）も鮐皮（ツサキハチ——『校訂延喜式』巻二十四「主計式」上八二二頁の振仮名。また「サメのカワ」とも読むらしい——八四〇頁。更に「内膳式」では「ツヒキ」と振仮名がある——一二二頁参照）も何れもサメの皮であって、両者の差は恐らく同一称の方言差でなくその称類が異るのではないかと思う。日本海方面はアオザメの類、瀬戸内方面はホシザメといったように。進貢の量は各国の条には明示されず、「凡中男一人輸作物」の条に両者とも各二斤と出ている。主として刀の束や磨料として用いたるものであろうか。中には腰帯の飾に五位以上人に許された「由弾正式」に見えている。如何にして鞣《なめ》したかは分明でないが、多分相当乾性のものであったであろう。鮭について見るに、楚割は前条によると「各二斤八両」としてあり、このほか「内子鮭（ココモリノサケ）各一隻」——これは鮭の卵を腹中に有する鮭の意であろう——「鮭背腹（サケノセワタ）各一斤八両」等とあり、量の明示はないが鮭子もある。鮭背腹とは副腎であり、アイヌのいわゆるメフンに当るものである。氷頭《ヒズ》は鮭の頭部軟骨である。鮭の子も塩漬であろうし、鮭割のほかは湿性であったと見做し得る。次に煎汁（イロリ）はカツオを煮出した汁であるが、前述中男の条には「煮堅魚、煎汁各十二両二分」としてある。乾性のものは包装に楽であったろうが、湿性のもの即ち鮨または背腹の如き半流動体や煎汁の如き液体の運輸は、相当骨の折れたことであろう。式のうちに陶器や漆器はよく眼につくが、樽の類になるとその記述はあまり見懸けないように思われる。よしあったとしても現今の様式のものではあるまい。とにかく、本問題からは離脱するが、当時の液体容器の実体については一考を要する。なお水産製造品としては、魚類に於てはその種類が割かた簡単なのであって、実は鰒（アワビ）、保夜（ホヤ）、その他各称の海藻類になると随分と複雑となる。殊に鰒に至っては製品の名称の『延喜式』に記されているだけでもかなり豊富であるのみならず、鰒の進貢地は極めて広範であって、このことは同時に海女または潜夫の活動が当時想像以上盛大であったことを物語ると思う。海草その他熬海鼠《イリコ》類はまだしもであるが、鰒に至ると、多少は舟の上からでも採ることは出来るが、まず海女でなければその大量採収は出来なかったであろう。またこれらアワビ、ナマコ、海草類を考慮のうちに入れつつ魚類全汎を見ると、当時に於ける水産物進貢の状態は、どちらかというと採捕の容易なものがまず進貢されている傾向が看取されることを附言しておく。

（四）用途

もともと納税として中央から各国へその地の名産といった

ものを指定したのであるから全体の需要に対して満足されたかどうかは解らないが、その用途から見ると、更に詳しく調べないと何ともいえぬが、一部は宗教的祭祀の料とし、一部は大膳または内膳の供御として用いられたようである。故に、たとえ多量に産しても保存に難きもの、または宗教的に好まぬものは進貢の対象とならなかったと思われる。しかしこの点に関しては更に『延喜式』各部門を精査した上でなくては判然としたことはいえない。今はただ式内魚名とその実体に関しごく大まかに記すに止める。今後これらの点につき記紀万葉風土記または後代の物産誌、或いは献上目録等を参照した産物全般にわたって調査してみると、いろいろのことが解ってきて面白いと思う。

（昭和十五年五月十二日記。『季刊アチック』第一号）

［『祭魚洞襍考』岡書院、一九五四年］

第三部　旅と交流

台南と高雄

「南島見聞録」

一　看天田

　嘉義を出て南へ汽車で約七分ばかりの所に、ここが北回帰線の通る所という標示塔が立っている。夏分はこの線の真上で太陽が南中する訳である。線である。点ではない。故に唯一つの塔では回帰線が見渡したところ何れの方向に向って走っているか見当がつきかねる。だから線路をまたぐなり或いは同一の側になり、塔を二基立てたらいいではないかという高松宮殿下の至極御尤もな御注意には、さすがの総督府のお役人さんもグーの音が出なかったらしい。なに新高山を越えて東海岸にも一基御座いますではちと苦しい。

　この辺は今云う如く太陽の直射を受ける所であるから、少し雨が降らぬとすぐ土地が乾き切ってしまう。日照りが続くと到底田を作ることが出来ぬ。ところが土地の表面は粘土質であるので、雨期に一度豪雨到るとたちまち汎濫するのみならず、地面が低いので海への水はけが悪い。ためにこの地方の水利は非常に難しいところとされている。百姓は時の天候を看て或いは田を作り稲を植え、或いは畑として甘庶を作るといった風なので、この天候如何によって作ったりやめたりする田を看天田と名付けるのである。そこで大事業の大好きな殖民地の政府は、この地方十五万甲（一甲は一町余）の大面積をして旱魃《かんばつ》と排水不良から逃れしめ、毎年三分の一即ち五万甲ずつ夏季水稲作、甘庶作及び雑作を為さしむるいわゆる三年一回の秩序的輪作を行わしめ、以てこの地方の経済価値を高からしめんとして、ここに嘉南大圳《だいせん》なる一大計画を興して取りかかったのである。北は濁水渓、南は曾文渓にはさまれた百十五万余町の地方は、両渓共に雨到らざれば水量少く、到底これを以て灌漑することは出来ぬ。勢い人為的に一大貯水池を作って水を溜め、これを入用に応じ給水すると同時に、排水工事を完全にして海よりの逆流を防ぎかつ灌漑水を疏通せしめねばならぬ。海辺の方は拝見出来なかったが、写真によって見るも壮大な工事で、潮止堤防の延長八十四里に及んでいる。我々一行は水源地たるべき貯水池の工事を拝見する手配となっていたが、出発前夜嘉義の旅宿に技師長筒井丑太郎氏がわざわざお訪ね下さって、書類や地図を展いて大体の予備知識を授けて下さったのは誠に感謝に堪えぬところであった。翌朝嘉義を出て番子田にて乗り換え烏山頭のダムを見る。嘉南の真平らな平野が終って中央山脈麓に達した所に、仙台の台の原に見るような朽木形の地形を取って、丘陵が広さ四平方里にわたって起伏している。この丘陵間の低地へ曾文渓から全長約二千間、烏山嶺の隧道《すいどう》だけで既に千七百十間という長い水道を作って水を導く。これを丘陵内に在りし渓の名を採り官佃渓貯水池という。実際上の価値は自分等に解らぬが数字でいうと蓄水面積が一億平方尺、最大貯水量が五十五億立方尺というのだから大変なものに違いない。丘陵のせばまった所約七百間へ、高さ百七十五尺（海抜標高二百十尺）、頂部の幅五十尺というどえらい大きな堰《せき》を設けて、右の五十五億とかいう水を貯めようとするのである。実に天然改造の大工事で、我々は烏山頭出張所長八田与一氏に導かれて、まだ工事中のこの堰を親しく訪うことが出来た。ちょっと観念が得難いが何しろ五十五億立方尺の水というのだからよほど沢山あるのだろうが、これを人工の堰堤《えんてい》でささえるのであるから、この堤なるものの構造もよほど確かでなければ破れる恐れがある。そこでここでは近時アメリカの辺で用いられるハイドロリックフィル式を用いている。これはまず堤の底部中央にコンクリートコーアを施し両側を遮断しおき、次いで両側に汽車で土を運び来りこれに強大なポンプで水をそそいで洗う。すると水に溶けぬ石や土の大塊はそのままであるが水に溶けた土は水と共に流れてコンクリートコーアの所へ来て沈澱する。ところが水は相当の距離を保って流れてくるので重い土は皆順に早く沈澱し、直径〇・〇一粍《ミリ》の如き微粒が中心部に溜る。これ即ちこの方法で極めて良質の粘土を人工的に作出するので、丁度河川の自然作用を模して、自然的に水の不浸透なる粘土を以て中部を固め、以てこの堰の安固を計らんとするのである。故にこの堰の横断面を見る時は外部に礫土を、次に砂土を、次に粘土をというように、三層が粘土を中央として両側に出来ているので、今まで大きな堰が極めて微細なる浸透からややもすれば大決潰を来すことあるを慮って、絶対に安全な方法と思惟さるるものを採ったのである。我々の行った時は工事が丁度三分の一ほど進行している時であった。表面の土を除いて完全なる泥層に接合せしめんがために、深く広く掘ってあるので、一見ユーター［アメリカのユタ］や小阪銅山のオープン・グラウンド・マイニングを見るが如き心持がし誠に壮観である。如上の長さ七百間頂部で以てその幅五十尺ある大堰から出る水は灌漑用水溝を経て海に流出されるはずであるが、右水溝の内幹線として、幅六十尺より少くも八尺、深水六尺から十二尺のもの延長二十七里、これより分岐する支線訓路延長実に二百三十九里にわたるので、以てその事業の如何に壮大かを知るに足る。この大訓のみでは円滑でないので、濁水渓の水も幾分幹線に取り入れている。その方面には目下幾分給水しているので、灌漑前後の収益を比較してみると、水稲は今までの一甲当り八斤余が十三斤余に、即ち四升九合ほどの増収を見、甘庶は四十三斤が七十七斤で三十四斤ほど増している。作付面積もよほど増すであろう。故に本事業の大成の暁に於てはこの地方の農業の進歩は実に見るべきものがあると思惟される。またその仕事の技術的土木的方面の成功は疑わぬところであるが、しかし翻ってその工事が約五千万円の莫大なる資金を要すること、そのうち二千四百万円即ち約半分は国庫補助であるが、他は国庫及び銀行からの借入金に俟《ま》たねばならず、しかも工費は長年月を要するがため、好不況物価変動により工費の蒙る影響少からず、かつ概してかかる工事は経費嵩《かさ》みがちのもの故、これら財政方面のことまで考慮に入れる時は、大事業は大事業であるが果してあらゆる方面に、真に成功するや否や幾分疑なきを得ない。自分等にはこんな大きな仕事の計数はよく解らぬが、常識的に見てこの仕事に二つの大欠点があると思う。その一つは一つのダムを以て灌漑せんとするにはその面積があまりに大であること、また一つはこれが幾多の地主に分割所有されていることである。面積の大なるはなおその例を英国人の為せるアフリカ・ウガンダ地方のダム等に見ることが出来ようが、一つの水源を以てあまり多くを望むことはかなり困難なことと思う。しかしこれよりも重要なのは、その土地が、もしひっくるめてエジプト辺に見る如く、国家または一私人の所有ならば勝手に水も引けて自由である。しかし当地方は土着せる幾多の福建人の業主が土地を細分している。果して彼等全部に満足を与え得るであろうか。仮に一歩譲って多少の犠牲を構わないで敢行するとする。ところがそうすると自分のいわゆる第二の欠点がまた人民に邪魔をしはしまいか。即ち約八百万円を何年かにわたって人民に賦課して収得している点、これである。金は払ったが水は来ないとなったら利にさとき彼等はどうして黙していよう。小学校に於て、朝鮮征伐には小早川隆景や浮田秀家等と微細に教えてる総督府は、或いはこれを押えつける勇も力もあるかもしれぬ。しかしそれは覇道で、真の民政ではない。自分はよくは知らないが、どうもこの仕事が農業上の技術慣習、その他民政的方面の調査研究を幾分欠いているように思えてならぬ。土木的の調査は充分に行届いているであろう。水は溜るであろうし、またよく流れるに違いない。しかし多年土地と慣習とに結びつけられた本島人の業主や小作人の心持は、ただ一片の土木的技術や計算では左右出来るものではない。嘉南大圳の成功を真心から祈る自分は、これが総督府や組合幹部のみの成功に非《あら》ずして、利害関係本島人全部が手を打って喜び祝福し合うていの成功であることを切に切に望む者である。日月譚の電力、阿里山の鉄道、嘉南大圳、桃園大圳、何れも思い切って大きい。内地人の頭のスケールにはけたはずれとも云えよう。人は云う、殖民地的である。また或る者は後藤式と云う。痛快である。しかしその言語の裏には一種の皮肉と憂惜の念を包むを否む訳にはゆかぬ。けれども事実上殖民地の仕事なのである。仕事地の相手が本島人であって、かつ政党関係がまだ少くかつ総督府に全てが統一されていることも、この仕事の成り行きを見る上に忘れてはならぬ一ファクターであろう。

二　蓬萊米

お米のことについては、喰べること以外何も知らぬ自分には、内地米のことは勿論、蓬萊米がどうのこうのと論ずる資格が全然ないことはよく承知しているが、とにもかくにも米穀大会一行に随伴した自分として、お米の話が一度も出ないでしまうのも、ちと義理が悪い気もする。故にほんの御申訳に見聞したところを備忘的に記しておくこととする。

台湾にお米が出来たのは自然的発生によるものか、または何人かの手によって、何時の頃おいかに移植されたものかは明かでないが、聞くところによると、隋の時代に支那人が初めてこの台湾へ来て、当時の土蕃が米の飯を炊き酒を醸していたのを見たともいうから、お米は支那人の手によっての移植ではなく、固有のものか或いはマレイ人種がこの島に移り来った時分かに伝播したものであるらしい。

領台後総督府で米種改良を企てた時分には、在来種の品目は千六百有余種の多きにわたっていた。これは単に前記の固有もしくは土蕃伝来のもの以外に、後々本島人の祖先が、福州または広東あたりより陸続移住せる際順次もたらしたもので、種々の種類が無秩序に雑交した結果であろう。品種の雑多は産売上からも移出上からも不便不利であるので、極力淘汰の結果いわゆる赤米、烏米等を除却し、現今は二百七十七種に減じ品質もだいぶ向上した。

近来著しく発達した内地種米は後述することとして、以上の如き種類のお米は甘蔗と共に台湾本島の生活の根源であるから、今本島に於けるこれら農産物の作付面積及び農業者数を一瞥《いちべつ》すると次の如きものがある。本島の耕地全面積は大正十三年に於いては七十八万五千余甲であるが、そのうち約半分即ち三十八万甲は田地である。これを更に細別すると二十六万六千甲が両期作田で、残りの十一万三千甲は単期作田（一万八千甲が第一期作、九万五千甲が第二期作）をなしている。七十八万五千甲の耕地を耕す農業者の数は二百三十万人で、総人口三百九十七万に対して五割八分に当り、これを業体別にすると、自作者一割七分、自作兼小作一割八分、小作者二割三分となる。即ち本島人の約半数は農業に従事し、そのうちのまた約半数はお米を作っているのである。

米作は一つに水利の便を要素とするので、前節に述べた嘉南大圳の如き、または桃園大圳の如き大水利事業を興し、以て水田の開発改良を計っている。

台湾のお米が二期作であるのは世人皆知るところであるが、実際の方法を見るに、第一期作は早米《ツアービー》といい、小寒より立春の頃種を播き、小暑の候に収穫する。第二期作は第一期作の収穫に先立つことおよそ三十日前に種を下ろし、小寒の候収穫する。これを晩米《ボウンビー》という。その外に渋米《シウビー》といい、早晩両種を一苗代に混合播下し、同一田に移植し、まず第一期を収め、晩種はやや晩《おく》れて成熟するを待って収穫する方法がある。田植を一回で済まそうという労力節約に出《い》でた便法であるが、経済上の損益についてはまだ精確に知れていないという。陸稲は山間に栽培されるものが多いが、前節に述べた看天田に作付するものの如きは、降雨あれば田に移すが、しからざる時はそのまま陸稲として畑で培養するので、水陸両棲の如き性質を有するものもあるのである。なお在来種が単に肥沃の土地に植えても徒長し、結実前倒臥を起し収量を減ずるという、極めて飽食暖衣を嫌う現代離れをした標悍《ひょうかん》無比な性質を有するのはどこまでも野趣がある。ところでもしこれに肥料を施せば施すほどかえって損になるという点に至っては、これ正に在来種の一大特長である。かつこの点が生産費の上から見て、必ずしもあらゆる土地に於て、内地種米によって駆逐さるべきものでないことを物語る有力なる一原因となるとも考えらるるのである。

　内地種米即ち今度の米穀大会を機会に伊沢総督によって命名された蓬萊米が、初めて台湾に移植されたのはかなり昔のことで、明治二十九年領台直後、今度我々が泊めて頂いた総務長官官邸前の水田（今はアスファルトの大通りであるが）に試作したのを以て嚆矢《こうし》とする。爾来各種機関の手を経て試験に試験を重ね、現今に於ては実に百七十余種の多きを加うるに至った。殊に近年本田移植に際し、熟苗を用うるの不利にして苗代期間を出来得る限り短縮し、若苗を用うるの秘訣を握りてより、従来の苦心を一掃し俄然生産量を増加してきた。即ち大正十年までは僅か三千石余しか出し得なかったものが、十三年には一躍三十四万六千石、十四年には九十九万余石即ち全移出米二百四十万石の約半分を占むるに至った。かくの如き数量の躍進は実に革命的である。内地に於ても台湾に於ても急に台米台米と云われるに至ったのも、誠にその所以《ゆえん》ありと云うべきである。しかし台米の重要なるは数量の躍進のみでない。即ち台米の出廻りが内地米の端境期に当るために、米の需給関係からして米価に影響すること著しく、この点が政府を始め、あらゆる米商ならびに消費者に大関係を持ったために、非常に重視されるのである。加賀宇之吉氏は、内地産米約六千万石として、このうち四千五百万石くらいはまず純然たる消費米として見るを得べく、残りの千五百万石くらいが真に米取引の目的物となるので、しかもこれが端境期となって数量を減ぜる折に、台米が二百万石うち内地種百万石を入れることは、その比例から見て米価に著しき影響を与うるは見やすき道理であろうと、扶桑丸の中で話しておられたが、けだし数量に於てはるかに優る鮮米よりも近時台米の声が喧《かしま》しきは、右に述べるような理由のためでもあろう。

　台湾米の取引は蓬萊米の生産ならびに移出増加と共に、今や在来の組織に一種の改革を加うるを余儀なくされている。農家は旧来の慣習から、多く籾を以て貯蔵し、自ら脱殻せずして売買約定成り立つに従い、そのまま仲買もしくは土《ト》壟間《ランケン》と称する籾摺業者に売渡す。仲買または籾摺業者は脱殻後検定を受け、或いは移出商に或いは島内消費のため小売商へ売渡すのである。現物売買、延売買、依託売買の三種の取引何れも行われるが、主として延売買が行われている。これは一ヶ月ないし三ヶ月の先物取引で、多く買方より前貸金の交付を受ける。この率は一袋（百五十斤入）に対し旧時四、五円なりしもの近時一円に制限された。前貸については無担保が多く対人信用となり勢い危険を醸しやすい。前貸する移出商中最も大なるを瑞泰と三井の二軒とする。しかし瑞泰の如き生え抜きの本島人と、三井の如き内地人との間には、生産者との取引上の便不便、智識、従来よりの関係因縁その他種々異ることが多いので、一口に対人信用の危険と云うも何れの商人へも一率には云えぬことは争われぬ。

今述べた土壟間なるものは、以前は土臼を用い、人力または牛力にて籾摺をなしたもので、土壟とは土臼の歯をいうのである。ところが産米増加につれて籾摺業者も自然工場能力の拡大を競い、今や進んで蒸気電力もしくは石油発動機の類を用いるようになった。土壟間は一定の営業所を構え、或いは自己の資金により或いは移出商よりの借入金により、農家または仲買より籾を買い、脱殻して移出荷に売渡すもので、仲買商を兼営する者が多い。今台湾に於ける土壟間の数を挙げると、台北州だけでも八十四名あり全島では五百七十二名の多きを算している。

これらの多くの土壟間より米を買い取り移出を業とする者前述せる三井物産、瑞泰のほか、大有物産等合計三十九名ほどあるが、このうち最も盛大なるは許太山の経営する瑞泰合資会社で約六割くらいを占め、最も大胆かつ機敏に活躍をなしていることは、嘉義で会った人差指のない瑞泰の手代の話でもほぼ想像される。ところで五百七十余の土壟間の中には上等のものもあるが、多くは商機にのみ走り乾燥不充分なる米を売り、長期保存に堪えざるものを出すこと年々約六十万石に及んだことがあるために、これが改良を計らんとして、総督府に於ては人工乾燥機及び新式籾摺調製機と完備せる農業倉庫とを設置し、共同保管及び販売を為しかつ證券発行による金融の途を講じ、一は以て農家経済の発達に資し、一つは以て台湾米をして国家の食糧問題、産米需給の調節、米価安定の用に供し、かつ従来の浪費や不備を補わんとした。即ち年産五百万石のうち二百万石は商品として出廻ると見、この数量を収容するに足る倉庫の建設を期し、当初一庫一ヶ年三万石収容力あるもの七十ヶ所を設置する計画を立てたが、その後地方制度の改正、物価騰貴より変更を来し、現今十一ヶ所が働いているのみである。この農業倉庫が、もし計画通り設置され、全能力を挙げかつ農家がこの組織を理解信用し大いに利用する時は、一方台湾米はこれがため極めて取引上有利にかつ浪費を省き、国民経済上効力多大であろうと思われるが、同時に他面この成功は旧来の土壟間の敵となり、彼らを圧迫すること甚しく、結局廃滅さえさせかねぬほどであるので、ここに於て台湾米取引組織は、今や革命的変化に臨んでいると云って過言ではない。ただ目下倉庫の数の少きと農家の理解徹底せざるがために、かえって農業倉庫の方が多額の補助を受けながらなおかつ欠損をなしているが、決して何時までも現状にいることは許されず、必ずや他日大雄躍をなす日があろうと思われる。倉庫の最も古きものといえども開業後僅かに五年を出《い》でず、今川課長の笑話にも、初めは脱殻のつもりにて取寄せた機械から白米が出た等の滑稽さえ演じられしほどにて、まだまだ試験時代と云って差支ない。ただこれらの倉庫の活躍は蓬莱米の増産と、内地の需要激増とがその生命の原動力であろう。

　しからばこの台湾米の前途は果して如何なるものであろうか。まず面積を見るに大正十三年末に於て三十八万甲の田地を数うるが、嘉南大圳、桃園大圳等の完成ならびにその他の埤圳新設改善により、田地面積の可増地少くなく、将来約三十年後には八十万甲くらいまでは田とすることが出来るといわれている。これが出来上るとこの地面より収穫し得る米の量は総額一千二百十一万石までは確かに増し得るとせられ、そのうち島内消費は輸入外米見積額一百九十四万六千石を入れて、六百七十六万六千石に当り、残りの六百二十四万石余及び糯米《もちごめ》百五万石余、合計七百二十九万三千石余は移出し得る計算となっている。万一特殊の事情から外米の輸入全く不可能を来すことありとせば、移出可能額は約五百三十万石になるのである。もっとも、これらは単に計数であって、必ずこの通りになるかどうかは確言出来ないけれども、大体に於て台湾が我が国の食糧ならびに人口問題について、想像以上の効績をあらわすということだけは確かであり、従って我々国民として同胞の一員たる本島人殊にこのお米の生産者たる人々の利害を無視せずに、極めて道理正しく以上の数字の実現化につとめねばならぬと思う。

三　台南にて

　台南は台湾の旧都であり固有の文化の中心である。新しき都はたとえ如何に壮麗であっても親しみの情が薄い。これに反して古き都は塀破れ街頭如何にむさくるしくとも、そこに何とも云えぬ懐しい情を起させる。台南は台北に比べると如何にも汚い。しかしあのじめじめした狭い曲りくねった街を抜けて媽祖《まそ》宮へ通る所に、支那式に混雑はしているが年を経て初めて見る落着いた情調がただよう。それは苔むした落着きであり、幾代かの人の心に浸み渡った心やすだてである。纏足《てんそく》や支那服が台北に於てはむしろ外来的の色彩に見えたのに比べて、台南に於ては総督府の役人の制服も我々の背広もまた普通の和服さえかえって異国の感を与える。

　それほど台南は支那的であり台湾的である。如何に総督府が苦心改良するといえども、三百五十万の台湾人にとって現在の台南の情調ほど親しみ深くかつ住みやすい所は作り得ぬであろう。短く忙しい旅をする我々にとってすら、何故か台南に或る種の心やすさを覚えしめた。台湾を深く研究せんとするほどの人士はまず台南に足を止めねばなるまい。

台南の正史は台湾全史に交渉が深いが、その台南の世に顕われ始めた時には日本人との交渉も相当深いことも面白い。三百年くらい前、今の台南安平辺が蘭人に占拠されていた頃、即ち我が寛永の始め浜田弥兵衛が蘭人の長官ヌイッと大喧嘩して彼の子息四人を生捕にし、人質として長崎に引上げた武勇伝は、日本人側から見て台南に愉快な交渉を持つ第一の事件で、このほか柏原太郎右衛門やその他有名無名の弥兵衛さん達が随分と多く、蘭人をなやましたことであろう。しかしこれ以上面白いのは、この台湾を支那のものとして確立させた人即ち我が国姓爺《こくせいや》鄭成功は日支合弁の産であることだ。父は芝龍［鄭芝里］、母は田川氏、成功幼名を福松といって平戸に生れ、二十二歳の時父に従い明王に謁し大いに明朝を大事がって清朝に抗しよく孤忠を守ったが、南風競わず遂に支那を去って厦門《アモイ》よりこの台南に押し渡り、蘭人どもを追い払い完全に台湾を占有した。時に寛文元年（一六六一年）、我が弥兵衛君の勇猛発揮を去る三十五年ばかり後である。この国姓爺の子即ち四分の一日本人に経［鄭経］という人があった。父の遺志を承《う》け厦門より渡台し大いに経綸を行ったが、或いは蘭人清朝と結んで恢復を企てるあり、或いは諸将間に内訌あり、内憂外患こもごも至る有様であったけれど、彼はこれをよく治め大義明分を明かにし、仁厚なる治世二十年にして死んだ。この経がその参軍陳永華の建策を容れ、ここに孔子廟を建立した。今より二百六十年ほど前のことである。後時々廃祀したが常にこれを改造し来り、大正五年地方官民有志の努力により大改築成り大いに廟観を壮にするに至った。

聖堂の門外に至ると左手に大きな麟鳳亀龍を鐫《ほ》った石坊門がある。石坊門は即ち泮宮《はんきゅう》門である。けだし泮宮とは学宮の謂《いい》にして、古制に天子の学宮を辟雍《へきよう》といい、諸侯の学宮を泮宮といった。しかして泮の字は水を半にするの義で、天子の学宮前にある池が東西南北に水を通じ満月の如くなるに反し、諸侯のは半月形の池を有するを以てこの門はこの意味を表示する。前述した林本源氏邸堤《てい》前の半月池もこれを象ったものであろう。泮宮門の左右両石柱には「集群聖之大成、振玉声金、道通中外」「立万世之師表、存神過化、徳合乾坤」と聯し、背面の両旁には「参両大以成能、時行物生、無私化育」「綜六経而垂教、神門義路、不過範囲」と勒している。

半月池の底辺を基にして更に進むと櫺星《らいせい》門がある。これをぐぐると広い敷石をへだてて石の露台があり、これを前にして壮麗なる大成殿が聳《そび》えている。大成殿の周囲は崇聖洞、楽器庫、礼器庫等を以てめぐらされてある。

大成殿の正面正殿には至聖先師孔子の神位を奉安し、東配には復聖顔子、述聖子思子、西配には宗聖曾子、亜聖孟子を祀る。東西配の下位に閔子その他十二哲を列して居る。上を見ると嘉慶帝親筆「聖集大成」とか光緒帝親筆「斯文在茲」とかその他多くの勅額が掲げられてある。いつぞや穂積重遠博士が朝鮮を旅行された折、京城にて李王家の伝ふる周の楽を聞かれて、その規模壮大なるに驚かされまた大いに楽しまれた由を伺ったが、ここの大成殿にも相当の楽器を蔵しているようである。田辺尚雄さんのお説に俟《ま》たぬと、どのくらいのものであるか素人には解らぬが、種々なる磬《けい》、中にも編磬という十六箇の律呂《りつりょ》十六音を発するものや、編鐘十六箇が美しく並べ懸けられてあるのや、各種の鼓《こ》、簫《しょう》、笙《しょう》、琴《きん》、瑟《しつ》、箎《ち》、笛《てき》等その他何にするか解らぬ楽器が四、五十あるのには少々驚きもし興味を持った次第である。いつぞや龍門社で伺った面白い田辺さんのお話にあった「ささら」の祖先みたいな敔《ぎょ》という木にて伏虎の形を彫り、背上に歯を有しこれを鳴らして奏楽の終るを示す楽器の実物も、ハハーこれかと初めて拝見会得した訳である。礼器も孔子様が幼い時分から飯事がお好きでよくいじられたとある俎豆《そとう》を始めとして、幾十種かの礼器が並べられてあった。何でも四月七日頃かに毎年大祭をし各聖を祀り奏楽をするという。一度は拝見したいものだと今も念じている。クリストが東洋人だと西洋人が気付かぬと同じように、孔子様が日本人でなくて支那人だということは台南へ来て急に思い出した。それほど孔子様は日本人に近くかつ親しい支那人である。この孔子様の教えがどの程度に台湾人に行き渡りかつ守られているかは、自分にはちょっと解らないけれど、よしや形式的に目下相当盛んであったとしても、日本の中央文化が、太平洋とシベリアを渡って来る西洋文明に妙な歪みを受けて、更にこの島にも入り込んでくる以上、孔子の教えはやがては一度仮死の状態に陥るべく、後々再び人々が胸の中に、現在とは異った意味で孔子様に対する崇拝心が興り、また安心立命の目標を真剣に捜し出すまでは、真の光を発揮し得ないであろうと思われる。我々の先代の人々は、維新前後に夢中になって自分等の文化を破壊して得意であったようであるが、この台湾も今そろそろ丁度あんな風に中央文化の圧迫を受けつつ、己れの固有文化を破壊しかけてるように見受ける。そしてそれを客観出来る地位に置かれた自分達は、浅間しくも思いまた真に痛々しく思うと同時に、生れぬ前で知らなかったとはいえ、維新この方の日本の状態を見て随分と冷汗の出るような気もする。林本源氏邸で小さな子供さん達が、正殿に腰掛けて家庭教師から『論語』や『小学』の素読を受けているところを親しく見受けたが、あんな寺小屋式の教授法もおいおい消え失せて、皆一様に洋服を着てそろってリズム体操だの自由教授法だからのと、校長さんのアメリカからのお土産に移り変り、また壮麗な文廟の横に、徳育にもっぱらでない小学校が皮肉にも教育を我が物顔に建つはまだしも、悪くするとデパートメントストアさえ聳える時代もやがては来るであろう。今まで永年の台湾服を棄てて兵児《へこ》帯《おび》の和服にすることがハイカラであり、更にその和服を棄てて背広になるのが超ハイカラであると思われてる今の台湾人の気持、また支那服を和服に変えることは高級民族を崇拝しての結果と、自分達の欧米心酔は棚に上げての早合点で、優越感を満足せしめてる浅墓な日本人の気持、こんな心持を見ると、一体台湾人と日本人とは何処でほんとうに接触しているのだろうかという、疑いと憂いとを持たざるを得ない。台湾の小学生に朝鮮征伐を事細かに教え込んだり、オドオドする児童にテニヲハをつめ込んだりすることによって、台湾人が日本人に脱化したり、或いは彼等の民族的自覚を消失し得るとでも思っているのか。台湾人の教育もよい。しかし智育のみを主として、しかも彼等のうちに知識に優秀な者が多数生じてきた暁、彼等をそれぞれ満足せしむる地位官等に置く用意が総督府ないし日本官民にあるだろうか。これはまだ差し迫ってはおらぬ実際問題ゆえしばらく措くとして、真の日本人と真の台湾人との間に、真正な有機的結合を生ぜしむるための文化的施設なり心構えなりを、今から懸命に考えている人が一体何人居るのであろうか。自分は総督府なり民間有力者なりが、ただ単に治めるとか資源の開発とかのみでなしに、この方面に向っても一歩踏み込んで思いを廻らして頂きたいという願を、孔子廟を拝見しつつ強く持ったのであった。

　台南市を出《い》で安平に向うと景色は俄然一変する。無数の池と堀割と堤防と貝殻の多い道とが一望坦々として続く。この先近くに海があるという気分が町を出るとすぐ感じられる。潮風のためかもしれぬが、あたりが水郷ともいうべき水に親しい景色のせいであろう。昔の越中島の感じである。風車があったらオランダにそっくりであろう。堀割には船体は隠れて帆だけが音もなくゆるゆる走るのが見える。雨あがりで水たまりの多い、遠見のきく広い道には犬が一匹うろついている。うら淋しい午後の景色であった。

　やはり支那らしい匂いはあるが、まばらにある民屋には網や櫓も見え、炊事の煙の出具合まで正に落着いた漁村である。池は家のすぐ裏まできていて、底にたまった白い貝殻の見える浅い所に家鴨《あひる》が群れている。ゾイデルゼー［ゾイデル海］のマルケン［島］をふと想い起す。安平一帯は実に画家の世界である。

　養魚にかけても支那民族は一流の特技を有する。池を乾してこれに肥料を塗り、乾くを待って水をそそぐ。放置すること数日にしてミジンコの発生無数である。かくしてまず食餌の用意をするところが面白いが、更にこれに新しき水を加えて稚魚を放つ。この稚魚を魚苗と唱うるところもまたあくまで支那風ではないか。塩水ではミルクフィッシュ、鯔《ぼら》を主とし近来蝦《えび》、蟹に及び、淡水では草魚、鰱《れん》［鰱魚］、鯉等である。年産額三百万円以上にのぼる。

　ゼイランジア城［オランダ東インド会社が十七世紀中頃に築城］にて浜田弥兵衛の武勇伝を想い起しながら、安平を四顧の裡に収めた我々は、再び一里余を自動車で走って台南に戻り、市尹［市長］及び内務部長らより結構な台湾料理の御馳走に預かった。どの御料理も舌鼓を打って喰べると同時に、鳩の卵が不足の時は、家鴨の卵を器用に処理して幾らでも鳩の卵を手製する台湾料理人の話にはいささか驚いた。もっとこの時のは本ものだということであったが。

　また本当の名は知らないが中根貞彦さんが「スペインの女の髪にささまほし、小米バナナの黄なる一ふさ」と詠まれて以来、我々の間には小米バナナで通ってる小さくて可愛いバナナの味が、いつぞやシンガポールで味って以来忘れられぬので、小野技師に伺ったところ、お骨折りで見付けて頂いたのも嬉しかった。果物の話で思い出したが時計草の実やオリーヴのジャムや、蛋白質消化酵素パパイシンを含む偉大な木《ぼ》瓜《け》等も、台南州農事試験所でのご馳走であった。目下研究中という話であるが、今植えてある大きい実のオリーヴが、プロヴァンス以南伊太利にかけて実る小さいオリーヴに替え得る暁は、我が台湾も有数のオリーヴ産地となり、またオリーヴ油が上手に採れたら、我が国の鰯《いわし》と相俟ってサーディンの輸出も助けるであろう。御馳走も結構であったけれど、更に一段と嬉しく頂戴したのは今川さんや小野技師が御心入れで、特に見せて頂いた台南地方農民の豊年踊であった。

　台湾の柳田国男さんが出るまではなお数年かかるとしても、こういったような民間風俗の蒐集は、今のうちから始めないといくら保守的な台湾でもじきに亡びてしまうであろう。大きな紙張の牛の頭を被った子供が先に立って鋤を牽く。別に五、六人の小児が若い青年男女に扮し、牛を追い鋤を使う真似をしながら、卑猥な文句の歌を唱えつつ時々互にイチャツクのである。これを家の爺さんが大いに嫉《や》いて、行列の周囲を騒ぎまわるところを見せるという他愛もない筋であるが、鄙《ひな》びた音楽につれて進行する小児の行列は見ていても気持がよい。豊年の時皆で田んぼをこうやって練り歩くのだそうであるが、如何にも台湾の豊年らしい気分がする。

　しかし何といっても真に台湾らしい気分のする所は媽祖《まそ》宮であろう。道が狭くて自動車は通らぬ。油の臭いと、何処からとも知れず押よせる人声とに、まず酔った我々は、いつかは泥濘も、またその上に吐き棄てられた痰唾さえもう意とせずに、リテラリーに肩摩《けんま》轂撃《こくげき》の人込みの中を分け入ってようやく媽祖宮に出る。浅草や善光寺の比ではない。四方家に固まれた狭い石畳の前庭に込み合う人の群れを見ると呼吸もつまりそうである。薄暗くしてある正面に向って人々は線香を上げ盛んに金銀紙を焼いてお祈りを捧げている。また或る者は筶《ポエ》と称する一種の占卜で「あけび」の実を縦に二つに割りたる如き恰好をした二箇の竹根を神卓より取り、三拝九拝の後この筶を額の辺まで捧げて地上に落して、己が心願を神が嘉納するかどうかを占っている。彼は物珍しそうな我々の凝視に会って、ちょっと極りわる気なまたちょっと不快気な顔をしたが、殆ど同時に起りかけた口元の微笑もまた消え去って再び熱心に占い始めた。地上に落ちた二箇が割った方を現わした時は笑筶《チヨウボエ》といい神笑って嘉納せず、またもし二箇とも打ち伏せた時は陰筶と称し神怒ってこれまた嘉納せず、更にもし一箇は割りし方を現わし、一箇は打ち伏せた時は聖筶《シヨウボエ》といい祈願神明に嘉せられたとするのである。この筶は神廟のみでなく仏寺にもあり全島至る所にある。

周囲の家が迫っているのと薄暗いのでよく解らぬが、宮の構造は大したもので、石の柱の彫刻だけでもただ単に金をかけただけでなく、よく見ると決して馬鹿に出来ぬ作品らしい。ただ年々何万円と燃やす線香と金銀紙の煙に至る所真黒に光っている。媽祖宮の本場は台湾では北港で、年に七十万人も参詣者がある。とても琴平様どころではない。何故かくまで信仰厚いのであろうか。媽祖は俗称で、本当は天上聖母というべき婦人が本体である。今より約九百七十五年ほど前に実在した人である。天理教の中山おみき婆さんのようなところもありマリアのようなところもある。媽祖は福建省の産で時の都巡林氏惟慤《いかく》の末女である。惟慤夫婦は平素善行を修め人に施し深く観音様を信仰したが、如何したものか長男が至って弱く発育不良である。後は皆女で五人いた。そこで夫婦は毎日朝夕香を焚いて今一人立派な後嗣を得んものと天に祈り地に禱《いの》った。なお不安心だったので一日斎戒して観音を拝み「我等夫婦競々自ら持し徳を修め施を好む所以《ゆえん》は敢て妄《みだ》りに求むるにあらず、ただ上天この至誠に鑒《かんが》み速かに佳児を賜い以て宗祊《そうひ》を輝《て》らし給わんことを」と祈願した。するとどの霊験記にもある通りその夜観音様が夢枕に立たれ「汝等の善行、上帝も嘉《よみ》し給う」とあって一種の丸薬を授けられ「これを服せば霊験いやちこ［灼然。神仏の霊験が著しいこと］ならん」と告げた。

婦《おんな》王氏寤《さと》って感ずるところある如く遂に妊娠した。夫婦の喜びは一通りでなかった。ところが翌年庚申三月二十三日夕刻、一道の紅光が西北より林氏の屋内に映射して晶輝眼を奪い異香馥郁《ふくいく》として散じない。その時王氏は腹震を催して一児を産んだ。しかるに何ぞはからん生れた児は女子であったので夫婦は痛く失望した。しかし誕生の際奇蹟的な光景を見た彼等は、とにかく好い児になると思い可愛がったが、不思議な事には生後一ヶ月を経ても遂に一度も泣きもしなければ声も立てない。よって彼等はその児に黙と命名した。この黙嬢が即ち後の媽祖である。

泣かぬ代りに黙嬢は幼にして極めて聡明穎悟《えいご》、常人とはまるで異なっていた。八歳にして訓読を受け一を聴いて十を知りことごとく文義を解し、十歳にして浄几梵香を喜び仏を礼し朝夕誦経少しも怠ることがなかった。十三歳の時老道士に異能を看破され玄微の秘法を授かり、十六歳の時附近の井戸を覗いて何かの符を得、その後は霊通変化自由自在で多くの奇蹟を顕わした。その後十三年を経、彼女の二十八歳の秋、黙嬢は家人に云うには、私は明朝幸い重陽の節［九月九日の節供］に当りますから、独りで高い処に登ろうと思いますので、あらかじめ御知らせ申します、と語った。家の人は皆秋の日の山登りくらいに呑気に解し別に気にも留めなかった。ところが彼女は翌日になると海を渡り湄州嶼に行きその島の最高峯に登った。すると忽然《こつぜん》濃雲岫《しゅう》に横たわり天楽の妙音空中に響き渡る瑞象を呈した。黙嬢は何の怖るところもなくおもむろに風に乗じ悠々然として空中に舞い上り、やがて彩雲に閉されてしまった。即ち昇天したのである。その黙嬢の霊地たる前記湄州嶼は福建省と台湾との間にある一孤島で、媽祖の本廟たる天后廟はこの地に建立され香火甚だ盛んだという。

以上は黙嬢即ち媽祖が生存中の霊験記であるが、何故これを天上聖母といい天后と奉るのであろうか、また何故かく尊信さるるのであろうか。史の記するところによると、媽祖が天后に封ぜられたのは清朝時代で、その以前より朝廷の待遇は夫人より妃に進んでいたところ、清朝に及び琉球への勅使海難を免れ神助を賞えしを以て、最上級の天后になったのである。右の如く媽祖信仰の基本は航海の守護神であるが、これはまた台湾海峡が常に風浪高く舟行に不便なるところへ、霊地が一孤島であるに因縁しているものであろう。何れにしても支那の戎克船《ジャンク》はこの天后を祀ることとなお水天宮様に等しい。次いで戎克船の航海安穏の欲望はたちまち拡大して船を出入せしむる貿易商にも移り、彼等からも痛く尊信されたが、多く神の霊験は祈願者の欲望によりかなり多種多様に分化するもので、天后もその例にもれず今日では農民も商人も、その他一般民衆のあらゆる欲望を嘉納さるる神となったのである。北港の媽祖宮へ参詣する者一年七十万人を下らぬというのも、むべなるかなである。

ところが更にこれに附随して面白い風習がある。それは迎媽祖といい油香料を納めその神像を借用することで、一箇所へ借られるとまたその附近からも借りに来るので、本来の借用人はその間鞘を取って儲ける等は随分と台湾式で面白い。なお神像が幾つもある時は皆その霊能に差異があるので、第二仙と第四仙（台湾では体といわず仙というそうである）とが一番よくきくなどということである。

媽祖の話が思わず長くなってしまった。台南も見るところは見た。我々は更に南下、鵞鵞鼻［鵞《が》鑾鼻《らんび》?］までではなくとも、せめて高雄まで下ってもう少し南台湾の風物に接したい。

四　高雄にて

台北を東京、基隆を横浜、台南を京都とすれば、高雄はさしずめ神戸に当る。高雄は港である。南台湾と内地、南支那更に南洋、遠くは欧州とも結ばるべき緊要の港である。米、砂糖、セメント、バナナ、パイナップル等、皆この港から出て行く。故に長さ三里、幅八百間という高雄湾を築港し岸壁を設け、防波防砂堤を築き、入口の岩礁を除き、以て将来一万噸《トン》級の船舶岸壁に十隻、浮標に十二隻を同時に碇泊せしむる計画を立て、その工事は目下着々進捗しつつある。もし如上の貨物に加えて、背後に今や問題となりおる石油坑が実現発展するならば、この港の香港、厦門、広東と匹敵もしくは凌駕する必ずや数年を出《い》でぬであろう。我が国の南端にかかる良港あるはけだし天恵多しと感ぜざるを得ぬ。我々一行、港務部の小蒸汽にて湾内を見物、湾口僅かに五百尺、一度湾外に出《い》ずるや南支那海渺茫《びょうぼう》として際なく、何処ともなく押寄せて来るうねりも何となく力が強い。ともかくも台湾の外側をちょっと沖合から顧み眺めてまた湾内に帰る。海上から見ると、岸壁の上に建てられし起重機ある上屋及び倉庫は、実に日本一とも思《お》ぼしき規模広大なもので、誠に高雄の人々の、この港に対する将来の抱負と決心とを窺わしめ、見るからに気持がよい。陸上にはさすが果実類の輸移出港だけあって、植物検査所等の設けも充分に出来ている。果実はバナナ、ポンカン、西瓜《すいか》、木瓜《ぼけ》何れも出るが、中にも将来注目すべきはパインアップルである。これは高雄州が一番多く産出し、台中州がこれに次ぐ。大正十年に八百万箇二十六万円産したものが、大正十三年には一千一百万箇五十八万円と殖《ふ》えている。しかしこれは罐詰工業ならびに製罐業の発達と相俟《ま》って、将来は驚くべき発展をとげるであろうと思われる。パインアップルの罐詰としては大正十四年度の統計によると、輸移出合計で五十万打《ダース》二百万円である。工場も大正元年六箇なりしも十三年には二十三に殖えた。殊に近来、在来種のほかに布哇《ハワイ》のスムース、カイイエン、またはボルネオのサラワック等の優良種を輸入して以来、品質とみに向上したのと罐詰技術の進歩とによって、将来は単に移出のみならず輸出も相当額になることと思われる。九曲堂に見学して改良種の繊維少く味極めて美なる生《なま》のパインアップルを口にした時、我が台湾が熱帯果物にも無限の宝庫であることを痛感したと同時に、ハワイで既にパインアップルの良種移出を禁止したという噂の、決して噂のみでないことがうなずかれた。全く今後幾年かの後には台湾がカリフォルニア及びハワイの強敵となるとともに、東京に居ながら安くて美味《おいし》い生のパインアップルや木瓜を無尽蔵に食べられる時代も来るであろう。果物と共に将来注目すべきは各種香料植物の栽培であろう。既に二、三の人はパイオニアーとしてこの方面にも奮闘しておらるると聞いた。

　パインアップル工場を見学した我々一行は、再び九曲堂から高雄へ引返した。その夜は知事さんの御招宴に預ったが、これは当方よりおねだりした台湾料理である。「うぐいす」と呼ぶ十五、六の台湾のおしゃくが、石黒局長の髯その他を拝見しばし熟考の上、頓狂にも「彼の人は我が国の人なりや」と失礼なことを言上して大笑いとなったのもこの時である。かつて英国人から露国人扱いを受けてもいささかも驚かなかった局長も、台湾に来てまで外国人扱いされるとは夢にも思われなかったであろう。高雄の町の夜は静かであった。空気は水分の多いくせに澄んで、遠方の燈火がキラキラしていた。どんな賑かな所を歩いても開港場の町はずれといった淋しさがあった。そしてペナンやジョホールの夜町に見るような物凄さがなかった。高雄の夜の景はいかにも皆んなが、安らかに生活しているような気持を起させた。旅宿へ帰って一静まりすると、どこともなく夜守《やもり》が鳴いた。その夜は熱帯地方らしい大雨が降った。翌朝宿の中庭に大きな蟇《がま》が二匹のさばっていた。

五　台湾を去る

台中で帝国製糖の甘酸ばい匂いのする工場を見たり、再び台北に戻ってから有名な樟脳や阿片の専売局、または百歩蛇《ひゃっぽだ》とか青竹蛇とか、その他各種の毒蛇を飼っている中央研究所や、パームのアヴェニュ、チークの林、パラゴムの森のある植物園を見たことは、もはやくだくだしければ全て省略する。僅かな日子《にっし》ではあったが数多い見物には相当に疲れた。琉球行の船の出るまでにはなお二日ある。一つは見物、一つは疲れ休めと後藤長官の御親切のお取計らいで、草山の温泉へと出かける。草山は台北の西北、七星山中にある湯量豊富な弱い硫黄泉で、世界でも稀有の岩石ホクトライトで有名な北投温泉から、更にまた山奥深く入るのである。畏《かしこ》くも摂政宮殿下の行啓を仰いだという総督府自慢の温泉で、貴賓館も極めて心持よく出来ている。久し振りで手足を伸し、長官お心尽しの鳥のすき焼きを御馳走になる。ザクに手のひらほど大きい三つ葉が出たにはさすが台湾と感心した。目新しい蝶や蟻や甲虫が目につく。こんもりした裏の森を捜したら、珍しい蛭《ひる》ややすで等が採れるだろうなどと、昔の採集癖をそそる。

食後ヴェランダの雑談も折からの明月で、人里遠きこの山奥ではひとしおしんみりした気分で、床についたのも夜半を過ぎていたと思う。床に入って僅かながらも今までの旅を回想すると、再び眼は冴えていろいろの想いが湧いてくる、感想もある、希望もある。その希望の中でも、政治財政経済に関することは、極めて多くの為政家や専門家が不断の思索を凝らしておらるること故、我々若輩の特に述ぶべきものはまずなかろう。故に自分としては現代の政治家実業家等のあまり気を止めぬことで、是非と思う希望一つを述べて我が台湾を去りたい。

植民地を熱帯地方に持つことはいろいろの意味から極めて有利である。農産物の二毛作にして豊富なるはあたかもその土地を二倍有するに等しい。かつ多くの作物は楽に育つ。また、衣食住に割に金がかからぬ。殊に勤勉無比な台湾の労働力を有するのは何よりも幸であるが、ここに一番問題となるのはこの台湾人である。殖民政策上、為政上、経済上種々議論もあろうが、自分はこれを各々その専門家に譲り、今はただこの民族を我々は学問上の対象として、徹底的に研究をされたいという希望だけを述べたい。

台湾には内地人以外に大別して生蕃《せいばん》、広東人、福建人の三種の民族がある。生蕃は我が国の有する三大原始的民族の一つで、他の二つは北海道ならびに樺太にいるアイヌ及び太平洋上の太平洋民族である［巻末註］。自分は人類学や民俗学に対し相当の趣味を持つものの、専門的に研究したものでないので、その考えは甚だ粗雑で、或いは見当違いかも知れぬと恐れるが、とにかく我が生蕃はどちらかというと有名ではあるが、一番学者の手をつけてない民族と思う。アフリカや濠洲や、その他の原始民族は欧洲の学者が既に古くから研究している。アイヌも小金井［良精］博士やバチェラー先生、金田一先生等によって既にその緒についている。出草という慣習が実際以上過大に伝わったためか、或いはマラリアに対する恐れからか、または生蕃の蕃の字を蛮の字と思い違えての尻込みからか、とにかく日本人も西洋人もまだあまり手をつけないのは事実である。隘勇その他の巡査諸君等の真に縁の下の力持式大努力によって出来た蕃族調査報告があるが、今のところ充分なる学問と経験ある学者の研究はまだ発表なきが如く、また現在そんな学者は入り込んではおらぬと思う。我が父を殺された憤りを恩に代え一生を生蕃教化にと蕃地に永年住まわる井上伊之助氏の行動に真に涙ぐましくも尊いことであるが、かかる諸君に人類学や民俗学的研究まで期待しては期待する方が無理である。とにかく名前だけは世界に知れているが、学問的真相の闡明《せんめい》されておらぬこの民族に対しては、是非とも我々日本の学者によって充分なる研究をして頂き、日本人の手から世界の学界に最初に発表してほしいと切望する。殊に、生蕃はアイヌが固有の日本民族に追われて遂に落着いた残存民族であるのと対照し、或いは我々の祖先の一団が日本へ南から来る途中、台湾へ振り落してきた人々の子孫かも知れないところから、その研究たるや我々自身にとっても極めて切実な問題である。また原始経済の状態を研究する上から見ても、日本の学者にとって最も手近の生きた標本とも見るべきもので、経済史の上からも極めて重要な研究対象だと思う。幸か不幸か新高山脈内にたてこもった彼等は、いわば我が日本の人類学、民族学、民俗学、経済史学等の学問から見て処女地である。このたび台湾大学の出来るに際し、従来とかく忘られがちも軽んぜられがちのこの方面の学問には、特に充分の考慮を願っておきたい。

次にもう一つは福建、広東の支那民族である。日本が支那を研究することの絶対的に必要なことは我々の言を俟《ま》たぬ。東亜同文書院もある。東洋文庫もある。また多くの人々が支那へ出掛けて研究しておられる。ただ自分は台湾に於ける支那民族を見て、或る種の学問にとっては、彼等は好箇の研究対象となると思ったのである。多くのことは支那へ出掛けなければ研究は出来ぬ。しかし或る事柄、殊に人類学や民俗学方面のことについては、時とすると外国では遣りにくいことも出来てきて、あまりに立ち入れぬことが多い。しかるに台湾に於ては或る程度までこの研究は楽である。随分と立ち入った研究も出来よう。支那で聞けぬことも台湾では聞き得るかも知れぬ。そしてそれを土台としてまた支那でより確かな研究が出来るかも知れぬ。自分は日本の学者がこの方面から台湾人に対して特殊の眼をつけられんことを切望する。そして英国がインド人を深く研究して印度を治めるように、我が国としても彼等を深く深く識ることによって、真正の政治をなすと同時に我が隣国支那人に対する理解をもっともっと助けてくれるようにすることは、決して無駄や物好きの望みでないと信ずる。由来日本には支那があまりに経書を通じてのみ入り過ぎている。否、経書と同等の深さに於て小説も入らなければならぬ。また民俗的智識も入らなければならぬ。現代の青年がロシア人をロシアの小説により、フランス人をフランスの小説により本質的に知っているように、我々は支那人を経書と並んで、その小説や生活様式等からも本質的に知り得るようにせねば、支那人との交を深くすることはけだし至難であろう。もしかかる意味に於ての支那研究が是認されるなら、台湾人の研究は当然目下の急務である。生蕃と同様に、台湾大学なり総督府なりが、この方面に特別に眼をつけられてほしい。近年我が国に於ても我々の祖先やまたは村々について、今までとは違った歴史的社会学的研究が盛んになってきた。今までの学問には民族全体から見ての血が流れていなかった。あまりに特殊な人々の盛衰のみであった。この欠陥は人類学や民俗学がこれを補塡する役目を持つ。そして我々日本民族の生活を如実に研究することによって、我々自らを知らんとする欲求が今や熾烈になってきた今日、我が版図内の各種民族に対して同様の学問の発達を希《ねが》うも無要ではあるまい。

　思わず議論めいてしまったが、自分は如上の研究は目前の利害を離れて、絶対に必要と確信したのである。

　さて草山の湯に疲れを休めた一行は、不幸にして井野課長が急性腸カタルを起されたために分離さるることとなり、石崎氏は井野氏の看護に止まることとなって、遂に自分は石黒さんと二人きりでいよいよ琉球に出掛けることとなった。

　二人が基隆に再び来た時は初めの時と異り、天気工合のよいせいか大変穏やかな町に見えた。出帆に間があったので港を小蒸汽で一巡、かつちょっとアジンコート島でとれる珊瑚の工場を拝見してから、我々を琉球に運ぶ久吉丸という千噸《トン》ばかりの船に乗り移った。

　船は四時出帆、基隆の港外に出るや直ちに方向を右にかわし、アジンコート島を遥か左方に本島の連山を右に見て、南方西表《いりおもて》島を指して進むうち、いつか日は暮れて我が台湾の山も何も見えなくなり、ただ煙突から吐く黒煙が星あかりに物凄く船の後へ後へと残されていくのが見えるばかりであった。

［「南島見聞録」『祭魚洞雑録』郷土研究社、一九三三年］

「南島見聞録」

先島列島

一　西表《いりおもて》島にて

生き地獄

誰しも船に乗ると早起きになるが、朝日がサッと斜めにデッキを照らす時ぐらい海上で気持のよい時はない。空はいつもよりもっと広々と見え、真白い雲が所々にさも心地よげに浮び、海の色はまた新鮮な空気を通してひときわ青く見える。水夫はザーザーとポンプで甲板を洗っている。朝風に躍り上るホワイト・キャップが砕けては散る波の腹にも、朝日のくぐってくる色合を見せていやが上にもすがすがしい。

久吉丸が欝蒼たる森林に蔽われている山深い西表島西方の祖納《すない》湾に入ったのは、朝の八時頃であった。海底の珊瑚礁のために一見相当に広い湾も実は船がかりが非常に悪く、僅か千噸《トン》のこんな船でも自由に動けなかった。打ち見たところ何でもない海面を異常な注意を以て、右に左に舵を取りながら入る船長の苦心も並大抵ではなかった。なるほど碇の降りた時も船は湾の中央部にそっと止っていた。岸まではどちらへ向いても七、八町から十町はあった。湾に入る前、右手の海岸に意外にも高い煙突が見えただけで、湾の周囲には家らしいものは五、六軒しか見当らなかった。密林は岸の端までのびていて、大袈裟にいえば無人島のような感がした。ところが船が着くと間もなく大きな艀《はしけ》が石炭を山と積んで十何艘もやって来たのには驚いたが、この石炭を本船に積み込む苦力《クーリー》が総て台湾人であるに至っては更に二度びっくりしたのであった。その昔は各所に村が散在し、時の中央政府たる沖縄本島から役人が何人か派遣され、相当聞えた島であったが、マラリアと猪の害に悲惨にも或いは全村全滅したり、或いは他に移住を余儀なくされたりしているうち、明治になって沖縄の人々の心も眼も東京の方に向うとともに、ますます寂れて今は無人島の観さえ与える哀れな島となってしまった。現在船の着く近傍の村を見ても、祖納に百戸、船浮《ふなうけ》に二十戸、網取に十五戸、崎山に十戸、風阪に六戸ほどになってしまっている。ところが、幸か不幸かこの島に石炭が出ることが発見されてから、突如としてここには何のゆかりもない人の群がしかも多数に入り込まされて、鉱山にありがちな最もみじめな人間苦をなめさせられているのである。先に述べた台湾の苦力もこの群の一部であったのである。船の湾に入った時、右手に見えた煙突の黒煙は、この湾を形成する内離《うちばなり》という島の、成屋《なるや》という所の炭坑から出る煙であった現在ある炭坑は琉球炭坑と称するものを最大とし、その他高崎炭坑、沖縄炭坑、星ケ岡炭坑等あるが、琉球炭坑には二千名からの坑夫がおり、その他はそれぞれ百五十名とか百名とかを使役している。

この坑夫等のほかに、船が着くと集ってきた先の台湾の苦力が約四百名ばかりいるので、内地人にはバンカーをさせておらぬ。自分は石黒さんと共に、久吉丸の船員二名と小舟で島に上陸して手近の炭坑を見せてもらった。四十五度傾斜の坑道を垂直にして約五十尺も地下に降るともう石炭が露出しているが、何れの炭層も厚いので三尺がせいぜいで皆横に寝ながら掘っている。全炭山皆この程度ですと云う坑夫の顔は極めて陰惨であった。坑道の入口に引返すと十五、六の児が素裸でふいごを動かしていた。彼等の賃銀は数字のみで、物資は全て切符で給せられる。この島には料理屋もなければ酌婦もいない。彼等の内地向き通信は皆坑主により没収される。遠き内地からの手紙は彼等の手に渡ることは絶対にない。脱出するためには汽船に依らねばならぬ。たとい一度はうまくその島を逃れても、坑主の密偵は石垣にも宮古にも沖縄にも台湾にもいてたちまち捕えられて送還される。こんな真似をして摑ったら最後、棍棒で殴られてから後の山の松の木に縛られマラリア蚊の襲来は逃れられぬところである。彼等の多くは甘言に乗ぜられて来た内地の善良なる坑夫または労働者である。一度この島に入れられたら最後、彼等は二度と浮世には出られないのである。世に監獄部屋という語も聞く、坑夫の惨めな話も聞いた。しかし内地に於ける彼等は如何に惨めとはいえまだ幸であった。文通を禁ぜられ通貨を奪われ、性欲の発動を奪われ、しかも死ぬことさえも出来ぬ彼等の如きを今眼の当り見ようとは真に真に思いもよらなかった。坑道を出て、手を洗うためとて水を運んできた爺さんの顔を見た時、思わず涙が出た。爺さんは親切であった。また素直な人であった。しかし爺さんの顔には希望も生命も消え失せていた。大震災の火事を見ているような全く自失した顔であった。爺さんには家族もあれば親類もあろう。そして双方から極力その存在を知らすことを勉めたであろうが、全てが無駄となって今はただもう単に生きているというのみである。ふいごの子供にも生気がなかった。何れを見ても生ける屍である。この状態はいわゆる労働問題を全然超越している。しかし自分は今この問題をここに詳論することを避けたい。ただ事実をありのままに記し、かつ何事か為されねばならぬと深く感じていることだけを述べて、この問題から離れようと思う。

西表情調

うららかな朝日に照らされた絶海の孤島にも、こんな陰惨な現実があったかと、石黒さんも自分も一時は深く沈んで味気ない気持で船に帰った。しかし石炭も見出されぬその昔には、この島にも楽しい人の命が躍っていたのであった。総じて南の海の明るい陽を受けて育った沖縄の人々は、熱情的な詩人肌なところがあった。殊に石垣、西表等八重山には南国的情趣豊かな民謡の即興詩人が多かった。この西表にもそんな歌が沢山残っている、そしてこれを読むと彼等の楽しかった生活が如実に展開されていく。八重山の民謡は伊波普猷《いはふゆう》氏、岩崎卓爾氏等の熱心なる努力によって蒐集保存されているほか、喜舎場永珣《きしゃばえいじゅん》氏の実に偉大なる同情と努力とによる蒐集は正に美しき結晶である。今その二、三を同氏等の文献から借用して西表島の人々の心持を味ってみたい。

久吉丸の入ってる湾の北岸に祖納《すない》村があるが、船と岸との間、海岸を去る八十間くらいに丸島盆山《まるまぶんさん》という周囲二十五間余の小島がある。島には樹木茂り海鳥が沢山棲息している。白鷺もいる。鵜もいる。またこの小島の蔭には魚が群集している。自然の景色に富むこの小島を、祖納村から見て作歌作曲したものに「丸島盆山節」がある。

丸島《まるま》盆山《ぶんさん》、夕《ゆ》な〳〵見《み》りば、
風《かぢ》ぬ根《に》を知《し》ち、居《ゐ》ちゆる白鷺《しるさや》
阿立《あだて》、大立《うふだて》、宇嘉利《うかり》、下原《そんばれ》、真山《まやま》、内道《うちみち》、成屋《なりや》、船浮《ふなうき》。
祖納《すない》津口《ちぐち》ぬ、浮標《みちんぎ》ぬ上《うい》に、
魚《いず》ゆますんで、居《び》りる鵜《あたぐ》や。
離《はなり》ミジュ漕《く》ぐ船々《ふにふに》、見《み》りば、
聲《くい》ゆ並《なら》びて、艫《りゅう》ぬ歌音《うたうと》。

これを意訳すると次の如くである。

「西表島の丸島盆山という小島を夕暮ごとに眺めると、よくも風の方向を知っている白鷺が魚類を捕える早業は実に巧妙である。租納村の御役人の行政区域は阿立、大立、宇嘉利、下原、真山、内道、成屋、船浮の八字である。租納湾内には浮標がある。その上に黒い鵜が魚類を捕えようと狙っている様は如何にも見物である。祖納村の南方外離《ほかばなり》島の南方の港口（離ミジュは港口のこと）から聞える艫櫂の音とその漕ぐ掛け声とは如何にも勇ましい」

海島の風趣が自然に描き出されているではないか。村の若い男女の恋が自然に生じ自然に育まれて実を結ぶためには、昔から沖縄といわず日本全国といわず世界全般に押し並べていろいろの風習があった。歌垣や盆踊りはこの一例ともいわれようが、沖縄にも「毛遊《もうあしび》」と称し夜ごとに青年男女が相携えて野外に遊ぶ風習があった。西表字網取の小浜屋《くもうこや》の山戸《やまと》主《しゅ》という人が、網取村や崎山村の青春の血に燃ゆる若人達が両村の中間にある、うりち獄という峠に上って四方を眺めながら、毛遊をした実況を歌ったものに次の如きものがある。

うりち獄節

うりち獄上《だきうい》なが

遊《あす》び、みやば、くさい、
遊《あす》びぬ、談合《だんごう》、相談《さうだん》す。
にびさそう、いちやすがよう。
炬火《たい》ぬ火《げ》し、招《ま》かばよう、
うくり、ぱんけり、走《は》りくよう。
宮童《みやらび》ぬ、んで乳《ち》やよう、
かぬしやまぬ、王乳《たまぢ》やよう。
誰《た》る〳〵んど、取らしよるよう。
ぢり〳〵んど、むましよるよう。
かぬさ、すんど、取らしよるよう。
無蔵《んぞ》さすんど、むましよるよう。
肝《きむ》ば見や、取らしよりよう、
胸《んに》ば見や、むましよりよう。
肝知《きむし》らぬ、乙女《みやらび》
胸知《んにし》らぬ、かぬしやま。
うり取《と》らし、なほすが、
くりむまし、いかすが。
染《す》むいるんでど、取らす。
ちねるんでど、むます。
藍《あい》やだと、染《す》むいらりる、
縄《ちな》やだと、ちないらりる、
いかし、かあしど、染《す》むいる、ちないる。
肝《きむ》ど肝《きむ》、染《す》むいる
縁《いん》ど縁《いん》、ちないる
うり知《し》さなあど、ぶだな、なまぶら。

右の歌を意訳すると、

「うりち獄なる峠の上に、男女が夜遊ぶ場所を立派に掃除しておいて、ここで互に若い男女の恋をしましょう。来るのが遅い者はどうするか。炬火の火で招きましょうや、その火を見て早く急いで上ってお出《い》でなさい。乙女等の玉のような乳房は誰に揉ませたり接吻させたりしましょうか、それは言わずもがな、妾を可愛がって下さる方に握らすのだ。玉のような乳房を可愛がる男に揉ませてどうするんだ。よくよく男の心を知って初めて肌身を許すものであるぞ、また同じく女の心と秋の空ということもあるから、乙女等のうち心掛けのよい者を選んで契るべきだぞ。乙女等の玉なす乳を揉ます訳は二人の仲を深く染めるためだ、また堅く結ぶためだよ。藍ならばなるほど染められるが、また縄ならば結ぶことも出来るが、どうして二人の仲を深く染め結ぶだろうか。心配だ。男の心をよく観破し、女の心もよく探り知って二人とも一心同体になり、末永く契りを堅くするということであって、単に染め、結ぶという浅墓な意ではないぞ、たわけ者、まだ男女の真の愛ということを知らなかったか。おかしいわい」

偏見《ひがみ》も気障《きざ》も衒《てら》い気もない天真爛漫《らんまん》の歌である。八重山の民謡は正に我が万葉に匹敵する。海抜千六百尺もある古見《こみ》嶽から海辺に至るまで、密林に閉されているこの西表島にも懐しい人の心が住んでいたのであった。

久吉丸の石炭積みも終ると、いかめしい顔した上役が苦力《ターリー》の人数を丁寧に数え上げて、脱走者なきを確めると、船は幽閉されし同胞二千余名を無慈悲にも取り残して、祖納の湾をすべり出た。

再び内離《うちばなり》の煙突の見えた頃、久吉丸の鳴らした汽笛は森《しん》として湾の隅々に木霊に響き渡り船は全速力を出して走り出した。残された坑夫の耳には想像するだに痛ましい汽笛である。船は島を右手に見て北廻りに進む。ウナリ崎を越えると前方に鳩間島が見える。周囲僅かに三十二町の隆起珊瑚礁から成る一孤島である。島の附近の海岸には真白な珊瑚礁が発達しているためであろう、澄み切った海の水がまるで鏡のガラスの如き作用をして、沖合水平線に近い所がエメラルド・グリーンの色をなしその美しいこと感嘆に余りあった。南の海ならでは見られぬ景色である。

かかる小さな島であるので由来田地というものがない。ところが沖縄中央政府の命ずる人頭税は極めて苛酷であった。しかるに我が鳩間の人々は健気にもこの納税義務を完《まっと》うせんものとの心から、鳩間海峡の嶮を冒しかつ猛烈なマラリアの害をものともせず、対岸二里弱の西表島に渡り、舟浦《ふなうら》及び上《うい》原《ばる》両村の田畑を借用して稲粟を作り、首尾よく租税を完納していた。一方この両村民は可憐なる鳩間人の努力に同情せざるのみか、無情にもこの田畑を強奪してしまった。考えるとこんな問題はただに鳩間だけではなかった。つい先頃米国加州土地問題の時の日本は正に鳩間の人であった。命とも柱とも頼んだ田畑を取り上げられて、一時途方に暮れた鳩間人は全民協議の結果、もう少し遠い伊武田《いんだ》、福浜《ふくはま》、下離《したばなり》、小浦《くら》という地方の藪山を借用して一致共同して開墾した。思う念力岩をも通すで、かえってより以上に稲粟は豊作であった。これまで兄弟のようにしてきた上原、舟浦の両村民とも、今は仇敵となってしまったと同時に、新たな土地の実《みのり》は鳩間人にとって無限の慰藉と誇りでなければならなかった。鳩間の田園詩人仲底真那《なこうすくまな》は、中岡の上から南方の新旧両開墾地を眺め、自然と歌った歌に次の如きがある。

鳩間節

鳩間《はとま》中岡《なかむり》ぱりぬぶり、
蒲葵《くば》ぬ下《した》に、はりぬぶり。
かいしや、生《む》いたる岡《むり》ぬ蒲葵《くば》
ちゆらさ、列《ち》りたる頂《ちぢ》ぬ、くば。
まんが、南端《ぱいばた》、見渡せば、
浜ぬ見るすや、小浦《くら》ぬ浜《ぱま》。
小浦《くら》ぬ浜から、通《か》ゆる人《びと》や、

蔵元《うら》ぬ前《まい》ぬ、人心《ぴとぐくる》。
インダ、フク浜、下離《したばなり》。
舟浦地《ふなうらぢ》やが、ましぬ地《ぢ》。
舟浦人ぬ、見るみん。
舟浦人《ういばるぴと》ぬ、聞《し》くみん。
稲《いに》ば作り、みぬらし、
粟《あは》ば作り、みきらし、
前《まい》ぬ渡《と》ゆ、見渡せば、
往《い》く舟《ふに》、来《く》る舟《ふに》、面白《うむしる》や。
なゆしやる舟《ふに》ぬど、通《かや》ふだ、
いかしやる舟ぬど、かしやらくか。
稲ば積付《ちんち》け、面白《うむしる》や、
粟ば積付《ちんち》け、偖《さ》て美事《みぐと》。

これを意訳すると、

「鳩間島の中央の小高い岡（中岡）に蒲葵の林がある。この林の中に登って四方の景色を眺めて御覧なさい。なんと蒲葵の列が正しくかつ美しく生えていることよ。その蒲葵林の下に坐りながら遥か南方を眺めると、白布を敷きつめたような真白の浜が見えるだろう！　これが名高い小浦の浜である。この小浦の浜を通る人を蒲葵林から眺めると、さながら八重山島庁の前通りを歩く人のように見えるわい。我が鳩間人の耕作している伊武田、福浜、下離、小浦等の田畑の肥沃なることは、彼の瘦せた舟浦、上原地方の比ではなく、到るところ美田、豪田ばかりで、上原、舟浦両村民がこれを見たらどんなに羨望するであろう!!　かかる美田に稲を作り肥沃の畑に粟を作ったら、見事にも八束穂の稲や長い小石のような粟がとれた。鳩間から東南方の海上に帆を孕《はら》んだ小舟が数知れず往来している、それは豊作の稲粟を満載して来る我が鳩間の舟である」

繁雑な意訳抜きにはちょっと解りにくいために非常に興味をそがれるが、こんな歌が五つ六つの子供の赤い唇から盛んに唄われるのは、その曲譜が如何にも軽快で島の誇りを嬉しく言い現しているためで、今は琉球全島に膾炙《かいしゃ》している。

土地を奪われたことがよほど口惜しく、また次の協同努力の結果の優秀なのがよほど嬉しかったためか、鳩間人は今でも酔うと次のような歌も唄うそうである。

上原人《ういばるひと》ぬ、くるだら、
蛤《はのり》ぬ殻《ぐる》し、酒飲《さきぬ》まし。
舟浦人ぬ、くるだら、
アデンガーぬ殻《ぐる》し、神酒《みれ》飲まし。

「彼の悪い上原人がもし鉄面皮にも鳩間に来たら、仕方ないから蛤の殻を盃の代りにして酒飲ましてやれ。また同じく舟浦人が来たらアデンガー（樫の木の実）の殻で神酒《みれ》を飲ませてやれ、木椀などで飲ましてはならないぞ」
と如何にも勝誇った気持である。

南先島の歌は何れを見ても、自然の情の湧き出ずるままに素直に歌ったところが如何にも懐かしい。

あまり歌ばかり紹介しても際限がない。久吉丸は既に鳩間を遥か後にして進んでいる。南を見ると西表島の北岸から高い山まで遠方に聳《そび》えている。思い出多き西表や鳩間につきぬ名残を止める頃、はや前方に石垣島が近づいてきたのであった。島々を経廻る船はさすがに倦きぬ。我々は異常の期待と好奇心とを胸いっぱいにしながら、石垣を見守ったのであった。先島の話としては、西表の北西方にあって、極めて面白い話の多い与那国島をもらすことは出来ぬが、不幸にして我が久吉丸はその島に立ち寄ってくれなかった故、省いて直ちに石垣島へ渡ることとする。

二　石垣島

糸数原《いとかずばる》主人岩崎さん

「石垣島南方海上に顕われし低気圧は徐々同島に向け接近しつつあり」とは暴風の度に耳にするところで、石垣島と大暴れとは切っても切れぬ間柄である。明治三十年十一月の嵐には、この島に於ける最大風速毎秒七十米《メートル》七という非常な数を示している。近くは大正三年九月の六十九米四というのが著しい。東京辺ではその想像もつかぬ風速である。いっそのこと石垣島をぶち壊して海に埋めたら二百十日の嵐も跡を絶つだろう等と冗談に云われるが、実はなかなか大きな島で面積十六方里余、周回三十里余、先の西表島よりやや小さい。島の最高峯を万年青《おもと》岳といい海抜千六百八十尺余ある。

久吉丸は名蔵湾という広くて奥行の浅い湾の前を過ぎ、右手の竹富島との間に来て止った。前方の海面に島もなきに、横に長く白波立ち騒ぎ寄せ合っている所がある。これもこの辺一帯に発達している珊瑚礁の特に隆起している馬《うま》の背干瀬《せびせ》で、干潮時には地面が出るという。船の止った所も珊瑚礁のなるべく低い所を選んだので、海岸からは十町ほど沖合である。

上陸するにはまず発動機船に乗り移って海岸近く一、二町の所まで行き、ここからまた小舟に乗り換えねばならぬ。嵐の折、船の着かぬのももっともだと思う。海の色は底の白いため、厚いガラスの切り口から見たような色合ですこぶる美しい。

船から眺めていると埠頭に多勢寄り集って右往左往してるのが見えるが、声も聞えなければ眼鼻も確《しか》と解らない。おまけに誰も知合がいないのだが、それだのに何となく我々と互に意志が疎通してるような気のするのは、淋しい孤島に住む者の人懐かしさ人恋しさのためでもあろう。石黒さんと二人で上陸する。島司さんやその他役人さんの歓迎にも増して嬉しかったのは、岩崎卓爾さんにお目にかかれたことだった。大正十一年如水会館で開かれた第一回南島談話会の折にお眼にかかったきりであった。同氏も自分の来島を空谷《くうこく》の跫音《きようおん》として真に喜んで下さった。中央の人は沖縄までは随分来られるが、先島へはよほど篤志の人でないと来られないのである。知事ですら怪しいところへひょっこり現われた我々に対し、我々にはちょっと想像出来ぬ感謝にも似た気持で迎えられたことは「はるばるこんな遠方の島へよくこそ来られた」と云われる言葉にこもった真実さがよく物語っていた。岩崎さんは仙台の産で、約三十年前この島に来られてより、米相場師の恐ろしがる「石垣島南方云々」の電報を三十年一日の如く発しておられる測候所長である。しかし同氏は単なる測候所長ではなかった。氏の高潔なる人格ならびに該博なる知識と趣味の広汎なるとは、この石垣島に於て郷党の師とし、また無比の識者として尊敬さるるのみならず、中央学界に対しても専門の気象学以外に考古、民俗、人類学を始め、動植鉱物にまで種々の貢献をなしておらるるのである。本邦産白蟻十二種のうち九種はこの島に産する事実を提供せられしも同氏であり、また石垣特有の蛍に松村博士が岩崎蛍と命名されしもけだし同氏への敬意であろう。同氏の著『ひる木の一葉』は小冊子なりといえども同氏の学究的熱誠を有力に物語っている。実に氏は稀に見る縁の下の力持ちで、単に石垣の人々のみならず、米を作る国の人民は皆同氏多年の努力に充分の尊敬と感謝とを捧げねばならぬ。氏は色黒くかつやせておられる。一見印度のガンディーもかくやと思われる風貌がある。そしてへちままで作った帽子を無雑作にかぶって我々を案内されるのはちょっと奇観であった。

上陸した四箇《しか》という村は人口約一万、とにかく石垣島商業の中心地である。四箇の北東約九丁ばかりの所に糸数原《いとかずばる》というやや開けた平地があって、ここに岩崎さんが三十年押し通しておられる測候所がある。ちょうど新館が新に出来上るところであった。そばに官舎がある。我々にとっては久し振りのランプ燈の下で、岩崎さんの永年の間に集められた種々珍奇の品物を前に置いてのお話はなかなか尽きなかった。士族の女の「スデナ」も着てみせて下さった。「ムイチャ」という芭蕉布の仕事着の縞柄が、かつては村により字によりそれぞれ異っていたこと、あたかもスコットランドの縞の如しとのお話も面白かった。芋さがしの「カノース」(金差、銔《ヒーラ》)や糸満舟の水汲みはいたく石黒さんの興味を惹いたらしかった。崎山船の船首の蜈蚣《むかで》の形は、むかでが龍巻を打ち負すためともいわれた。採集されし波照間島の石斧は何を物語っているであろうか。古い古い木の高札も同氏ならでは今まで遺しておいてくれる人はなかったであろう。石垣島の伝説、風俗、慣習縷々《るる》として氏の口よりほとばしって絶えることがなかった。誠に氏を得た南島は幸福である。幾多の得難き資料は同氏のために廃滅をまぬかれ、多くの善良にして面白き風習の、まさに誤って迷路に入らんとしたことが助かっている。埠頭その他経済的施設に対しても氏の助言助力が非常に用いられているという。氏は実に石垣島になくてならぬ人のみならず、本邦にとっても極めて大切な学者であったのである。明朝の案内をお頼みして、うるむ星の夜、既に冷えた砂地の街を丸提灯片手に、旅宿に帰った時は既に初更であった。

四箇とタターチャ

昨夜泊ったのは丸屋という旅館であった。朝日がいっぱいに差し込んでいる二階八畳に、石黒さんと二人で朝食を食べてから、寝ころがって昨夜岩崎さんに頂戴した『ひる木の一葉』等を読みながら久し振りで朝の宿屋気分を堪能した。縁側から東を見下すと藁葺の民家が幾つかあって、すぐそばに井戸がある。珊瑚礁から巧みに切り出した一枚石の井戸側が異様な感を与える。雞《にわとり》が五、六羽餌をあさっており、何処ともなく豚の鳴声が聞え、誠に田舎らしい長閑《のどか》な気分である。そのうち岩崎さんが迎えに来られたので連れ立って諸所を見物に出た。

珊瑚礁粗塊を積み重ねた文字通りの石垣は沖縄通じての特長である。蝎《さそり》の住家となるきらいはあるが、どんな嵐でも崩れぬという。この石垣に沿うて風に強い福木《ふくぎ》が丈夫そうに立ち並び、濃い緑の厚い葉には日光の反射も強い。白砂の人通り少い道路と、鼠色の石垣と相俟《ま》って、一種の南国情調を作っている。豆腐屋に遭う。笹の雪に比べては野武士雲助の足の皮にも似た固い豆腐が、足駄のような木台（実は豆腐を押す時に用うる木の蓋をさかさまにしたもの）の上に一つ一つ乗っているのも物珍しい。四箇《しか》の町端れの拝所に参拝する。拝殿の後にこんもりした森があって、その入口には小さな木戸があり、周囲に柵が廻されてある。この森が拝所であり、神の降り給う最も神聖な霊場である。森の中央にひときわ高い木があって、その前が少し開けているだけで社《やしろ》もなければ御神体もない。神は時々この木を伝わって拝所内に降り給うのである。我々は御神体を経由せず直接神降り給うに接し得るのである。御神体のないことは極めて注意を要する。山奥の森々《しんしん》

石垣島　拝所

石垣島　スデナを着用の宮良当整氏

とした神々しさや、壮厳な社殿の威圧はないが、原始的な神への親しさ懐かしさが自ずと感じられる。荒物屋でアダンバの草履を買ったり、そこの女主人の手の甲の黥《いれずみ》を無理にせがんで写真に撮ったり、木の葉蟬の蛹《さなぎ》を売る店のあるのを不思議がったりして四箇の町を縦横に歩く。三十歳より年上の婦女子の手の甲には黥を多く見かける。明治三十年頃厳禁されたためである。黥は那覇、首里、石垣、宮古等、皆各々模様を異にしている。これによって何処の人かが解るほど島と島との地方色に富んでいるのである。稀に古来の風俗たる結髪の男を見るが、今や多くの人々は皆散髪している。散髪について面白い話がある。明治二十八年の頃おい、小学校の児童が修学旅行をして石垣の西南方にある竹富島に宿ったそうだ。中央から散髪を強いられているに苦しんだ先生は、一計を案じその夜まさに三更、生徒の熟睡を窺って、剪刀《はさみ》で皆の散髪を決行してしまった。可愛い児童が一夜にしてクリクリ坊主に化けたのだから父兄らは承知しない。議論沸騰、士族の体面を辱しめたとてこれらの児童を全て退学させてしまった。父兄主謀の同盟休校だ。このために世論喧轟《けんごう》、行政機関を停止すること三日に及んだということである。明治三十六年一月地租条例実施を記念として、挙島散髪して今に及んでいるというが、地租と頭髪との関係は未だに解らぬそうだ。

　西表《いりおもて》島では青年の情調を紹介したが、今小学生の話が出た故、この八重山の小児の生活二、三について述べてみよう。

風の強いこの島にふさわしい小児の遊びは、何といっても凧であろう。島の児は凧のことを「カブヤー」という。大小とりどり幾百となく強風にあおらして、天空に揚げて、壮大なる凧合戦を行うのは、彼らにとって一番楽しいお正月である。このカプヤーについては例の岩崎さんが製作方法、形状、遊び方等詳しく、『やえまカプヤー』と題した三十頁ばかりのブックレットに書いておられる。この書物は先般伊波普猷《いはふゆう》氏から頂戴したが一種の珍書であろう。

　内地では「こうもりこい、あんどんの光をちょと見てこい」とか「尻尾を切られる唐の芋」等という童謡が消えかかって、何となくバタ臭い新体詩もどきの流行になった。きょう八重山の児等は楽に昔ながらの歌を歌っている。

とうんまのらんか、やまとのつけ〳〵、
ふえだだ、ふえだだ

「唐（支那）馬に乗ろうか、大和（日本）馬に乗ろうか、はいどうど」という意味であって、昔日八重山も日支両国から支配を受けた時の両属政策が、小児の口の端にまで顕われているのであるまいか。

つきのかいしや、とかみいか、みやらぴかいしや、とう
ななつ

「月の美しいのは十三日、乙女の美しいのは十七歳」。内地の「お月様いくつ　十三七つ　まだ歳若いな」の意味も十三七つが二十でない以上、一つの考え方を示すものであろう。
何時であったか『子供の国』という絵本に、清水良雄画伯の絵で北原白秋氏の童謡に、次のようなのを見たことがある。

牛で嫁入お嫁さん
白い綿帽子しつたんたん
馬でおむかへお婿さん
今日は上下はいどうど
村と村とのまんなかで
空は月夜になりました
馬にのりかへお嫁さん
長い振り袖はいどうど
牛にのりかへおむこさん
扇ひらいてしつたんたん
嫁ぢや／＼と子供たち
赤い提燈ふりたてた

とあって、「これは九州地方の婚姻の風習です」と註してあった。馬と牛との取合せにちょっと興味を感じていたら、八重山にも次のような童謡があるのは意外であった。

うしのぱん　ぞれぞれ
うまのぱん　ぞれぞれ
あければけんけん
もすんがね、つるんがぬ、ごつふえ、
ねはい、あひやま、なろうれ

意味は「牛の脚こもごも、馬の脚こもごも、明日と云いやりしに、今日花婿と花嫁とが途中で出会《でくわ》した」というのである。こんな花婿花嫁の行列に行き会いたいと思ったけれど、僅か二日の滞在では無理であった。しかし犬も歩けば棒に当るで、一年近く居ても必ずしも見られると限らぬ糸満人の「タ

石垣島タターチャの一

石垣島タターチャの二

石垣島タターチャの三

ターチャ」と呼ぶ漁猟が見られたのはもっけの幸とも云うべきで、たまたま農林省から出張された三宅水産課長一行のために特に催されたこの珍しい漁猟にはしなくも参加見物出来たのは、石黒さんにとっても自分にとっても思い設けぬ喜びであった。我々一行を乗せた発動機船が万年青《おもと》岳を右に見て名蔵の湾に入ると、遥か前方に六十六艘からなる糸満の刳舟《くりぶね》が環状をなして浮び、四百余人の糸満人が、手に手に或いは櫂で或いは棒で海を打ちたたき大声をあげて、魚を環の中心へ追いつつ徐々求心的に進んでいる。海面を打ちたたきつつ魚を追うが故にこの漁猟を「タターチャ」と呼ぶのである。直径三、四十間となって舷々相摩するようになるにつれて一段と騒ぎは大となり、かねて入れてある網を各船へ繰り入れる。そして最後に数多の魚が網の中央にいっぱいとれるのである。地引を小船で今一段と原始的に行うものと思えばよい。我々一行の行くのが少しく手間どったためか漁は大してなかった。それでも太刀魚や大鰒《ふぐ》や黒鯛やサヨリの如き魚が、非常に沢山とれたのは壮観であった。この糸満の刳舟は糸満特有の独木舟《まるきぶね》で、舟子は前方を向き並んで膝をつきながら手で櫂を漕ぐので、ボートに比べひときわ能率が悪いように見受けるが、それにもかかわらず舟の構造が水に対する抵抗を、極めて軽微にしてあるためか、六人くらいで全力を注ぐと、五浬《かいり》くらいの速力が優に出るのには真に一驚を喫した。現に彼等は我々の発動機船を楽々と追い越すのである。その昔は本当の独木舟であったが、今は多く矧舟《はぎぶね》で木材は内地より取り寄せている。多く杉を用い、一艘三百四十円くらいはかかる。今年八十になる王城徳という爺さんが一段と改良したのだそうであるが、常に船腹を鉋《かんな》でけずり、その上に鱶《ふか》の油を塗って水切りをよくしているのである。彼等がこの糸満舟で競走するときは実に見物で、途中でひっくり返っても水中ですぐに起し、たちまち漕ぎ出す早わざの如きはすばらしいものですと、同行の照屋林顕氏が見せたがっておられたが、我々は遂にそれまでは見られなかった。彼等はこの小さな舟でどこまででも走る。

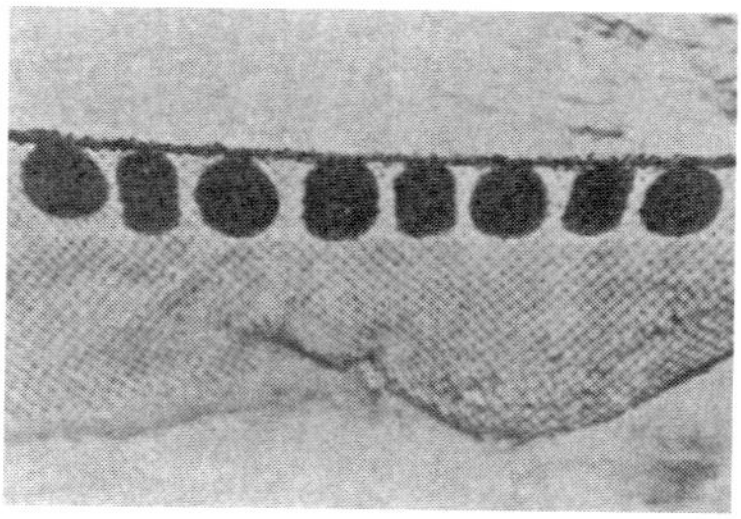
石垣島タターチャの四　網と浮子

糸満のへぎ舟　石垣島にて

糸満のへぎ舟　石垣島にて

帆もあるし小さな木の枕も舟におさめてある。新里順正氏から贈られたその木枕の構造をよく見るとなかなか面白く、二重にも三重にも枕の中に箱が出来ていて、燐寸《マッチ》等決して水につからぬ用心が出来ている。糸満人のことについては後段那覇に着いてから詳述するからここでは省いておく。

宮良当壮《みやながまさもり》君の御本家という宮良当整氏のお宅に参上した時、同氏が昔の衣冠を着けて見せて下さったことや、大浜の広々とした原野に鈴木商店の経営する薄荷《はっか》の栽培を見に行ったことや、面白い構造の豚小屋のことや、皆それぞれ忘れられぬ印象である。僅かの時間で意想外の多くのものを見せて頂いた我々は、その平和な、しかもその裏に無限の孤島苦を秘めている我が八重山に別れを告げ、島の主岩崎さんと再会を約して再び久吉丸の人となったのであった。そして島を、殊に知っている人の居残る島を後にして立ったのは、真に淋しい気のするものであると思った。

三　宮古島

西表島は森であった。石垣島は山であった。名前だけ知って形を知らなかった先島も、一面識ではあるが、どうやら顔形だけは知った。宮古もやや同じような地形の島とのみ思いつつ宮古に着いてみると、これはまた意外にもどうして山らしいものはない、真平らな島であった。

沖縄のどの島でも一番不自由なのは水であって、多く天水を利用しているが、宮古は殊にそれが烈しいのである。地下四、五十尺まで大きな穴を穿《うが》って人々はその底に僅かにたまる水を桶で汲み取り担い上げている。しかもこれは飲料水には適しない洗濯水たるに至っては、以てその苦痛の如何に甚しいか想像が出来よう。一つ指でひねると清水が無限に迸《ほとばし》る水道のある都会は真にこの島の人々の眼からは極楽である。約五万の人がこの惨めな苦痛を日ごとに繰り返しているのである。

幾度か深い鑿井《さくせい》も試みられたが皆徒労に終っている。全く彼等は雨で生きていると云ってよい。島司さんの案内で平良《ひらら》の町の各所を見る。島司さんは誠に親切に案内をして下さった。しかし我々は島のありのままを見たく思い、島司さんは島のいい所だけを見せたく思われたのは、立場の相違からで同情せねば済まないが、しかし本意ないことであった。山羊の多い宮古の町に山羊肉を売って歩くのは当然であった。しかしその中の一つの籠の肉も山羊だと島司さんは教えて下さったのに、その足に五つの指があったのは淋しい気がした。我々は決して単なる好奇心から人の弱点を強いて見極めようとはしない。沖縄の方々の孤島苦に対する同情の気持から如実に物を見たかったのに、この我々の気分が先方に通じなかったのは何としても淋しかった。

平良町の中央に大理石の大きな碑が立っている。これは一八七三年六月に独逸《ドイツ》の軍艦がこの近海で難破した時、純朴な

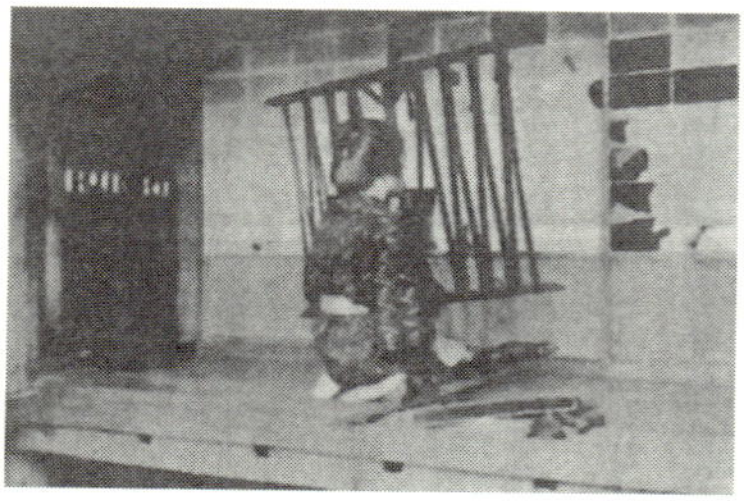

宮古島　上布製作の三

宮古島　上布製作の四

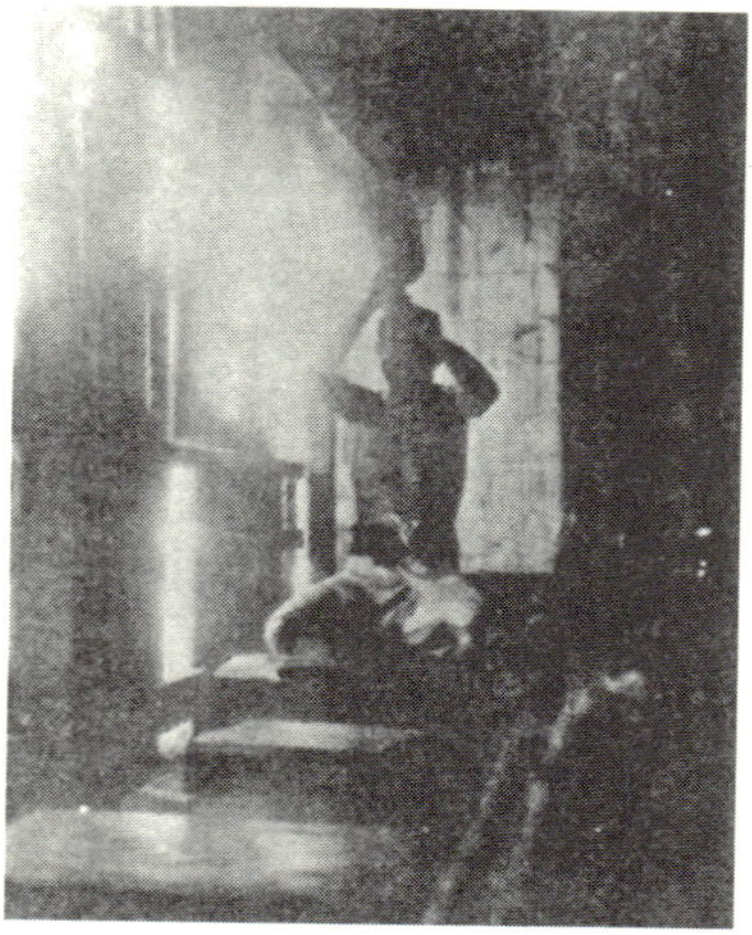

宮古島　上布製作の五

宮古島にて

宮古島　井戸汲み

宮古島　上布製作の一

宮古島　上布製作の二

宮古の人々は彼等漂流民を極めて親切に取り扱ったのでそのお礼としてウィルヘルム一世が特に感謝の意を表して建てられたものであった。独文と漢文でその来歴が書いてあった。その中に宮古のことを太平島と呼んでいる。けだし支那人はこの島の地形より推してかく名附けていたのであろう。その時この碑と共に望遠鏡を贈られたというが、これは自分の友人護得久朝光君のお家に伝わっていると聞いた。

宮古はその上布を以て聞えている。可愛らしい女の子が緒《おだ》環《まき》を片手に例の石垣に、布一匹の長さを距てて差込んだ二本の竹に、糸を巻いては帰り、巻いては帰っているのを見ると、ふと自分が維新前に立ち帰ったような気分になる。内地は既に高機《たかはた》さえ消えつつあるのに、宮古では地機《じばた》が多数を占めていた。こんな有様の写真を素直に撮らせてくれて嬉しかった。砧《きぬた》の音も現実に聞いた。この上布は皆この島を出て他地方の人々の晴着となる。価高い上布を織るほどの女は敬われもすればまた羨まれもしている。しかしこの僅か五万の人口の宮古に、年々一万箇の酒甕が輸入さるると聞く時、彼女達の辛労は何のためであったかと、この島の男に聞きたくなるではないか。

僅か三時間半ばかりの碇泊である。充分な見学も出来ずにこの島を去るのは、殊のほか名残惜しく思われた。もう少しゆっくりとこの島の生活を見たかった。手の甲の黥のためにたやすく夫と共に内地に移住の出来難い彼女等は、今なお日ごとに数十尺の地下へ水を汲みに降りては昇り、昇っては降りていることであろう。あの深い、暗い、羊歯《しだ》類の生えている穴を思い出すごとに、白く明るく平らかな宮古島の印象は妙にいびつになるような気がしてならぬ。

宮古を辞去した我が久吉丸は遂に先島の船路も終えて、明朝はいよいよ沖縄の本島に着くこととなったのである。

［「南島見聞録」『祭魚洞雑録』郷土研究社、一九三三年］

『山と民俗』序（高橋文太郎著）

武蔵野に萌える若葉の欅《けやき》。高橋君はこんな感じのする人である。人に見せつける花もなければ、これ見よがしの枝振りもない。いわんやエキゾティックな樹相は微塵《みじん》もなく、ただ素直に朗らかに、濶達に、しかもどこか繊細な、しみじみ日本の木だという感じのあるあの欅。そして人が見ようが見まいが与えられたところに極めて、ありのままにすくすくと育ってゆく。武蔵野に生れ武蔵野に育ち武蔵野を研究しておれる高橋君はこんな味のする人である。

見物人がなければ仕事をしないといったような現時の世相が、尊厳であるべき多くの学問にまで悪い影響を与えている今日、殊に素人学者の多い民俗学には得て陥りやすいこの忌むべき態度がまま眼につくのは、この学問に特殊の愛着と尊敬とを持つ自分であるがためかもしれないが、否定しさりえぬようである。厳密にして正確な事象の科学的認識の上に一歩一歩踏み進むべき民俗学に奇抜な思い付きや漢方医流の神秘的解説が時に横行するのは、その罪の一半は見物人たる素人やまた素人学者にもあると思う。学問は知識の蓄積のみでは決してない。いちばん大切なことはその真摯な態度である。高橋君はいわゆる民俗学者として立つ人でもなければまた一個の登山家として立つ人でもない。といって単なるディレッタントでは更にない。見物人など眼中にない高橋君は極めて謙譲に、素直に、あせらず、偏狭でなく、妙な競争心なく、しかも事象については驚くべき正確さをもって認識すると同時に詩人にも見るような温かいうるおいのある心で山を歩き谷を渡り、そこにある山の美、人の姿を深く味わう人である。

　こうした気持で諸所を歩かれ内外の書物を読まれた高橋君は、その体験を、その所感を、何らの衒気《げんき》も期待も、また特殊な産みの苦しみもなしにすらすらと記録されていた。本書はその記録をまとめられたもので、高橋君にとって全く生《うぶ》な所産であろう。私《ひそ》かに思う、本書は高橋君自身にとって極めて美しくほほえましいメモアールであると同時に、不思議な機縁で同君が諸所で巡り遭われた山に谷に住む人々への心からなる贈り物であろう。そう思って本書を繙《ひもと》くと、武蔵野の欅、高橋君の眼と心とに映じた山とその民俗の叙述は、けだし涙ある科学の観がある。

　本書に載せられている旅行の大部分に参加し、また常に親交をかたじけのうしているために同君から強請されたはずみで柄にもない序文めいたものを書いてしまって、せっかくの本書の冒頭を汚したことを深くお詫びせねばならぬ。

（『山と民俗』山と渓谷社、昭和八年七月刊）

『花祭』序（早川孝太郎著）

『花祭』の著者早川さんを偲ぶ

　私が早川さんに初めてお目にかかったのは柳田先生の御紹介で、大正十五年の初頭であったと記憶する。中学時代からひそかに生物学に心をよせていたものの、ついにその道へは行けなかった私は、大正の初期から経済史や民族学に興味を持ったが、これには穂積陳重・石黒忠篤・柳田国男等の諸先生の影響が大きかった。柳田先生にはロンドンでもいろいろ教えを受けたが、帰朝の翌春、先生の御紹介で早川さんにめぐりあったと思う。当時はまだ半分画伯で新興大和絵会に出品していたが、画題の多くは三河山村の風物であり、他の半分は民俗研究家であった。郷里設楽《したら》殊に北設楽郡内に二十ヵ所、他に三ヵ所、合計二十三ヵ所という広範囲にわたって行われている花祭の話を聞くにつれ、その規模、基盤の容易ならぬことに気づき、当時これが炉辺叢書の一冊として世に問うはずであったのを変更してもらい、同君に徹底的に調査するようにお勧めしたのであった。そのうちとうとう私も早川さんに伴われ花祭見物のファンとなり、本郷の中在家《なかんぜき》を振り出しに御園・足込・東園目・古戸・上黒川等に数年間連続出かけ、ついには土屋喬雄教授や有賀喜左衛門教授等の学友またはアチック同人多くを誘い出すほどに熱をあげ、そのおかげで花祭のほかにも北設楽中心に一円、夏冬にかけて隈なくといってよいほど歩きまわり、原田清・佐々木嘉一・夏目一平・窪田五郎・夏目義吉等同地方の人々との親しい交わりを結ぶに至った。本郷町在の振草川に臨む大崎屋の天井の低い旧館等、今もってなつかしい思い出の場となってしまった。また早川さんと相談して民具を蒐集しだしたのもこの地方が最初である。

　こんな機縁から早川さんの花祭研究の熱はますます上昇していった。生来持って生れた観察力・直視力・洞察力・総合力を、画家として錬磨された表現力をもって駆使され、それに加えてすぐれた芸文上の持ち味（その著の一つ『猪鹿狸』等は芥川龍之介氏がその方面でも優れたものとしていたく賞めていた）を発揮され、それにもまして異常な心身上の精力と健康を兼備して全身を打ち込んだから、出来上ってみてびっくりするほどの大作が具現したのであった。天龍川の中ほど、交通不便な隠れ里にも似た山村地方の民俗芸能が、かくもエキゾースティヴな形と量とで世に紹介されたのは、昭和五年の当時としてはまさに驚異に値し、わが国の民俗学にも至大の影響を与えたのはもっともな次第であった。如上の関係から昭和五年、この出版慶祝として小宅改築を機に、最も関係深かった中在家の花祭を一力花《いちりきばな》として東京に招致し柳田・折口・石黒諸先輩をはじめ多くの知友に見ていただき、現地へ出向き難き方々にも真似事ながら花祭を味わっていただいたのであった。この機縁で出席者のお一人泉鏡花老は、その後の小説に花祭の光景を扱われたこともあった。本著の出現で早川さんの民俗学における能力は高く評価されたが、いろいろ話し合っているうちに、花祭の奥に、また基底にある宗教学的または社会経済史学的、更には農村地理学的面についての解明に不充分な点も感じられたので、早川さんは昭和八年十一月から九大農学部農業経済研究室助手として小出満二教授の指導を受けるために福岡に留学された。ここで小出博士のほか木村修三・江崎悌三・谷口熊之助（鹿児島）の諸教授方と交友の道が開かれ、また鹿児島の永井龍一・亀彦先生兄弟とも親交が結ばれた。こんなことが縁となり、昭和九年の薩南十島研究団が実行に移されたとともに、早川さんの九州農村および離島の研究は深まり、漸次単なる民俗調査から農民の生活実態研究に方向が強まっていった。また昭和十三年には新渡戸［稲造］老博士を筆頭に石黒忠篤・後藤文夫・小野武夫諸先生の指導の下に特異な農学者大蔵永常の研究に従事し、『大蔵永常』なる著書も出版された。私も一度早川さんやアチック同人と三河奥から篠島・伊良湖崎旅行の途次、田原藩に仕えた渡辺崋山が永常を主家に推挙招致した田原町の遺跡を訪ね、僅かに残るハゼの木を共に撫した思い出もなつかしい。日本常民文化研究所で民具問答集を編纂した時分、その方法論から早川さんと論争したことも思い出の一つとなった。戦後、前々から因縁深い小出先生主宰の鯉淵学園で青年を指導されたが、昭和二十七年から日清製粉の正田英三郎氏の企画による食生活研究会の各地農村家庭の食料構造の丹念な調査は、早川さんが古く石黒先生指導の農村更生協会主事として手がけられた村々なるがゆえに、同君の人柄が媒体となって、あの困難な仕事が意想外の成果を収め、普通の手段では得難い資料が土地により未完ながら集ったのである。宮本常一さんが、早川さんの六十七年の生涯は「民俗調査の開拓者としての苦闘の連続であり、画筆もついに中途で折ってしまったが、たえず新しい問題を見つけ、たえずそれを追求して青年の意気を失わず、生涯大家の風貌を持たなかった、いわば永遠の未完成であった」と評したのは当っている。年に似合わぬ黒く長い頭髪を手で後にかき上げながら話す早川さんの頑丈な白い歯並はいつまでも美事で若かった。しかし何といっても『花祭』の大著は質量ともに不朽の名著であり、年をふるに従ってその真価は高まっていくと思われる。もし早川さんのあの永年にわたり持続せる情熱あふれた研究調査に続いて、この出版がこの世に提出されなかったとしたら、寂しいというだけでは済まされぬ。初版は岡書院主の努力の賜であったが、すでに稀覯書に属していたものを、このたび岩崎書店が抄縮してまた世に提供してくださることになったことは、今はなき早川さんを思うにつけ、最初に多少の縁を持った私として心から喜ばしく思うが、それにもまして、後に残った夫人にならびに幼き遺児たちにとってどれだけ故人を偲びつつ力づけられることだろうと思わざるをえない。

（昭和三十二年十二月十五日記）

［『花祭』岩崎書店、昭和三十二年一月刊］

『安芸三津漁民手記』序（進藤松司著）

漁撈に関する図版に不明の個所が幾つかあったのでそれを訊きがてら、ちょうど出来上がったゲラ刷を持って未だ見ぬ友、進藤松司君を安芸三津《みつ》に訪れたのは今春四月初めであった。数日来の雨がカラリと晴れた上天気で三津駅で下車した時はうららかな朝日が三津の町や裏の山手、停車場等残る隈なく一杯にあたって鮮やかな色を映じていた。駅には陸橋がないので列車が出てしまうのを待って線路を越して一段下にある改札口へ降りてゆくと、そこの柵に黒無地の着物で赤ら顔の青年が立っていた。これが進藤君だなと直感して、駅員に切符を渡すと同時に先方でもこれかなという顔付で見ている同君に名乗を上げてみると、果たしてそうであった。広島から来るように約束した礒貝勇君の列車はもうあと十分足らずで着くはずゆえ、まずこれを待つことにする。開通後間もない新しい駅であることは、改札口の手すりの木肌にも待合室のコンクリート敷にも腰掛にもまた駅前広場の未だ落ち着ききらぬ玉砂利の足ざわりにも付近の売店にも見えて、いずれもあふれるばかりの春光に映えてすがすがしかった。進藤君と二言三言話しているうちに上り列車が入ってきて、元気な礒貝君がニコニコして降りてきた。礒貝君も進藤君には初対面である。三人して町へポツポツ歩く。松司君は明治四十年生れゆえ今年三十一歳であるがもっと若く見えた。漁撈家にしては理智的な面差しで落ち着きがあり口数の少ない、畏怖も阿諛《あゆ》もない素直な態度がまずうれしかった。

夜行で来て朝食をとってない自分は空腹であったし、どこかでと思いつつも町を歩きながら話をしているうちに、せまい三津はもう町はずれに来ていた。手近のうどん屋へ飛び込んで三人で支那蕎麦をすすりながら進藤君の本著書について話をかわす。「これがゲラ刷」と差し出すと同君は受け取って暫時見て初めて云った言葉は、「あんなにきたない原稿がこんなにきれいになるんですか」であった。およそ誰でも自分の書いたものが活字になる時は云い知れぬ愉悦と殊にそれが初めての経験の時は驚異とを感ずるものだ。進藤君のこの時の言葉はこれきりだったが、その面持ちには何とも云えぬ喜悦と驚き、同時に自分の所作に対しての極めてハンブルな反省と謙遜とがありありと顕われていて、自分も礒貝君も同君の心持ちにほほえましい共鳴をしたのであった。礒貝君と話をしている我々の声は同君には全く無関心の存在であったらしい。その後の約二、三十分、同君の眼はゲラ刷から全然離れなかった。それもそのはずである。漁撈家としてまた杜氏《とうじ》として生活する同君の主要生業である漁業関係の各事項を、自己の困苦の体験と知識とから織り上げて忙しい生活、苦しい労働後の僅かの時間を克己して割いて書き上げた原稿である。一字一句に生活はにじみ出ている。同君が暫時三昧の境に入って読み耽っているのは傍眼《はため》にも美しくもありうれしくもあった。実際本書は進藤君の血と汗で書かれたものなのだ。単なる資料でもなければ外来者の観察でもない。同君多年の苦心の結晶であり、漁撈家としての現実の叫びであり、また同君の体験を通じて吐露された瀬戸内漁民の理想と希望でもある。我々は本書が単に優秀なる資料としての価値以外に進藤君の本心から出る叫びに耳をかさねばならぬ。いささかの虚飾も誇張もなく、むしろ控えめと思われる記述、そのすべてが事実であり、しかもそれらの科学的といって差し支えない正確な記載、そしてその奥に生活の血が流れ心情が生々と迫っている記述、我々はここに真実の意味の漁民生活誌を進藤君から受け取ったのであった。我々はこの意味において本書を通じ進藤君に負う者であり、本当の意味で同君に返さねばならぬ重荷を預ったことを銘記すべきであると思う。

進藤君の今までの生涯や考え方については自分がここに述べるより同君の手紙の一節を紹介した方がより適切であろう。

大正九年尋常科六学年を卒業する時に父に高等科に入学させて下さいと頼みましたら家庭の都合上お前が働かねば沖漁が出来難いのでと云われて駄目でしたから学校へ行って校長先生と受持の先生に話をして是非に学校に行かして頂く様に頼みまして校長先生と受持の先生と私と三人で父の所へ行って頼みましたら父は甚だ立腹でした。校長先生や受持の先生が帰られて父にヒドク叱られました。その時父がお前が勉強したければ学校に行かなくとも自分の内で勉強は出来るものだと昔から云うと云われました。父は一字も読めも書けもしませんでしたから お前に学校に行かしたくはあるが貧乏は嫌いだと云うておられたのを現在でも忘れません。それで友達は皆んな高等科に行く、僕だけ舟で沖へ出るのでもし人に負けたら恥だと考えまして夜は先生の所に行き舟の中で復習をし、又沖漁の暇には勉強致しました。そして一ヶ年半ばかりした時に沖漁撈家の中で高等科に入学していた友達の同級生は全部学問を好まず途中退学して沖に行く様になりました。僕はその時なぜあの人達と代ってあの人達の家に生れて来なかったかと他の同級生に話した事があります。

十七歳で庫に入り酒造に従い初めて人の飯を食うて見て世の中と云うものが少しく解った様な気がしました。又同級生の農家の友と働いて見て、またそれから勉強する積りで、出来る事なら沖の漁業もやめて実業人（商売）になりたく思い、実業講習録を一ヶ月一円二十銭で取り読み出しまして一ヶ年程つづけましたが何分小学校も六年程度であるのと過激な労働に冬でも夏でも仕事が済めば眠気が来て思う様に勉強は出来ませんでした。そして一年二年と経つうちに、私が家を出て商業に変る事はしてはならぬと思う様になり漁業に気が進み出して熱心に漁撈をしておりましたが此の頃又朝鮮海方面漁業に乗り出して見たくなり漁業組合長、理事であり朝鮮海方面の漁撈実地指導者柳川技師にお頼みして、すぐのこと乗り出して行く所であったのを父親や親類に止められて志も空しく消えてしまいました。その時の私の意見は同じ漁撈者で暮すなら大きな広い海を相手として漁業するが男子の面目、又海外発展によりその道が開拓されたら同時に郷土の発展ともなり、此んな人々が沢山海外へ出かければそれだけ瀬戸内海の海も少しは広くなる理屈で漁場に幾分でもゆとりが出来皆が楽に食べて行かれると父親や親類に話をしたのです。父や親類の意見は同じ食う位なら三津の沖でも食べて行ける。今の所無理に他処迄働きに行かなくとも三十年や五十年で食べられない様にならないと話され、結局朝鮮方面の出漁も思い止まりました。

爾来進藤君は三津の漁業に精進を続けると同時に冬期間は酒造従事者として十数年勤続、現在は杜氏として精勤を賞されまた豊田郡清酒品評会では優等に入賞された。これは本書を読んでも知らるるとおり同君の勤勉に加うるに何事に対しても深く研究して已《や》まないよい性質の結果であろう。

昭和九年兵庫県の高砂町で伊南水産会の技師の方から烏賊《いか》漁法の新式を聞いて早速現地へ出掛け研究、三津へその漁法を持ち帰り実行したところ、案外の良好な成績を得、逐年同業者も増加し従来借銭になる春期において既に百円ほど残し、また今年も五拾円ほど残すといった工合に大成功を収めたが、これも同君の熱心な研究心の賜であった。

また同君は次のようなことも云っている。

広島県漁業指導者から出る標語に「捕るな愛せよ小さき魚は」と云うのがあります。誠に妥当であり結構なことで、正面から異存は申されぬ訳合です。しかし更に一歩進めて考えると三津の様な所では、大きな魚が入って来て仔を産みそれが殖えて大きくなるに従って又灘の方や遠方へ出て行ってしまいます。昔から「瀬戸内の七漁具漁師」と云われている通り年中通じて一漁具では生活出来ない地方ではこれの標語をその通り実行したらその日の生活が立ち行きません。私はこの標語に反対するものではありませんが、同時に指導者の方々が更に一歩進めてこの時期にはこの様な漁具を使ってこの位の魚を捕ってはどうか。又冬期浅海利用の実際につき種々方策を講究して斯《か》くの如くしたらどうかと云う様に先へ先へ教えて下さることを切望します。

言は簡単であるが理論と実際との矛盾を切実に指摘している。

現在私としての理想は少しでも家庭的に生活上の安心が出来る様に成れば水産動物学の書籍を少しでも読んで魚類に対する知識を更に拡め同時に海の状況性質に対しても研究して科学的漁撈法とでも云うものを調査実行して見たいと思っています。

確かに同君のいわゆる科学的漁撈法は現在相当程度研究され実行されている。しかしこれは国家のほかには余裕ある漁師か、または大資本を持つ漁業会社等にして初めてなしうるところであって、多数一般沿岸漁業者には多大の困難が伴っている。しかも同君の理想と欲求とは沿岸漁業者のいずれもが等しく持つところであろう。自分は沿岸漁業今日の実態を考えると同時にこの人間としての理想と欲求を思う時、真に胸がいたくなるような気がしてならない。

終りに、本書は以上述べた如き著者が自己の業務を、その体験に基き、自己を育て守る三津漁業社会を通じて忠実になされた生活記録であり、一面不満足または不足しているところがあるにしても漁業生活誌として一つの特異なものであることは認められることを読者に願うと同時に、進藤君の想像以上の労苦に対し尽きせぬ感謝を捧げたいと思う。

（昭和十二年十二月記）

［『アチックミューゼアム彙報』第十三、昭和十二年十二月刊］

付　前著再版に際して

あとがき

まず最初に進藤さんの手紙の要所を抜き書きしてここに示せば本書第二刷のできたてんまつが解るであろう。

（略）現在私も冬は酒造りに出ていますが、春から秋にかけて子弟と漁に出ています。冬の酒造りも今冬を最後にしようと思っています。子供達もだいぶ大きくなりましたので、民俗学の方のことも地方でできるだけの御手伝いをしたいと思っています。なお渋沢先生の御尽力により安芸三津漁民手記をものしてからはや二十年も余りになりました。昨年十二月初めに友達や先輩と会合し、昔話の際に漁民手記の話が出ました。その際自分はあれは一と昔どころか二た昔も前のことになった。その後三津もぐんと変った。今頃のことを書きあらわしたらまた面白いかも知れぬと話したところ、皆にも勧められ自分も決心し家内や子供達にもその話をして協力を求めました。

何年かかるか知れぬが、安芸三津変遷記とも名付けポツポツと生活の合い間を活用、死ぬまでの仕事として書いて見たく思いました。自分はこれを一冊の本にする欲はありません。

以前に御無理願い何回も頂戴した旧著が今のところ私の手元にも三津にも一冊も見当りません。全部県の水産課や色々な水産関係の人達が三津にあったのを探して持ち帰ってなくなりました。それで自分としても原稿をかくにどれから手をつけてよいか見当がつきませんので申し兼ねますが残部あればお分けいただきたく、それを見てポツポツやって見るつもりです。殊に水産庁瀬戸内海漁業調整事務局からできれば一冊買い求めてほしいと依頼がありました。（略）

進藤さんの年を重ねても消えぬ好学の心と郷里漁業への愛情に心を打たれたので、早速にも一本を送りたく思ったが、こちらの方も文字どおりたった一冊手元に残るのみで、もしこれが消失すると困ると思い、ただちに角川書店にお願いして大急ぎで第二刷を写真版で作っていただくことにしたのである。多少時間がかかり進藤さんのせっかくの決心に対しては漫々的で申し訳なかったが、また前回の本に比べちとお粗末になって済まないが、内容は昔のままゆえ辛抱していただき、今後の研究のよすがとしていただければ幸甚である。

同じ地域で同じ人が同じ題目で二十年のインターバルを置いて観察考究し記録をとどめることは真に意味の深いことと思う。

（昭和三十五年五月二十五日記）

［角川書店、昭和三十五年六月刊］

『日本星座方言資料』序（内田武志著）

歩けぬ採訪者

宇田川榕庵等多数の蘭学者が心血をそそいだ『ショメイル百科辞典』の完訳厚生新編上梓について交渉中だった静岡県葵文庫長故貞松修蔵翁から、たまたま病弱ではあるが見所のある民俗学に熱心な青年学徒として紹介されたのが本著者内田武志君であった。秋田県鹿角《かづの》郡の産、当時二十歳前後と記憶するが、父君に従い静岡市に居住していた。極めて稀に見る血友病になやむ同君は、普通の病例とは逆に幸いかつ珍しくも夭折をまぬかれてはおられたが、諸関節の内出血が頻発するために歩行はもちろん身体の自由なく、全く病臥状態が永年続いていたまことに同情すべき境涯であった。健康な者でも根気の要る方言蒐集を、この軀で間断なく進めつつあった同君の意志力と学問への熱情は全く驚嘆すべきものがあった。既に昭和の初め、『鹿角方言集』を公にしたが、昭和六年ころから『静岡県方言集』に志し、一度は谷嶋屋書店から出版されたが小調査であったので、九年から更に大規模にいくつかの同一項目をそろえての調査が行われた。これには森田勝代、岩崎亀氏をはじめ女子師範生徒諸子百八十名および小学校約四百二十校が協力された。また第二回、第三回の諸校のほか、各農学校、焼津水産、周智農林、浜松農蚕、御殿場実業、豆陽中学校ほか各高等女学校等も協力されて約千六百部にわたる調査表が集められた。その成果の一部は『静岡県方言誌分布調査』として第一輯「動植物篇」（二六九頁）、第二輯「童幼語篇」（一九六頁）、第三輯「民具篇」（五五六頁）の三部、合計千余頁の記述と分布図数十葉から成る著書となってアチックミューゼアムから出版された（昭和十六年）。これはもとより分布調査が目的であったから語彙の持つ細かな内容にまで触れることは少なかったが、調査の綿密なることは驚嘆に値するものがあった。かつて自分の主宰していたアチックは方言関係のものはむしろ避けていたが、敢えて内田君の著書を出版したのには次の理由があった。それは当時内田君はあるいは学究として未熟かもしれないが異常の素質を持たれ、全般の構想は別として、あの境遇として能《あた》う限り科学的な方法を採られたと思われたこと。また一つの県で語彙の種類は少ないがこれだけ徹底したものは珍しいことであった。更にまた歯にもの着せず言わしてもらえば、内田君に万一のことがあったらせめて紙碑としてもよいといった気分が心の一隅にあったことは、今となっては付け加えて告白してもよいかもしれない。

その後国際情勢は悪化し、一度東京に出てきた内田君もあの躰で空襲等に堪えぬことが明白となったので、遂に意を決し秋田に移られた。上野駅ですら駅長にお願いして混雑するフォームを特に車で客車まで仰臥のままの病躰を運び込んだ始末で、同家としては並大抵の引越ではなかったのであった。その当時自分は内田君に、秋田に行ったら菅江真澄のことでも徹底的に掘り下げてみては、とお勧めしたのを今でも覚えている。

その以前からたびたび話に出、また時々報告も受けた同君の『日本星座方言資料』については、自分としても深い興味を持っていた。日本の星はギリシャや支那のごとき多くの美しく楽しい物語が伴ったり仙人めいた人物は出てこないが、もっと素朴でかつ簡素、時に頓智に富んだ名称や話がついている。それは星を仰ぎこれをたよりにして暮した人々の多くが漁師や農民であった関係でもあろうか。日本では文学上星を題材したものもいたって少なかった反面、右のごとき常民が生活技術の上から仰ぎ見た星にもまた彼等なりの文学的表現がしばしば加味されほほえましいものが多い。本書はこれらの民俗伝承資料の集積であって、内田君が手をつけ始めたのは昭和八年ごろからのことであった。日本の星についてはさきに野尻抱影氏の『日本の星』なる好著があり、一般に愛読された。そしてその中の方言資料の主なる提供者は内田君および我々の同人、儀具勇君であった。その後内田君は更に資料を増加されて一応の完成を見ていた。しかるに戦のはげしさのため遂に出版に至らずして内田君は秋田に去った。ところが秋田に移ってからは同君はかつて自分と話し合った菅江真澄研究に没頭、全く驚くほどの熱心でことに当りだした。真澄は三河の人、天明のころ壮年にして郷里を出《い》で、信濃、越後、荘内、秋田、陸前、また時に北海道に渡り数年を過ごし、本土に引き返し、下北半島より南部を経て再び秋田の人となり、のち同藩地誌編纂に協力、各地を巡り、仙北郡神代村で逝った。生涯を旅に捧げ多くの貴重な紀行文と地誌を残した。真澄については早く柳田国男氏の研究あり、真価も認められていたが、なおその生涯につき幾多の疑点があり、また未刊の紀文もあるらしかった。内田君はこれらの疑点や未知のものを異常な努力で次々と解きかつ発見しつつある。病弱横臥の身でありながら、この労作の出来たのは全く令妹ハチ女史等の努力の賜で、未刊本の中にも大館の栗盛家にある資料調査の如きは何十回となく令妹たちが通いとおして完成まで持っていったので、この一家挙げての追求力と学問への帰依の態度は全く涙ぐましいものであった。稀代の旅行者の研究に一歩も歩けぬ学徒が挺身している姿はこれまた稀に見る対蹠《たいしょ》ではある。そして研究の一部は『秋田の山水』『菅江真澄の日記』のパンフレットとなり『松前と菅江真澄』の刊行となり、また部分的ではあるが、根気仕事の「真澄索引」すら生れた。しかし同君の熱烈なる努力に酬ゆるべきその本格的な業蹟たる未刊本の刊行は未だに実現を見ないのは残念である。

かかる事情の下にありながらなお星の方言も蒐集訂正増補され幾度か原稿の書き替えがなされた。内田君には本当の意味の完成はない。あくなき追求力はもうこれでよいという気持ちを起させないのであろう。しかもそれが臥《ね》たきりの人の仕事であった。本書は他の書店から出版されるはずであったが、各種の事情からしてまた元のアチックたる日本常民文化研究所で出版されることになったのは何かの因縁かもしれない。本書の価値については本書自体が示しているゆえ触れないで、ただ自分として内田君との永い交友から同君がどんな状態の下に本書の如きものを書き上げたかということを読者にも知っていただきたいと思いここに敢えて禿筆を呵《か》したまでで、同君ならびに読者に対し極めて無躾《ぶしつけ》な記述をしたことに対し深く寛恕を乞う次第である。

（昭和二十四年九月）

［『日本常民文化研究所彙報』昭和二十四年十一月刊］

菅江真澄

菅江真澄は三河国の人、若い時分の旅は別として、天明三年二月の末三河を発足、信州伊奈の谷に入り、それより文政十二年七月十九日、七十六歳にして秋田仙北郡神代村で没するまで、殆んど旅にあけ、旅にくれ、しかもそれは主として北日本に限られていた。

この不思議な旅行家が長く人々に印象されるのは、その残した尨大な紀行文のゆえである。今名付けて『真澄遊覧記』といっているが、最初からこの名のあったわけではない。

旅を重ねてゆくにつれて次々に紀行文をものし、その一冊ずつに凝った名をつけ、本文の中には彩色をほどこした丹念なスケッチを数多く入れてあった。文字も絵筆も巧者で、文章は流暢であったが、ただ文中至るところに短歌が詠み込まれている。この歌は大した価値のあるものとも思えず、失礼な云い分かもしれぬが、この歌がなかったら、どんなに真澄のものは読みやすいかと思われる。しかし、文章はその土地土地について当時の風物を描写して余すところなく、克明な記述と精緻な写生図とは、江戸時代の東北の文化や常民の生活状態を知るうえに欠くことのできぬ資料を提供している。景色や、特に当時としても珍しかったものに眼をそそぐのはこの時分の文筆家の間で普通といってよいが、翁はこれと異なり普通人には気にもとまらぬ微細な民俗事象にまでよくこれだけの注意を向けたものと、見るたびごとに感心を新たにする。

　真澄はその紀行文の一揃えを藩侯に献じ、これが藩の明徳館に保存せられ、明徳館本と呼ばれ珍重されていたが、明治時代に入って佐竹氏の所蔵となり、更に戦後秋田市の故辻兵吉さんの手に移った。辻さんがまだ御在世の頃、御宅に参上して全本を親しく拝見し、感嘆これを久しゅうしたことであった。

　この遊覧記は秋田では多くの人々の間で古くから問題にされており、明徳館本以外にもなお多くの著書があるはずと、真崎勇助翁などは早く博捜収集につとめた。一方明徳本を活字にする計画もすすめられ、昭和五年、深沢多市氏らにより「秋田叢書」の別冊として六巻にまとめられた。これによって多くの人々はこの遊覧記に親しみを持つことができたが、この書の真価を世に知らしめたのは何といっても柳田国男先生で、先生は民俗学の立場から高く評価し、また真澄の熱心な研究者ともなった。

　早く『雪国の春』でこの書についてふれ、後『菅江真澄』なる一本を上梓され、一応真澄の全貌を世に伝えたが、その中になお不明の部分が残されていた。一つは天明三年以前の、真澄の生いたちや行動であり、二つは東北各地を歩いて後、秋田へ落ち着いてからの細かい消息であった。旅の見聞は筆まめに書き留めて、人に伝えようとの強い意図を持ちながらも、自分に関することはほとんど語りたがらぬ人であった。その疑問がこの人の伝記に、何となく心をひきつけた気味もある。

　しかしこうしたことが、次第に明らかにされる機会が訪れてきた。しかもそれは真澄が稀代の旅行家として、実に足まめであったのとは対照的に、これはまた歩行すら不自由で、仰臥まさに四十年に垂《なんな》んとする内田武志君なる篤学者の手によってであった。内田君は鹿角《かづの》の産で戦時中秋田に疎開してきたが、その当時からの念願たる真澄研究は、異常の追求力を伴って、年とともに進展を見せた。

　真澄は不思議な旅人であった。旅をつづけて紀行文を綴りながら、その著書を大抵一部はその地元へのこしていったようである。つまり一冊きりでなく、写しを何冊もつくったものらしい。信濃に関しての紀行文、『伊奈の中路』、『筆のまにまに』、『いほの春秋』、『科野路旅寝記』などは長野県で発

真澄のスケッチ

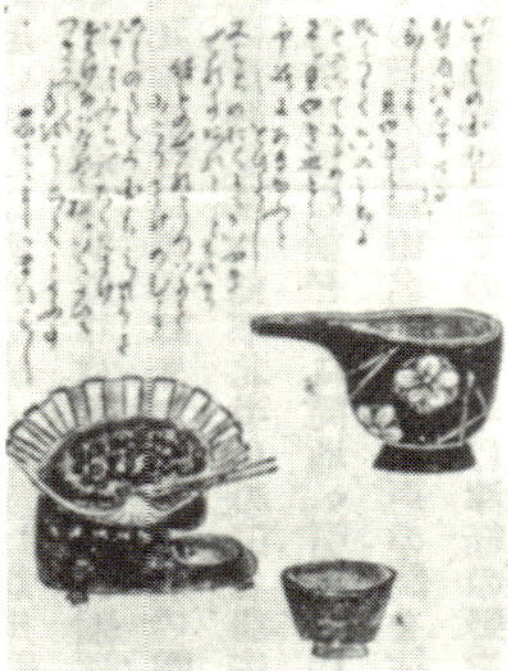

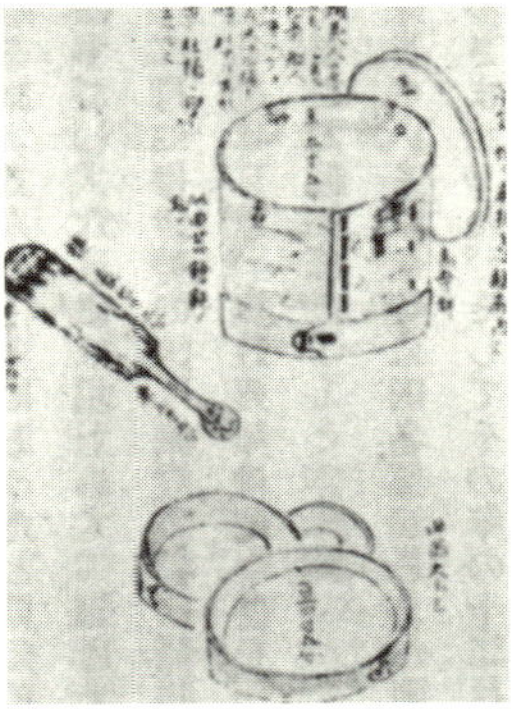

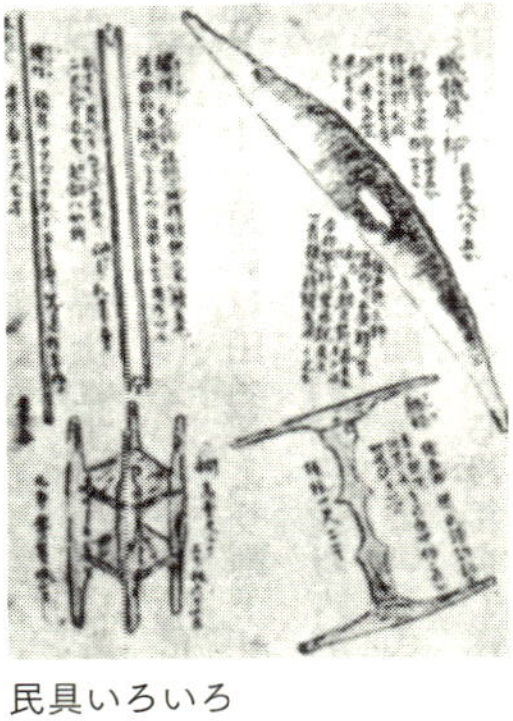

民具いろいろ

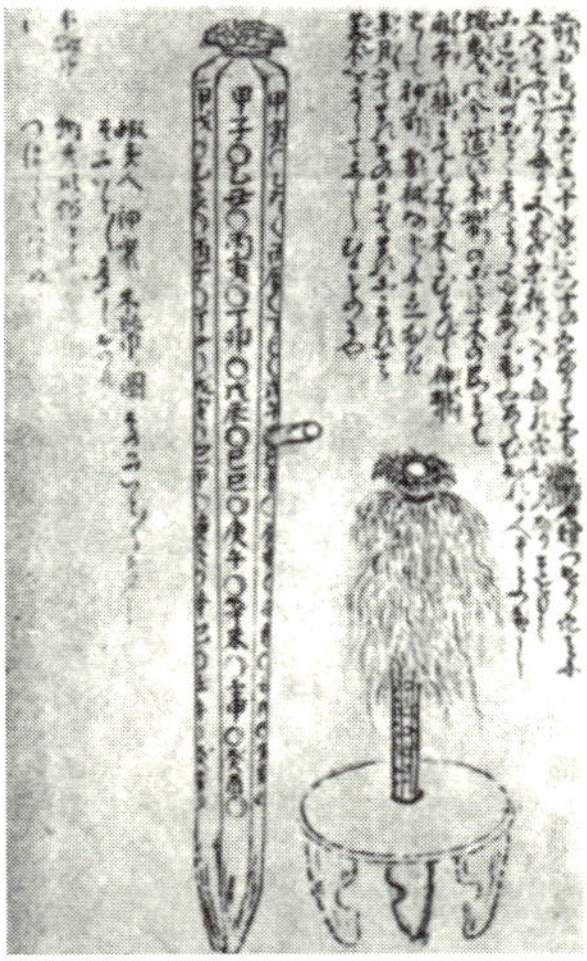

アイヌの木幣

縄文土器

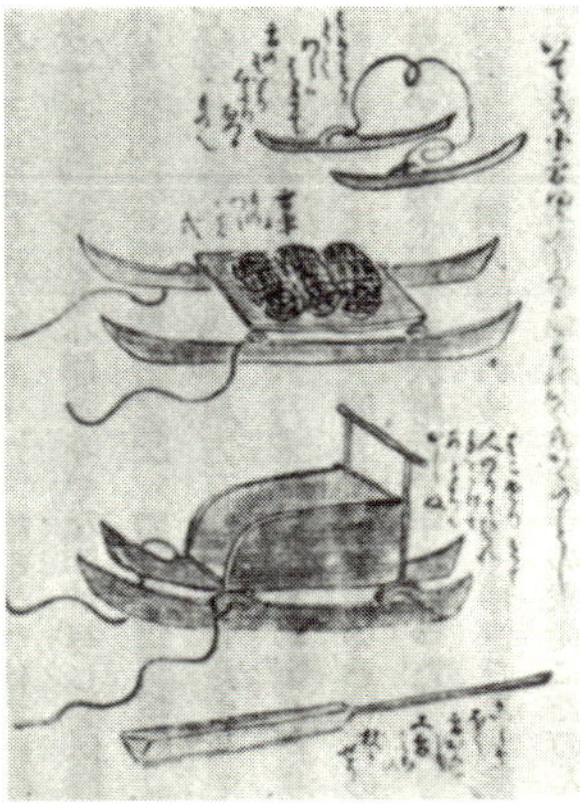

日本のスキーと橇

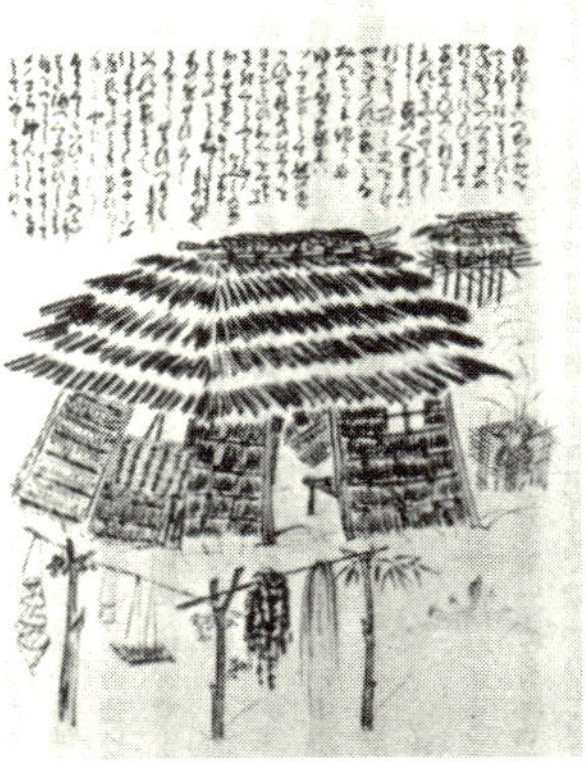

アイヌの家

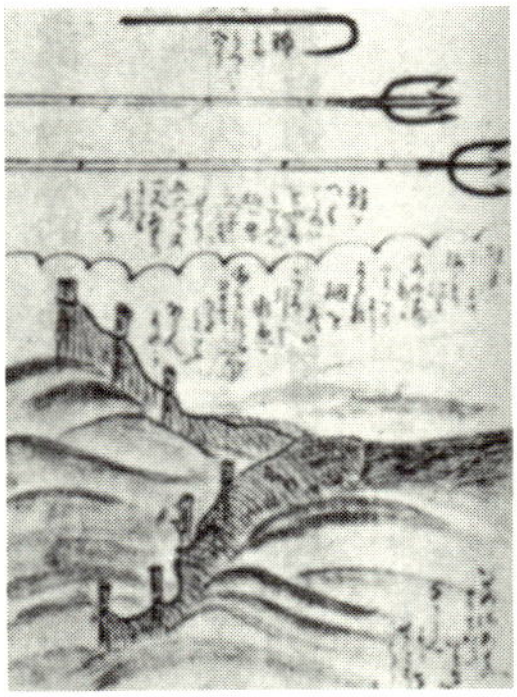

鮭漁具

見されている。

一つは急ぐ旅でもなく、地方有文の士をたずねて、気が向けば長逗留もしたらしく、信濃には天明三年三月から四年六月までいた。そして六月末には、その宿所たりし本洗馬《ほんせば》をたって越後に入り、更に鶴岡、羽黒を経て十月に雄勝新幡野村柳田にて越年、天明五年には雪のとけるのをまって再び歩行をおこし、秋田、弘前、青森を経、鹿角郡から盛岡に出で、南下して水沢附近で年を送った。

当時東北は天明の凶作の後で、全く惨憺たる状態であった。天明六年は岩手県南部にあり、七年更に南下して松島に遊んでいる。そして平泉の毛越寺の衆徒にたのんで、遥かに郷里三河の植田義方に書をよせている。昔の通信のさまが思いやられるのだが、こうした長距離を旅する人も相当にあったと見えて、三ヶ月目には郷里から返事もきているのである。天明八年は前半を仙台附近にすごし、六月には北上して、七月十三日には北海道福山に上陸している。寛政元年から三年の暮までは北海道、四年二月には伊勢の国へ旅立つ者に托して三河へ手紙を送っている。そしてその秋には海を渡って下北半島の田名部に至り越年した。寛政五年は同半島を一巡し、十一月には田名部より南下せんとしたが、雪のひどさに同地へ引き返し、ここで越年した。

その翌六年は田名部から八戸の間を往来している。七年は田名部からまた南下、青森、弘前の間をさまよい、八年より享和元年までの五ヶ年は津軽の野を歩きまわった。そしてその年の十二月秋田に入った。それから没年まで遂に秋田を出ることなく、羽後の各地を遍歴した。文化十年には藩より出羽六郡の地誌作製を命ぜられ、正式に地誌調査に乗り出した。真澄はこれを月・雪・花三部作にまとめることにしたが、『花の出羽路』は遂に未完成に終った。

秋田在住時代は土地の国文学者鳥屋長秋や高階貞房らと交友があり、土地でも重んぜられていたのであるが、この旅人をしてこの長い間、心おきなく旅をさせたものは、一つには東北の人々が心やすく迎え入れてくれたためでもあろうが、今一つには、金花香油なる油薬を調製することができ、皮膚病や腫物になやむ者のために、分かち与えたことにもあるらしい。

つまり古い旅人たちは、何らかの意味でその土地の人々のために役に立つようなものを、持ち合せていたらしいのである。従って、ただの物見遊山の旅ではなかった。更に真澄の場合は、各藩が割拠せる時代に珍しく国際性を持ち、しかも学識高く地方に跼蹐《きょくせき》せる人々への文化向上に、また世界観の変化に一段と高き指導的な地位を保つことができ、地方人も翁からこれを吸収することに大なる喜びを感じていたことと思う。

昭和十七年の夏であった。当時日本銀行に奉職していた自分は、日銀東北支店視察の一つとして秋田支店をも訪れたが、その時、前もって真澄翁の墓へちょっとでも詣りたい旨を知らしておいた。当時のことではあり、支店の方々が秋田市郊外の雄物川を見下す川沿いの崖上に草深く置かれた翁の墓を見つけるのに大汗をかいたらしく、後で気の毒をしたと思ったことがある。

真澄は初め白井秀雄といった。三河国吉田（現豊橋）在の生れで、若い日より旅を好み、その足跡は遠江・駿河・相模・尾張・伊勢・美濃・大和・近江・紀伊・京都・甲斐に及んでいる。しかして同村の植田義方について国文学を学んだが、一族の白井又三郎が吉田藩の御家騒動に加担して追放されたことから真澄の一家も立ち退きを余儀なくされたのではないかと、内田君は推定を下している。そしてその先に長い旅があったのだが、遠く東北の山野をうろつきながらも、時折故郷とのたよりをする機会もあり、真澄の没後、鳥屋長秋の甥が東海道を上る途中翁の生家へ寄って逝去のことを知らせたというから、郷里の人たちもその行動については、おぼろげながらも知ることもできたのであろう。

このように見てくれば、真澄もまた完全に故郷を見捨てたのではなく、故里を想い、故里の消息にも心をとめながら、遂に再び帰る機会を得なかったものであろう。そしてこのように、この旅人の心をつなぎとめたものは、旅先の人々の温い心と、もてなしであったと思う。

しかしてこの旅人の亡くなった後も、東北の人々はこの人のことに長く心をとめて、その書き捨てた反古のようなものまで集めて保持しようとした。その中には真崎勇助翁のような奇特の人もあった。その集められたものは大館の栗盛教育団文庫に納められたが、その中にはなお未刊行のものが多かった。

内田武志君は秋田に来て、まずこの栗盛文庫に手をつけた。未刊資料の発掘と、その伝記の不明な点の究明が目的であった。前述のごとく内田君は、全く動けない人である。動けぬ人の眼となり手となって、しかも動けぬ人を満足せしむるだけの仕事を本人に代ってすることは、難事中の難事である。この難事たる栗盛文庫本の書写は、遂に令妹ハチ女史らの真に献身的な病兄への奉仕によって完成した。傍目にも涙ぐましい努力であった。これはまた肉体的にも並ならぬ労苦で、終戦直後のことではあり、汽車で三時間もかかる大館へ筆写にかよいづめることは全く容易ならぬことで、その書写の終るまで一年余を費やしている。

そしてこの調査の進められてゆくに際して、奈良環之助、鈴木直吉、栗田茂治、平野政吉氏等のほか、多くのあたたかい協力があった。その成果は『菅江真澄未刊文献集』として日本常民文化研究所から上下二冊が刊行され、長く疑問とされていた翁の伝記も一応明らかになり、価値ある文献も「秋田叢書」別冊とともに一通り出揃うことになった。

問題はこの資料の利用である。一応発掘作業は仕でかしたというが、それらの利用が、東北文化開明のために大きく役立つものであってほしい。東北を歩いて見聞記を残した人々には、古く松尾芭蕉があり、芭蕉翁に随行した曾良の随行日記があり、江戸の落語家船遊亭扇橋の『奥のしをり』があり、古川古松軒の『東遊雑記』がある。しかしこれらは真澄翁ほど、日時をかけての旅ではなかった。また当時の東北の生活に食い入って丹念に調査する追求力も、翁ほどにはおよんでいない。われわれは後続する学者が、さらに一段と努力を傾け、翁の業績を正しく利用される向きの出現を期待してやまない。

［「東北犬歩当棒録」『祭魚洞雑録』産業経済新聞社、一九五五年］

祖父の後ろ姿

一

祖父［渋沢栄一］の米寿祝賀会が龍門社によって盛大に催された時のことであります。御叮寧な祝詞を賜わり祖父が感激に満ち満ちて御礼を申上た光景は今なおありありと眼に残っております。この御祝詞には確か祖父の経歴を五つの時期に分けて、判《は》っきりとは覚えておりませんが、維新前、維新後の大蔵省退官、それから古稀までの実業界と進み、古稀以後を八十寿を境とされ二期に分たれましたが、何れも等しく国際親善社会事業に引続き尽力された時代としてあったように記憶しております。丁度古稀の時分から、特に祖父に対して親しく接近した孫としての私は、この晩年の二十年間に起った祖父の心境の著しい変り方を吃驚《きっきょう》して眺めていたためか、御祝詞の分類の最後が、祖父の世の中への働きかけの方面からは勿論何の異議がないにしても、内面的にもう少し云って下さったならばと、正直その時に思ったことでありました。それは八十歳くらいを中心としてその前後十年間には、祖父の心境に自ら格別の差異があったように私は深く思っていたからであります。出来上った祖父を私等が批評する非礼と僭越を充分承知しながらも云いたいのは、その八十歳を境として前後に起った差があまりに判然としているからで、一言にして云えば、肉的から解脱して霊的とか聖に近きものとか、とにかく肉を離れたといった気持であります。八十歳までの祖父は随分とも人間的でありました。すべての方面に物欲が残っていました。昼食に私と二人でよく穴子の天ぷらを平げた祖父でありました。注意するといった程度の小言を云っても、一面ユーモラスな点があると同時に、他面ロジカルに相手へ迫るというようなところがありました。自らの意志を他人に伝える肉迫力とか、積極的なものの指導とかを、あの靉《あい》靆《たい》たる春霞のような老人の笑顔のうちから、ひしひしと感じていました。それは如何に驚くべきほど出来上っていたにせよ、人間としての匂いは随分強く感じていました。しかるに八十頃から後に至って、先に述べた指導力とか肉迫力とかいった圧力が、何時の間にか消え失せてしまったにもかかわらず、傍に接していると、祖父から云い付けられたり、求められたりするのではなくて、何だか、こちらから言ったり行ったりしなければならないような気持に、無理ではなく、無言のうちにさせられてしまうことを感じ出しました。そしてそれがすこぶる自然に惨み出て、事が進行してゆくのでありました。人間でありながら人間的ではなく、つまり肉的でなくなった気がしました。聖とか霊とかいう字はあまり私としては用いたくありません。云い換えれば透き通ったような感じとでも云えましょうか。しかし、それと同時に私には次第に祖父から発散されていたグレアーと云おうか世間的と云おうか、そうしたものが消え失せて、かえって本当の人間という感じが深く起ってきました。

殊に私は多くの場合、祖父の後に従って歩いてゆくことが多かったためか、この感じをその後ろ姿にはっきり見出したのであります。ほんの僅かばかり首を左に傾けて、子供の後頭部にも以た、如何にも柔かそうな年の割に黒い髪の毛を白いカラーの上に房々とかかげ、どういう訳か右と左とに高低《たかひく》のある足音を立てながら歩いてゆく。その祖父の後ろ姿には自分などには想像し得ない、永い年月の閲歴を経、経験を深く蔵した、しっかりした偉人というよりは、むしろ佗しい一個の郷里血洗島［武蔵国榛沢郡血洗島］の農夫の姿を見るような気がしました。またそこには同時に、あの顔の正面から仰いではちょっと見出し難かった、詩の世界と、無心な幼な児にも見るような、無垢な魂とを強く印象させられたのでした。青年の頃故郷を棄てたため、郷里の人として働き得なかったことに対して極めて律義に申訳なさ、相済なさを感じていた祖父のこの後ろ姿に、その昔さらの獅子を冠って、御諏訪様の前で踊った一村民としての姿をありありと見て、私は何とも云えない懐しい、また心の底からすがりつきたいような頼《たよ》りさをしみじみ感じたことが、幾度かあったのであります。祖父の後ろ姿は私にとっては正面から見た顔よりも、もっともっと大切にしたいような、心の底に秘蔵したいような、有り難い姿でもありまた力でもあるのであります。

二

多くの方々が祖父が永い年月にわたって、大きな仕事を数限りなく成就してきたことを非常に御褒め下さり、祖父逝去後は私達遺族にまでいろいろと御賞讃の御言葉を御与え下さって、身に余る光栄を感じているのでありますが、私としては祖父の閲歴を聞き、更に傍にあってその為しているところを見て、強く感じかつ驚いたことの一つは、その成就した沢山の事業そのものは、祖父が一生をかけて尽した努力、或いは望んだ意図の何分の一にしか当らなかったであろう、と思われることであります。

従ってこの度龍門社が祖父の伝記資料を整理して下さる由を伺って、我々遺族としてはこの上もなく辱《かたじけ》なく、また有難く深く感佩《かんぱい》致しておりますが、もし私に無遠慮に小さな望を云わさして下さるならば、それは啻《ただ》に出来上った、成功した多くの仕事の資料以外に、どんなに、不成功に終ったりまた無駄な努力がし続けられていたかということを、たといその例証が一つ一つ挙げられなくとも、そうしたものが極めて沢山あったであろうということを考に置いて、それらの事業を深く検討して戴きたいと私《ひそ》かに思うのであります。

有島武郎氏の言葉だったと思いますが、「惜みなく愛は奪う」というのがありましたが、それとこれとは違っても気持は相似た意味で、祖父には精力の倹約とか尽力を惜むとかいうようなことが少しもなかったように思います。この事は人との応対にのみ例をとっても充分覗《うかが》われます。私どもとしては、どうかして祖父の過労を少くしたいとか、重要な御用と思われる方の訪問以外は、避けしめたいとか、言わば多過ぎる訪客の制限に苦心したに反し、祖父はどんな訪客でも断わるなどとは思いもよらず、あの方とはまだ会見が不充分だ、この方にはまだ申上げ足りぬことがあると、常にこれ足らざるを憂い、どうかして少しでも自分の持っているものは、たとえつまらぬものにせよ、これを如何にしてそれらの方々にお与え出来るだろうかとのみ考えていたようであります。祖父には叱られそうですが、先の有島さんの言葉に似せて「惜みなく徳は与う」といった気持がありました。しかも、幾ら惜みなく与えても、その全力を傾け尽しても仕事の成果そのものにはいわゆる「棒ほど願って針ほど叶う」ことが随分多かったに違いないと思います。それがけだし実相でもありましょうし、そこに量よりも質の問題としての、仕事に対する祖父の態度が覗われる気がします。私は世間でよく「実業界の大御所」と祖父を一言に云うのを何となく的はずれな批評に思っておりました。というのは祖父は仕事と人々の人格との相関関係を確把して、しかもそれ以外には何物も考えなかったような気がしていたからであります。云い換えれば祖父は仕事と人格との関係のみに絶大の注意と努力を払って、量や力は極めて軽く見ていたといえますし、大御所の響きの裡《うち》に聞える力は、即ち祖父の一生を通じて懸命に念じたこの人格の高貴とは全く相反する極に在るものと思うからであります。これを要するに「棒ほど願って柱ほど働いて針ほど叶った」のが量的に見た祖父の一生かもしれません。

三

私はまだ子供でよく存じませんでしたが、明治三十七年日露の風雲急なるに及んで、祖父は実業界の一人として国家のため、その下働きに一身を捧げんとした矢先、突如中耳炎を病み重態に陥ったことがありました。その趣き畏《かしこく》も天聴に達し辱《かたじけ》なくも御見舞を賜わりましたが、その御菓子の中に金玉糖があって、四角な寒天の中に羊羹で出来た奇麗な金魚が二匹浮んでいたのは、子供心にもはっきりと今でも眼に残っております。国運を賭するの時、まさに働かんとしてこれを阻止された祖父の気持は如何ばかりであったろうと思います。幸い病気もじきに快方に向いましたが、この時分のものが、先だって片付ものの中から出てきましたので御目にかけます。

佐々木ぬし［佐々木勇之助。第一銀行の二代目頭取。茗香と号した］よりおくられたる鉢の梅の花はまだ開かねども老幹嵯峨として、わか枝につほみもてるさまのいとをかしけれは、己か身にたくらへ感慨の情やみかたくて

雪霜にをりくたかれし古枝にも
　つぼむは梅のちからなりけり
つぼみつゝ冬こもりしてもろともに
　春まちてさけはちの梅か枝

右に対し佐々木茗香翁からのお返しがありました。

青淵先生に粗末なる鉢の梅を奉りたるにお歌をたまはりたれは御かへし

山里にそたちしまゝの梅なれと
　君か恵に香をやますらむ
勇之助

この梅の鉢はおよそ三十年を経て未だに曖依《あいい》村《そん》荘［王子飛鳥山、渋沢栄一邸］に春を待っております。

先般祖父の病中ふとこの話が出て、わざわざその鉢を取り寄せて見たり致しました。

十一月三日か四日と思います。私はお医者さん方と相談のうえ佐々木さんを病室にお通し致しました。病室には入沢［達吉］博士のほか林［正道］さんと桜沢さんとが居られました。祖父はその時、上半身を少しベッドごと上げて僅か右下にし、眠ってはいませんでしたが、何の苦痛なしに眼を閉じていました。祖父の顔を見るためには、ベッドの足の方から一廻りせねばなりません。佐々木さんは――病臥せる祖父を見るのが痛々しくて堪えられぬという面持ちで、静かに近寄られ一礼の後、ジッと祖父の顔を見つめられました。そのままた一礼して去られようとしたので、私は「佐々木さんがお見舞にいらっしゃいました」と申しますと、祖父は軽く眼を開いて、しばし無言で佐々木さんを見ておりましたが、右の手を差し延べて握手を求められました。佐々木さんは恐縮されながらも手を延べてお二方は固く握手されました。否、佐々木さんは両方の手で祖父の手を暖くつつんでおられました。佐々

木さんが「どうかお大切に」と云われて手を離さるるまで随分と長い間お二人とも殆ど無言でした。しかしお二人とも眼に涙も浮ばれず多く語らず、しかも極めて平静でした。少くとも私どもには六十年にわたって相許した友人の二人が、十二分にその最後を意識してのお別れとは思えぬほど、閑寂であり枯淡でありました。しかしその時の空気は実に絶大な真剣さが部屋中にこもっておりました。後ろでかすかにハンケチの音がするので振り向くと、入沢さんも林さんも桜沢さんも声を呑んで泣かれていました。私にはこの時の光景と感じはとても筆に尽せません。梅の話がついここまで来てしまいました。意足らず筆運ばず、佐々木さんに非礼をお詫しなければなりません。ただ私は今後もあの梅の鉢を大切にしてゆきたいと思っております。

四

祖父の病床の話が出たので更にもう一つ書いてみたいことがあります。それは最後まで看《みとり》をした私にとっては、不思議な思い出です。一つは病床が最後まで明るかったことです。薬の匂いと病人の気分と、また看護人の特殊な気持から、普通病室には一種異様な空気が漂いがちでありますのに、祖父の病室には最初から最後まで、そうした呼吸《いき》苦しさをいささかも感じませんでした。また自分の錯覚と思うほど祖父その人と、病人たる祖父とが二つの別個の存在のように思われたことがしばしばでした。そして祖父のいよいよ最後が来る時には、一面非常に悲痛な感じがありましたと同時に、他面「ああ、これでよいのだ」というむしろ安らかさが湧き起りました。譬喩はいささか大げさに過ぎるかもしれませんが、ちょうど太陽が西山に後光を残して沈みゆく時に感ずるような、美しい淋しさと大自然への還元というような安心さえ覚えて、死後の冥福を祈るとか菩提を弔うとかいう感じは更になく、かえって安らかな信じきった或る物に頼りきるという感じで一杯でした。肉身の私にはこの死に臨む祖父を助けたいという自我観よりは、むしろ死んでゆく祖父に完全にリードされて、ただ自然な、御心のままにまかせ給えといったような気持で一杯でした。死後冷静に立ち帰って、自分の気持で逝ける人を眺めていろいろ感動させられるのは普通ですが、あの最後の間際に、極めて自然裡に祖父に引きずられていた気持は、今考えても不思議な気がします。もう一つはほんの些細なことですが、臨終の脈を採りかつ後々まで傍に居た私が最後になって気が付いたことは、かなり長い間病床に横たわった祖父の体に殆ど垢がなかったことでした。一ヶ月も臥せって、丸三日も高熱が続いた後、垢のないのは全く不思議な現象でした。林さんも看護婦も驚いていました。その時「徳薄垢重」という経文中の一句がふと私の頭をかすめて通ったのを今でも記憶しております。

［昭和七年十一月十八日記。『龍門雑誌』「青淵先生一周忌記念号」所載］

渋沢敬三　略年譜 （川島秀一編）

一八九六（明治29）年
八月二五日、篤二・敦子の長男として都内深川に生まれる。

一九〇〇（明治33）年／4歳
東京女子高等師範学校付属幼稚園に入る。

一九〇三（明治36）年／7歳
東京高等師範学校付属小学校に入学。

一九〇七（明治40）年／11歳
腕白クラブを組織し、『腕白雑誌』を発行。数年、続く。

一九〇八（明治41）年／12歳
篤二、三田綱町・仁礼景範邸の大部分を譲り受け、深川居宅の客間、居間などを移築していた邸を竣工、移転。

一九〇九（明治42）年／13歳
東京高等師範学校付属中学に入学。

一九一一（明治44）年／15歳
この夏、伊豆静浦逗留。

一九一二（明治45年、大正元）年／16歳
付属中学山岳会に加わり信州上高地に入り、穂高、焼岳等、登山。

一九一四（大正3）年／18歳
「我が尊敬するエーベリー卿の略伝と、卿の蟻・蜂に関する研究の一部について」。

一九一五（大正4）年／19歳
付属中学卒業。早稲田予備校に通う。仙台・二高受験、一部英法科入学。

一九一六（大正5）年／20歳
満州、朝鮮旅行。

一九一八（大正7）年／22歳
二高卒業。東大入試合格、法科経済科。南アルプス北岳等登山。

一九二一（大正10）年／25歳
東大経済学部卒業。横浜正金銀行へ入行。登喜子（父・木内重四郎、母・磯路）と結婚。二月二日、第一回アチック会合。アチックミューゼアムソサエティと名づく。当時。邸内物置の天井のない二階（アチック＝屋根裏）を標本室とし、動植物や化石標本等を持ち寄ったのが初め。当初は郷土玩具の研究等に重点が置かれた。

一九二二（大正11）年／26歳
横浜正金銀行ロンドン支店転任のため神戸出帆。

一九二五（大正14）年／29歳
長男・雅英生まれる。帰朝発令。横浜正金銀行退職。アチック復興第一回例会開く。会名をアチックミューゼアムと定めソサエティを除く。この頃よりマテリアルカルチュア研究の方向に進み、民具蒐集に勉む。「民具」なる用語は敬三作出。

一九二六（大正15年、昭和元）年／30歳
石黒忠篤（当時、農務局長）、井野碩哉（課長）等、台湾米穀大会へ出張に随伴。のち石黒と先島諸島および沖縄本島を巡り鹿児島に帰着。第一銀行、東京貯蓄銀行、渋沢倉庫、各取締役に就任。「南島見聞録」。

一九二九（昭和4年）／33歳
この頃より「祭魚洞」の号を用い始める。

一九三〇（昭和5）年／34歳
この前後数年、岡書院を後援。早川孝太郎『花祭』等出版する。綱町邸改造成る。アチックを発祥の元物置小屋跡に新設。改造を機に、三河の花祭を邸内で実演。

一九三一（昭和6）年／35歳
栄一の死去により、子爵襲爵。「津軽の旅」。

一九三二（昭和7）年／36歳
栄一の看病による過労にて急性糖尿病を患い、前年歳末より呉内科に入院。一月～五月、三津・松濤館に静養。この間、豆州内浦漁民史料、発見整理。これを機にアチックを拡張、漁業史研究室を新設。三津滞在中より数年、ナマコの飼育を試みる。「祖父の後ろ姿」。

一九三三（昭和8）年／37歳
朝鮮旅行。『祭魚洞雑録』、「アチックの成長」。

一九三四（昭和9）年／38歳
薩南十島巡航。隠岐旅行。男鹿、八戸旅行。『アチック彙報』等、刊行し始める。「日本民族学会」を発足。

一九三五（昭和10）年／39歳
三河および能登旅行。紀州、越後桑取谷旅行。

越後古志郡二十村旅行。満州、朝鮮旅行。『アチックマンスリー』第一号発刊。足半《あしなか》研究活発。癌研に足半をレントゲンにて撮影させる。「アチックマンスリーから」。

一九三六（昭和11）年／40歳

高橋文太郎と相計り、保谷に民族学協会付属博物館を開設。アチック収蔵民具を挙げて寄贈、移管。越中白萩村旅行。朝鮮達里、多島海旅行。四国南岸、淡路旅行。「いわゆる足半について」、「日本民族と漁業」。

一九三七（昭和12）年／41歳

一月一日より『魚名集覧』の原稿を書き始める（毎日六時半より八時半まで）。瀬戸内海島嶼巡航。志摩、先志摩旅行。越後栃尾又旅行。『豆州内浦漁民史料』序」、「『民具問答集』第一輯まえがき」、「『安芸三津漁民手記』序」。

一九三八（昭和13）年／42歳

筌《うけ》の調査研究、活発。家島旅行。長野、新潟旅行。

一九三九（昭和14）年／43歳

津、伊賀上野、奈良旅行。飯田、木曾福島旅行。青森県三本木、北海道旅行。盛岡、大槌湾旅行。拵喜一郎、宮本常一来。

一九四〇（昭和15）年／44歳

絵巻物の研究会を始める。塩兀峠旅行。内山峡旅行。出雲旅行。岩泉茂市旅行。

一九四一（昭和16）年／45歳

京阪神旅行。長州秋穂、九州旅行。

一九四二（昭和17）年／46歳

日本銀行副総裁に就任。この頃アチックを日本常民文化研究所と改称。常民とはコモンピープルの意として用い出せるもの。「式内水産需給試考」、『日本魚名集覧』第一部。

一九四三（昭和18）年／47歳

中北支旅行。『魚名に関する若干の考察』、『おしらさま図録』序」。

一九四四（昭和19）年／48歳

日銀総裁に就任。『日本魚名集覧』第二部。

一九四五（昭和20）年／49歳

八月一五日、終戦。幣原喜重郎より組閣本部に招かる。大蔵大臣受諾。

一九四六（昭和21）年／50歳

四月、幣原内閣総辞職。五月の吉田内閣成立まで蔵相に在職。公職を追放される。日本民族学協会会長に就任。六学会連合を推進、のち九学会（言語、考古、社会、宗教、心理、人類、地理、民俗、民族）となる。「テグス小史」。

一九四七（昭和22）年／51歳

終戦直前より直後にかけ、焼け出され、またその他の事由にて綱町邸内各所に寄寓せる世帯二四に及ぶ。人々お互いに渋沢村の村民と称し合う。

一九四九（昭和24）年／53歳

かつて東大へ寄贈した水産史文書、種々経緯の末、庶民資料館および水産資料館に分割移管に落ち着く。この頃より数年『南方熊楠全集』出版ならびに菌譜作成に尽力、全集のみ成功。

一九五〇（昭和25）年／54歳

日本常民文化研究所、財団法人となる。

一九五一（昭和26）年／55歳

追放解除。

一九五四（昭和29）年／58歳

沖縄戦災校舎復興期成後援会会長となる。「絵引は作れぬものか」、『祭魚洞襍考』。

一九五五（昭和30）年／59歳

『東北犬歩当棒録』、「日本広告史小考」、「民衆の中に生きるひとびと」、「先覚者を野にひろう」。

一九五七（昭和32）年／61歳

「還暦記念会挨拶」。

一九五八（昭和33）年／62歳

『南米通信』。

一九六〇（昭和35）年／64歳

旅行先の熊本市において発病、東京大学付属病院沖中内科に入院。

一九六一（昭和36）年／65歳

『犬歩当棒録』。

一九六二（昭和37）年／66歳

『日本釣漁技術史小考』。

一九六三（昭和38）年／67歳

一〇月二五日、糖尿病に萎縮腎を併発し、午後九時三〇分死去。「『瞬間の累積――渋沢篤二明治後期撮影写真集』あとがき」。

（『澁澤敬三著作集』第五巻「年譜」参照）

［付記］今回の渋沢敬三の業績の抄録にあたり、4名の方々に論考やエッセイをいただいた。渋沢につながる二つの大きな機関、神奈川大学日本常民文化研究所は安室知氏に、国立民族学博物館は飯田卓氏へお願いした。また、東北地方の地方博物館については弘前大学の山田嚴子氏へ、渋沢の旅については、旅の文化研究所の山本志乃氏へお願いした。飯田氏からは著作集に収録されていない渋沢の学会挨拶文を、山田氏からは渋沢の声のレコードを活字化したものを、山本氏からは旅先へ宛てた渋沢の手紙を紹介してもらった。これらの新たな資料の提示は、今後の渋沢敬三研究の可能性を示すものである。また、安室氏からは日本常民文化研究所に所蔵されている、渋沢の魚の絵を紹介していただき、本書の表紙を飾ることができ得た。各位に御礼を申し上げたい。　（川島秀一）

澁澤敬三著作集 目次（平凡社刊）

第一巻　祭魚洞雑録　祭魚洞襍考（1992年3月25日発行）
祭魚洞雑録
祭魚洞襍考　第一部　日本水産史研究
解説「渋沢敬三、人と仕事――戦前を中心に」山口和雄
　　「被差別部落・「原始民族」への言及について」網野善彦

第二巻　日本魚名の研究　日本釣漁技術史小考（1992年6月10日発行）
日本魚名の研究
日本釣漁技術史小考
解説「日本漁業史研究の先覚者」二野瓶徳夫

第三巻　犬歩当棒録　東北犬歩当棒録（1992年10月6日発行）
犬歩当棒録――『祭魚洞襍考』第二部
『東北犬歩当棒録』
犬歩当棒録――祭魚洞雑録第三
解説「渋沢敬三の学問と生き方」網野善彦

第四巻　南米通信　雁信集・旅譜と片影（1993年2月1日発行）
南米通信――アマゾン・アンデス・テラローシャ
付録　ラテン・アメリカ諸国を視察して
雁信集・旅譜と片影――『犬歩当棒録』第二部・第三部
　雁信集〔中山正則兄宛等〕
　旅譜と片影
解説「旅の人生、父渋沢敬三の思い出」渋沢雅英

第五巻　未公刊論文・随筆／年譜・総索引（1993年7月20日発行）
初期の随筆、ロンドン通信抄
民俗・漁業史論集
財界活動、その他
解題「渋沢敬三を再評価するために」山口徹
年譜　付・渋沢家略系図
アチックミューゼアム（日本常民文化研究所）刊行物一覧
総索引

川島秀一（かわしま・しゅういち）
1952年生まれ。宮城県気仙沼市出身。法政大学社会学部卒業。博士（文学）。東北大学附属図書館、気仙沼市史編纂室、リアス・アーク美術館、神奈川大学特任教授、東北大学災害科学国際研究所教授等を経て、同研究所シニア研究員。著書に『ザシキワラシの見えるとき』（1999）、『憑霊の民俗』（2003）、『魚を狩る民俗』（2011、以上三弥井書店）、『漁撈伝承』（2003）、『カツオ漁』（2005）、『追込漁』（2008、以上法政大学出版局）、『津波のまちに生きて』（2012）、『安さんのカツオ漁』（2015）、『海と生きる作法』（2017、以上冨山房インターナショナル）など。

やま かわ うみ 別冊
渋沢敬三《しぶさわけいぞう》　小《ちい》さき民《たみ》へのまなざし

2018年12月25日　第1版第1刷発行

編　者◆川島秀一《かわしましゆういち》
発行人◆小島　雄
発行所◆有限会社アーツアンドクラフツ
東京都千代田区神田神保町2-7-17
〒101-0051
TEL. 03-6272-5207　FAX. 03-6272-5208
http://www.webarts.co.jp/
印刷　シナノ書籍印刷株式会社

落丁・乱丁本はお取り替えいたします。
ISBN978-4-908028-34-2　C0039